教育部人文社会科学重点研究基地成果
中国语言文学国家双一流建设学科成果

汉语方言语法研究丛书

顾问 邢福义 张振兴

主编 汪国胜

安陆方言语法研究
增订本

盛银花 ◎ 著

中国社会科学出版社

图书在版编目（CIP）数据

安陆方言语法研究／盛银花著 . —增订本 . —北京：中国社会科学出版社，2022.2

（汉语方言语法研究丛书）

ISBN 978-7-5203-9645-5

Ⅰ.①安… Ⅱ.①盛… Ⅲ.①西南官话—语法—方言研究—安陆 Ⅳ.①H172.3

中国版本图书馆 CIP 数据核字（2022）第 015022 号

出 版 人	赵剑英
责任编辑	张　林
特约编辑	乔盖乔
责任校对	王　龙
责任印制	戴　宽

出　　版	中国社会科学出版社
社　　址	北京鼓楼西大街甲 158 号
邮　　编	100720
网　　址	http://www.csspw.cn
发 行 部	010-84083685
门 市 部	010-84029450
经　　销	新华书店及其他书店

印刷装订	北京君升印刷有限公司
版　　次	2022 年 2 月第 1 版
印　　次	2022 年 2 月第 1 次印刷

开　　本	710×1000　1/16
印　　张	21.25
字　　数	330 千字
定　　价	126.00 元

凡购买中国社会科学出版社图书，如有质量问题请与本社营销中心联系调换
电话：010-84083683
版权所有　侵权必究

总　　序

　　20世纪80年代以来，随着汉语方言研究的拓展和深化，方言语法的研究越来越受到学界的关注和重视。这一方面是因为方言语法客观上存在着不同程度的不容小视的差异，另一方面，共同语（普通话）语法和历史语法的深入研究需要方言语法研究的支持。

　　过去人们一般认为，跟方言语音和词汇比较而言，方言语法的差异很小。这是一种误解，让人忽略了对方言语法事实的细致观察。实际上，在南方方言，语法上的差异还是不小的，至少不像过去人们想象的那么小。当然，这些差异大多是表现在一些细节上，但就是这样一些细节，从一个侧面鲜明地映射出方言的特点和个性。比如湖北大冶方言的情意变调①，青海西宁方言的左向否定②，南方方言的是非型正反问句③，等等，这些方言语法的特异表现，既显示出汉语方言语法的丰富性和复杂性，也可以提升我们对整体汉语语法的全面认识。

　　共同语语法和方言语法都是对历史语法的继承和发展，它们密切联系，又相互区别。作为整体汉语语法的一个方面，无论是共同语语法还是历史语法，有的问题光从本身来看，可能看不清楚，如果能将视线投向方言，则可从方言中获得启发，找到问题解决的线索和证据。朱德熙和邢福义等先生关于汉语方言语法的许多研究就是明证。④ 可见方言语法对于共同语语法和历史语法研究的重要价值。

---

① 汪国胜：《大冶话的情意变调》，《中国语文》1996年第5期。
② 汪国胜：《从语法角度看〈现代汉语方言大词典〉》，《方言》2003年第4期。
③ 汪国胜、李旻：《汉语方言的是非型正反问句》，《方言》2019年第1期。
④ 朱德熙：《从历史和方言看状态形容词的名词化》，《方言》1993年第2期；邢福义：《"起去"的普方古检视》，《方言》2002年第2期。

本《丛书》由教育部人文社会科学重点研究基地华中师范大学"语言与语言教育研究中心"筹划实施并组织编纂，主要收录两方面的成果：一是单点方言语法的专题研究（甲类），如《武汉方言语法研究》；二是方言语法的专题比较研究（乙类），如《汉语方言疑问范畴比较研究》。其中有的是国家或教育部社科基金项目的结项成果，有的是作者多年潜心研究的学术结晶，有的是博士学位论文。就两类成果而言，应该说，当前更需要的是甲类成果。只有把单点方言语法研究的工作做扎实了，调查的方言点足够多了，考察足够深了，有了更多的甲类成果的积累，才能更好地开展广泛的方言语法的比较研究，才能逐步揭示汉语方言语法及整体汉语语法的基本面貌。

出版本《丛书》，一方面是想较为集中地反映汉语方言语法的研究成果，助推方言语法研究，另一方面，也是想为将来汉语方言语法的系统描写做点基础性的工作。《丛书》能够顺利面世，得力于中国社会科学出版社张林编辑的全心支持，在此表示衷心的感谢。《丛书》难免存在这样那样的问题，盼能得到读者朋友的批评指正。

汪国胜
2021 年 5 月 1 日

目 录

导 言 ·· (1)
 0.1 安陆概况 ··· (1)
  0.1.1 地理人口 ·· (1)
  0.1.2 历史沿革 ·· (1)
  0.1.3 行政区划 ·· (2)
 0.2 安陆方言的内部差异 ··· (2)
 0.3 关于安陆方言的研究 ··· (3)
 0.4 音标符号 ··· (4)
  0.4.1 声母 ··· (4)
  0.4.2 韵母 ··· (4)
  0.4.3 声调 ··· (5)
  0.4.4 符号说明 ·· (5)

第1章 重叠 ··· (6)
 1.1 名词的重叠 ··· (6)
  1.1.1 AA 式 ··· (6)
  1.1.2 AABB 式 ·· (7)
 1.2 动词的重叠 ··· (7)
 1.3 形容词的重叠 ·· (7)
  1.3.1 ABB 式形容词 ··· (7)
  1.3.2 ABCD 式形容词 ··· (9)
  1.3.3 AABB 式形容词 ··· (9)

第2章 语缀 ··· (11)
 2.1 名词语缀 ··· (11)

2.1.1 "子""儿""娃儿" …………………………………… (11)
  2.1.2 "头""手" …………………………………………… (16)
 2.2 形容词双音节叠音后缀 …………………………………… (16)
  2.2.1 ABB 式的类别 …………………………………… (17)
  2.2.2 后缀 BB 的作用 …………………………………… (17)
  2.2.3 A 和后缀 BB 的组合特征 ………………………… (17)

第 3 章 方所 ……………………………………………………… (19)
 3.1 方所的类型 ………………………………………………… (19)
 3.2 特色方位词 ………………………………………………… (20)
  3.2.1 高头 ………………………………………………… (20)
  3.2.2 咄伙 ………………………………………………… (21)
  3.2.3 蒗上 ………………………………………………… (21)
  3.2.4 窦里 ………………………………………………… (21)
 3.3 方所词的用法 ……………………………………………… (22)

第 4 章 时间 ……………………………………………………… (23)
 4.1 时间词系统 ………………………………………………… (23)
 4.2 时间词的用法 ……………………………………………… (24)

第 5 章 趋向 ……………………………………………………… (27)
 5.1 "来"和"去" ……………………………………………… (27)
  5.1.1 "来"的用法 ……………………………………… (27)
  5.1.2 "去"的用法 ……………………………………… (29)
  5.1.3 "V+来+V+去" ………………………………… (31)
 5.2 "起来"和"起去" ………………………………………… (31)
  5.2.1 "起来"的用法 …………………………………… (31)
  5.2.2 "起去"的用法 …………………………………… (33)
 5.3 "上"和"下" ……………………………………………… (34)
  5.3.1 S+上/下+N ……………………………………… (34)
  5.3.2 S+V+上/下 ……………………………………… (34)

第 6 章 数量 ……………………………………………………… (36)
 6.1 数词 ………………………………………………………… (36)
 6.2 量词 ………………………………………………………… (36)

6.2.1　特殊物量词 …………………………………………… (37)
　　6.2.2　物量词的特点 ………………………………………… (40)
　　6.2.3　与普通话物量词的比较 ……………………………… (43)
第7章　指代 ………………………………………………………… (46)
　7.1　人称代词系统及其用法 ……………………………………… (46)
　　7.1.1　人称代词系统 ………………………………………… (46)
　　7.1.2　人称代词用法 ………………………………………… (46)
　7.2　指示代词系统及其用法 ……………………………………… (48)
　　7.2.1　指示代词系统 ………………………………………… (48)
　　7.2.2　指示代词用法 ………………………………………… (49)
　　7.2.3　表示处所的指示代词 ………………………………… (50)
　　7.2.4　表示时间的指示代词 ………………………………… (51)
　　7.2.5　表示数量的指示代词 ………………………………… (52)
　　7.2.6　表示方式的指示代词 ………………………………… (52)
　　7.2.7　系统外指示代词 ……………………………………… (53)
　　7.2.8　"更远指"指示代词 …………………………………… (53)
　7.3　疑问代词系统及其用法 ……………………………………… (54)
　　7.3.1　疑问代词系统 ………………………………………… (54)
　　7.3.2　疑问代词用法 ………………………………………… (54)
第8章　性状 ………………………………………………………… (56)
　8.1　形容词的程度表示法 ………………………………………… (56)
　　8.1.1　重叠表示程度 ………………………………………… (56)
　　8.1.2　加前缀表示程度 ……………………………………… (57)
　　8.1.3　加后缀"流了(的)"表示程度 ………………………… (58)
　　8.1.4　长音后补结构表示程度 ……………………………… (59)
　8.2　形容词的状态表示法 ………………………………………… (60)
　　8.2.1　ABB式表示状态 ……………………………………… (60)
　　8.2.2　ABCD式和AABB式表示状态 ……………………… (62)
第9章　程度 ………………………………………………………… (64)
　9.1　程度副词"死" ………………………………………………… (64)
　　9.1.1　"死"的语义及句法分布 ……………………………… (64)

9.1.2 "死"的否定式 …………………………………………… (65)
9.1.3 "死"的入句功能 ………………………………………… (65)
9.2 程度副词"□[xɛ⁵¹]" ………………………………………… (66)
9.2.1 "□[xɛ⁵¹]"的句法分布 ………………………………… (67)
9.2.2 "□[xɛ⁵¹]"的入句功能 ………………………………… (68)
9.2.3 "□[xɛ⁵¹]"的否定形式 ………………………………… (68)
9.2.4 "□[xɛ⁵¹]"与"很""太" ………………………………… (69)
9.3 程度副词"几" …………………………………………………… (71)
9.3.1 "几"的句法分布 ………………………………………… (71)
9.3.2 "几A/V"格式的入句功能 …………………………… (72)
9.3.3 "几"的否定形式 ………………………………………… (72)
9.3.4 两种不同的"几A/V" …………………………………… (73)
9.3.5 "几"与"太" ……………………………………………… (74)
9.4 程度副词"蛮" …………………………………………………… (75)
9.4.1 "蛮"的句法分布 ………………………………………… (75)
9.4.2 "蛮A/V"格式的入句功能 …………………………… (75)
9.4.3 "蛮"的否定形式 ………………………………………… (76)
9.4.4 "蛮"与"墨""□[xɛ⁵¹]" ……………………………… (77)

第10章 介引 ……………………………………………………… (78)
10.1 介词分类 ………………………………………………………… (78)
10.1.1 引出施事的介词 ………………………………………… (78)
10.1.2 引出受事的介词 ………………………………………… (78)
10.1.3 引出时间、处所或方向的介词 ………………………… (78)
10.1.4 引出原因、目的的介词 ………………………………… (79)
10.1.5 引出方式、方法、依据、工具、比较的介词 ………… (79)
10.1.6 引出对象的介词 ………………………………………… (80)
10.2 介词的特点及用法 ……………………………………………… (80)

第11章 关联 ……………………………………………………… (82)
11.1 表示并列关系的关联词语 ……………………………………… (82)
11.2 表示选择关系的关联词语 ……………………………………… (83)
11.3 表示顺承关系的关联词语 ……………………………………… (83)

11.4	表示递进关系的关联词语	(84)
11.5	表示转折关系的关联词语	(85)
11.6	表示条件关系的关联词语	(85)
11.7	表示假设关系的关联词语	(87)
11.8	表示因果关系的关联词语	(88)
11.9	表示目的关系的关联词语	(88)

第12章 体貌 (90)

12.1	先行体标记"着"	(90)
12.1.1	"着"的使用格式	(91)
12.1.2	"着"的语法意义	(92)
12.1.3	"着"的使用语境	(94)
12.2	起始体标记"起"	(95)
12.2.1	"起"的句法分布格式	(96)
12.2.2	起始体的语法意义	(96)
12.3	进行体标记"在"和"正在"	(98)
12.3.1	"在"和"正在"的句法分布	(98)
12.3.2	"在"和"正在"的使用条件	(99)
12.3.3	"在"和"正在"与持续体标记"倒"	(101)
12.3.4	"在"和"正在"与存续体标记"得"	(102)
12.4	持续体标记"倒"	(103)
12.4.1	"倒"的句法分布	(103)
12.4.2	"倒"对动词的选择	(105)
12.4.3	"倒"对句子的选择	(106)
12.5	完成体标记"了"	(107)
12.5.1	"了"的读音及其变化规律	(107)
12.5.2	"了"的句法分布	(109)
12.5.3	"了"的语法意义	(111)
12.6	存续体标记"得"	(112)
12.6.1	"得"对动态助词"了"或处所性补语的选择	(113)
12.6.2	"得"对句法结构的选择	(114)
12.6.3	"得"对动词或形容词的选择	(116)

12.6.4 "得"与持续体标记"倒" ……………………………… (116)
  12.6.5 "得"的语法意义 ………………………………………… (117)
 12.7 经历体标记"了的" ……………………………………………… (118)
  12.7.1 "了的"的句法分布 …………………………………… (119)
  12.7.2 "了的"的语法意义 …………………………………… (120)
  12.7.3 "了的"与普通话的"了" ……………………………… (120)
  12.7.4 "了的"与存续体标记"了得" ………………………… (124)

第13章 语气 ………………………………………………………… (125)

 13.1 常见的语气词 …………………………………………………… (125)
  13.1.1 啊 ………………………………………………………… (125)
  13.1.2 吧 ………………………………………………………… (126)
  13.1.3 呗 ………………………………………………………… (127)
  13.1.4 的 ………………………………………………………… (127)
  13.1.5 欸 ………………………………………………………… (128)
  13.1.6 哈 ………………………………………………………… (130)
  13.1.7 嗬 ………………………………………………………… (130)
  13.1.8 耶 ………………………………………………………… (131)
  13.1.9 啦 ………………………………………………………… (131)
  13.1.10 嘞 ……………………………………………………… (132)
  13.1.11 了 ……………………………………………………… (133)
  13.1.12 啰 ……………………………………………………… (133)
  13.1.13 嘛 ……………………………………………………… (134)
  13.1.14 咧 ……………………………………………………… (136)
  13.1.15 哦 ……………………………………………………… (136)
  13.1.16 吵₁、吵₂ ………………………………………………… (137)
  13.1.17 哟 ……………………………………………………… (140)
 13.2 语气词的连用 …………………………………………………… (140)
  13.2.1 了的 ……………………………………………………… (141)
  13.2.2 了啊 ……………………………………………………… (142)
  13.2.3 了哦 ……………………………………………………… (142)
  13.2.4 的欸(耶) ………………………………………………… (142)

- 13.2.5 的噻 …………………………………………… (143)
- 13.2.6 的哆 …………………………………………… (143)
- 13.2.7 的哟 …………………………………………… (143)
- 13.2.8 了的噻 ………………………………………… (144)
- 13.2.9 了的耶 ………………………………………… (144)
- 13.2.10 了的哟 ……………………………………… (144)
- 13.2.11 了的哆 ……………………………………… (145)

第14章 拟音 …………………………………………… (146)
- 14.1 拟音词系统 ……………………………………… (146)
- 14.2 拟音词的用法 …………………………………… (148)
  - 14.2.1 拟声词的构成格式 ………………………… (148)
  - 14.2.2 拟声词的句法功能 ………………………… (150)

第15章 处置句 ………………………………………… (152)
- 15.1 处置句的格式 …………………………………… (152)
  - 15.1.1 把+NP+V+了+他 ………………………… (152)
  - 15.1.2 把+NP+V+了 ……………………………… (154)
  - 15.1.3 把+NP+V+倒 ……………………………… (154)
  - 15.1.4 把+NP+V+了+再+VP …………………… (154)
  - 15.1.5 把+NP+V(成了)+NP ……………………… (155)
  - 15.1.6 把+NP+V+C+(了) ………………………… (155)
  - 15.1.7 把+NP+V+得+C ………………………… (156)
  - 15.1.8 把+NP+V+了+得 ………………………… (157)
  - 15.1.9 把+NP+一+V ……………………………… (157)
  - 15.1.10 有+把+NP+V+NP ……………………… (157)
  - 15.1.11 把+NP+不+V+NP ……………………… (158)
- 15.2 处置句的特点 …………………………………… (158)
  - 15.2.1 被处置成分 ………………………………… (158)
  - 15.2.2 处置句谓语的特点 ………………………… (159)
  - 15.2.3 否定 ………………………………………… (160)
  - 15.2.4 时态 ………………………………………… (160)
  - 15.2.5 人称 ………………………………………… (162)

第16章 被动句 (165)

16.1 "尽"字被动句 (165)
- 16.1.1 受事+尽+施事+V+了 (165)
- 16.1.2 受事+尽+施事+V+C+了 (166)
- 16.1.3 受事+尽+施事+V+得+C (166)

16.2 "把得"被动句 (167)

16.3 "着"字被动句 (168)

第17章 致使句 (170)

17.1 "使令"义致使句 (170)
- 17.1.1 "请求"类致使句 (170)
- 17.1.2 "命令"类致使句 (171)
- 17.1.3 "催逼"类致使句 (171)
- 17.1.4 "派遣"类致使句 (171)

17.2 "嘱托"类致使句 (172)

第18章 比较句 (173)

18.1 示差比较 (173)
- 18.1.1 不及比较 (173)
- 18.1.2 胜过比较 (177)
- 18.1.3 递进比较 (180)

18.2 显同比较 (181)
- 18.2.1 精确显同比较 (181)
- 18.2.2 模糊显同比较 (182)

第19章 疑问句 (184)

19.1 特指问 (185)
- 19.1.1 "IP+欸"式 (185)
- 19.1.2 "NP+欸"式 (186)
- 19.1.3 "S+欸"式 (186)

19.2 是非问 (186)
- 19.2.1 语调式 (186)
- 19.2.2 "吵"字式 (187)
- 19.2.3 "啊"字式 (188)

  19.2.4 "有/不 + VP + 语气词"式 ……………………………（189）

 19.3 正反问 ……………………………………………………（191）

  19.3.1 "VP 了冇"式 ………………………………………（191）

  19.3.2 "V 不 VP + 语气词"式 ……………………………（195）

  19.3.3 特殊正反问 …………………………………………（199）

 19.4 选择问 ……………………………………………………（208）

  19.4.1 "是 S……还是 S……欤"式 ……………………（209）

  19.4.2 "是 P……还是 P……欤"式 ……………………（209）

  19.4.3 "是 O……还是 O……欤"式 ……………………（209）

  19.4.4 "是 FS……还是 FS……欤"式 …………………（209）

 19.5 反问句 ……………………………………………………（209）

  19.5.1 特指问形式的反问句 ……………………………（210）

  19.5.2 是非问形式的反问句 ……………………………（212）

  19.5.3 正反问形式的反问句 ……………………………（213）

  19.5.4 选择问形式的反问句 ……………………………（214）

第20章 否定句 ……………………………………………………（215）

 20.1 标记否定 …………………………………………………（215）

  20.1.1 否定词 ………………………………………………（215）

  20.1.2 否定词的来源 ………………………………………（218）

  20.1.3 否定式 ………………………………………………（219）

  20.1.4 否定式的成活条件 …………………………………（227）

 20.2 无标记否定 ………………………………………………（229）

  20.2.1 无标记否定的含义 …………………………………（229）

  20.2.2 无标记否定的类型 …………………………………（230）

  20.2.3 无标记否定的语用意义 ……………………………（233）

  20.2.4 无标记否定的特征 …………………………………（235）

 20.3 否定的度量与否定的辖域 ……………………………（239）

  20.3.1 否定的度量 …………………………………………（239）

  20.3.2 否定的辖域 …………………………………………（241）

第21章 可能句 ……………………………………………………（247）

 21.1 能愿动词可能句 …………………………………………（247）

21.2 "V+得/不得"可能句 …………………………………… (248)
21.3 "V+的+得"可能句 …………………………………… (249)
21.4 "V得了/V不了"可能句 ……………………………… (249)
21.5 "V+得+C/V+不+C"可能句 ………………………… (250)
 21.5.1 趋向动词充当可能补语 ………………………… (250)
 21.5.2 行为动词充当可能补语 ………………………… (250)
 21.5.3 形容词充当可能补语 …………………………… (254)

第22章 存现句 …………………………………………… (256)

22.1 存在句 …………………………………………………… (256)
 22.1.1 某地+V+了+O+得 ……………………………… (257)
 22.1.2 某地+V+了+O ………………………………… (258)
 22.1.3 某地+V+了+的 ………………………………… (258)
 22.1.4 某地+有+O …………………………………… (259)
 22.1.5 某地+是+O …………………………………… (260)
22.2 隐现句 …………………………………………………… (260)
 22.2.1 "某处+V+了+O"出现句 ……………………… (260)
 22.2.2 "某处+V+趋向动词+O"出现句 ……………… (260)
 22.2.3 "某处+V+了+O"消失句 ……………………… (261)

第23章 祈使句 …………………………………………… (262)

23.1 "把"字祈使句及相关格式 ……………………………… (262)
 23.1.1 把+NP+V+了+他 ……………………………… (262)
 23.1.2 把+NP+V+下 …………………………………… (264)
 23.1.3 把+NP+V+C …………………………………… (265)
23.2 "莫"字祈使句及相关格式 ……………………………… (265)
 23.2.1 "莫"字祈使句 …………………………………… (265)
 23.2.2 "少"字祈使句 …………………………………… (266)
 23.2.3 "不"字祈使句 …………………………………… (267)
23.3 "唦"字祈使句及相关格式 ……………………………… (267)
 23.3.1 "唦"字祈使句 …………………………………… (268)
 23.3.2 "吧"字祈使句 …………………………………… (268)
23.4 "招呼"祈使句 …………………………………………… (269)

23.5 "着"字祈使句 ………………………………………… (270)

第24章 感叹句 ………………………………………… (272)
24.1 "么 NP 吩"感叹句 ……………………………………… (272)
24.2 "几"字感叹句 ………………………………………… (273)
 24.2.1 几 + AP + 语气词！ ……………………………… (273)
 24.2.2 几 + VP + 语气词！ ……………………………… (273)
 24.2.3 几 + A + 的 + NP + 语气词！ …………………… (274)
24.3 "真是"感叹句 ………………………………………… (275)
 24.3.1 真是 + A + 语气词！ …………………………… (275)
 24.3.2 真是 + VP + 语气词！ ………………………… (275)
 24.3.3 真是 + 个 + NP + 语气词！ …………………… (275)
24.4 "太"字感叹句 ………………………………………… (276)
 24.4.1 太 + 有得 NP + 语气词！ ……………………… (276)
 24.4.2 太 AP + 语气词！ ……………………………… (276)
24.5 "乜 + A + 法"感叹句 ………………………………… (276)
24.6 "好"字感叹句 ………………………………………… (277)
 24.6.1 好 + A + 语气词！ ……………………………… (277)
 24.6.2 好 + VP + 语气词！ …………………………… (278)
24.7 "好好 V"式感叹句 …………………………………… (278)
24.8 "日 A"或"日母老 A"式感叹句 ……………………… (279)
24.9 "V/A 个 NP"式感叹句 ……………………………… (279)
24.10 独词感叹句 ………………………………………… (280)
 24.10.1 警示性独词感叹句 …………………………… (280)
 24.10.2 情感发泄性独词感叹句 ……………………… (280)
 24.10.3 讽刺性独词感叹句 …………………………… (281)
 24.10.4 赞美性独词感叹句 …………………………… (281)
 24.10.5 惊讶性独词感叹句 …………………………… (281)
 24.10.6 慨叹性独词感叹句 …………………………… (281)

第25章 双宾句 ………………………………………… (283)
25.1 "给予"义双宾句 ……………………………………… (283)
 25.1.1 "V + O_2 + O_1"双宾句 ……………………… (283)

  25.1.2 "V+O₂+得+O₁"双宾句 ……………………………………（284）
  25.1.3 "V+O₁+O₂"双宾句 ……………………………………（285）
 25.2 "获取"义双宾句 …………………………………………………（286）
  25.2.1 "V+O₁+O₂"双宾句 ……………………………………（286）
  25.2.2 "V+他+O₂"双宾句 ……………………………………（286）
 25.3 "称说"义双宾句 …………………………………………………（287）
 25.4 告知类双宾句 ……………………………………………………（287）
 25.5 "V₁+O₂+O₁+V₂"兼语双宾句 …………………………………（287）

第26章 动补句 ………………………………………………………（289）
 26.1 程度补语句 ………………………………………………………（289）
  26.1.1 V得了 …………………………………………………（289）
  26.1.2 "A/V 死了"与"A/V 得要死"和
     "A/V 得要命" ………………………………………（291）
  26.1.3 A得点儿 ………………………………………………（293）
  26.1.4 A/V+不过 ……………………………………………（294）
  26.1.5 A+长音后补结构+了 ………………………………（296）
  26.1.6 A流了(的) ……………………………………………（297）
 26.2 趋向补语句 ………………………………………………………（298）
  26.2.1 V+趋向补语 …………………………………………（299）
  26.2.2 V+趋向补语+O ……………………………………（300）
  26.2.3 V+O+趋向补语 ……………………………………（300）
 26.3 数量补语句 ………………………………………………………（301）
  26.3.1 V+数量补语 …………………………………………（301）
  26.3.2 V+数量补语+O ……………………………………（302）
 26.4 时地补语句 ………………………………………………………（302）
 26.5 结果补语句 ………………………………………………………（303）
  26.5.1 V+结果补语 …………………………………………（303）
  26.5.2 V+结果补语+O ……………………………………（303）
  26.5.3 V+去+V+了(结果补语) ……………………………（304）

第27章 "随"字句 ……………………………………………………（306）
 27.1 安陆方言的"随"字 ………………………………………………（306）

27.2 与"随"字相关的句式 …………………………………（307）
　　27.2.1 "随"字的词性及其用法 ………………………（307）
　　27.2.2 "随"字构成的相关句式 ………………………（308）
27.3 "随"字复句 …………………………………………（309）
　　27.3.1 关联标记模式 …………………………………（309）
　　27.3.2 复句关系 ………………………………………（310）
主要参考文献 …………………………………………………（312）
后　记 …………………………………………………………（321）

导　　言

0.1　安陆概况

0.1.1　地理人口

安陆市地处湖北省东北部，涢水中游。地跨东经113度19分至113度57分，北纬31度4分至31度29分。安陆市东邻孝感，西接京山，南接云梦，北界广水。东西长61千米，南北宽46千米，版图呈蝴蝶状。总面积1355平方千米，总人口531039人（1993年）。全市辖10镇5乡3个办事处，427个村。安陆市政府位于市域腹部偏东，东南距武汉市116千米。

0.1.2　历史沿革

安陆的命名，自古众说纷纭。1934年《湖北县政概况》记载："查鄂中地势，自县以南云梦、汉川及监沔一带，古时称为云梦泽。唯安陆地势较高，地形多为平陆，或取意于'安于陆地'之义。"《安陆县志》（武汉出版社1993年版）记载，何光岳认为，陆浑、子爵，分布于河南伊川，公元前525年，晋灭陆浑，"陆子奔楚，其众奔于甘鹿"。奔楚的陆浑之戎遗民，被楚置于郧国故地，叫安陆，意为安置陆人之意。

安陆历史悠久，据县内李家店鹿河附近的夏家寨、桑树乡的胡家山等12处新石器时代遗址的发掘，证明早在4000多年以前人类就在这里劳动开发、繁衍生息。夏、商时期，安陆属古荆州之域。在周代，安陆为郧子国。春秋战国时期，楚灭郧封钟仪为郧公，安陆为楚国的属县。

秦始皇统一天下后把楚国分为四郡，安陆为南郡。当时的安陆县域包括今安陆、云梦、应城、孝感四县及汉川、黄陂、汉阳、京山等县的各一部分。自三国吴开始，安陆分离出来，县域逐渐缩小，到隋朝基本形成现状。两汉、三国到魏晋南北朝时期，安陆除隶属的州、郡时有变动外，区域范围基本未变。三国初期，安陆属于吴，后来为魏的江夏郡治，仍然隶属荆州。隋开皇三年（583年）废郡置陨州总管府。开皇十四年（594年）废陨州总管府，仍置安陆郡。唐武德四年（621年）改安陆郡为安州，置总管府；武德七年（624年）改为大都督府。天宝元年（742年）改安州为安陆郡，置都督府，乾元元年（758年）又改为安州都督府。宋宣和元年（1119年）升州为府，德安府领安陆、应城、孝感、应山、云梦五县。金天会八年（1130年），安陆为德安府汉阳镇抚使治所。明洪武元年（1368年）安陆县属德安府，隶湖广行省。清康熙三年（1664年），安陆为德安府治，属湖北布政使司。1949年，成立安陆县人民政府，属孝感专署至今。

0.1.3 行政区划

安陆市是湖北省孝感地区下辖的一个县级市。

1949年后，安陆县辖10区。据《安陆县志》记载，1952年10月、1954年8月、1956年3月、1958年年初、1958年9月、1960年8月、1961年4月、1966年9月、1975年2月、1979年春、1980年春、1984年1月随国家政策不同调整合并等，安陆的行政区划一直处于变动之中。1987年10月，撤区并乡，全县辖10镇5乡3个办事处。

0.2 安陆方言的内部差异

安陆方言内部一致性很大，差异主要是语音。按照语音差异，安陆方言内部可分为3个小片，即城关片、东北片和西北片。城关片范围最大，包括北城办事处、洑水、烟店、雷公、王店、桑树、棠棣、府城办事处、南城办事处、巡店、辛榨、李店、陈店。东北片包括跟广水交界的接官和赵棚。东北片跟城关片在语音上的差异主要体现在声母和声调方面，声母里主要是x和f相混，城关片和西北片x和f相区别。声调主要是调值不同。西北片包括跟随州、京山交界的李畈、王义贞和双河。与城关片在语音上的差异主要体现在声调调值的不同。

0.3 关于安陆方言的研究

20世纪30年代，留学日本的安陆籍学人程家颖先生撰有《安陆方言考》手稿（现存于华中师范大学图书馆），主要考释了安陆方言的语音和词汇。

1936年吴宗济先生曾对安陆方言作过调查和记述，主要集中在语音的描写和语料的整理方面，成果见赵元任等《湖北方言调查报告》（商务印书馆1948年）。

1993年出版的《安陆县志》（武汉出版社）的"语言习俗"部分记录了安陆的方言、词汇，但内容都比较简略。

《方言》1994年第4期、1995年第1期发表了刘兴策、刘坚、盛银花的《湖北安陆方言词汇》对安陆方言的词汇作了比较详细的整理和描写。

对安陆方言语法研究的成果比较集中，目前已见到的包括：《安陆方言语法研究》（盛银花，华中师范大学出版社2010年），只研究了安陆方言的体貌、语气、疑问、否定、程度、指代这六个语法范畴；《安陆方言的助词"了"》（盛银花，《孝感师专学报》1994年第1期）；《安陆方言的词缀"子、儿、娃儿"》（盛银花，《培训与研究》1999年第6期）；《安陆方言中的 X 得 X》（李崇兴、刘晓玲，《南阳师范学院学报》2004年第3卷第4期）；《安陆方言物量词的比较研究》（盛银花，《中南民族大学学报》2005年第5期）；《安陆方言程度补语考察》（盛银花，《语言研究》2006年第3期）；《安陆方言的句末助词"得"和"着"》（盛银花，《语文教学与研究》2006年第9期）；《湖北安陆方言的否定词和否定式》（盛银花，《方言》2007年第2期）；《安陆方言研究》（盛银花，湖北人民出版社2007年）；《安陆方言的指示代词》（盛银花，《汉语学报》2007年第4期）；《语气词"吵"及其类型学意义》（盛银花，《湖北教育学院学报》2007年第5期）；《安陆方言的状态形容词》（盛银花，《咸宁学院学报》2007年第2期）；《安陆方言特殊正反问格式"有不有"》（盛银花，《孝感学院学报》2007 年第 1 期）。

0.4 音标符号

本书注音用的是国际音标符号。

0.4.1 声母

p, pʰ, m, f;
t, tʰ, n;
ts, tsʰ, s;
tʂ, tʂʰ, ʂ, ʐ;
k, kʰ, ŋ, x;
tɕ, tɕʰ, ɕ;

0.4.2 韵母

a, ia, ua, ɥa;
o, io;
ɛ, iɛ, uɛ, ɥɛ;
ɿ, ʅ;
i;
u;
ɥ;
ai, iai, uai, ɥai;
ei, uei, ɥei;
au, iau;
əu, iəu;
an, iɛn, uan, ɥan;
ən, in, uən, ɥən;
aŋ, iaŋ, uaŋ, ɥaŋ;
uŋ, yŋ。

本来 a 分前 a、央 A、后 ɑ，但不具区别意义的作用，所以本书一律只用一个 a 音来标注。

0.4.3　声调

阴平 44，阳平 31，上声 51，阴去 35，阳去 55，入声 24。

0.4.4　符号说明

本书文读音用在字下加两横线表示，如"很"。白读音在字下加一横线表示，如"你"。同音借字在字下加波浪线表示，如"晚行（晚上）"。没有合适的同音借字，就用方框"□"表示，并注明国际音标和意义。一个字有几个读音，就在该字右下角用数字 1、2、3 标明。注中用代替号（~）代替本字。注音加中圆点（·）的，表示后面的字是轻声。例句后加"*"表示安陆方言中这种说法不能成立，例句后加"?"表示安陆方言中这种说法可说可不说。

第 1 章　重叠

安陆方言里的重叠主要有名词重叠、动词重叠、形容词重叠等。

1.1　名词的重叠

安陆方言的单音节名词除小部分不能重叠使用外，大部分可以用重叠形式，也可以加后缀"子""儿""娃儿"表示小称意义。

1.1.1　AA 式

指人的 AA 式重叠由单音名语素重叠而成，往往不表示小称。其中一类没有单音节形式，只有重叠形式，如"婆婆"等；另一类既有单音节形式，也有重叠形式，如"爸爸"等。例如：

爹爹（爷爷）、婆婆（奶奶）、奶奶（祖奶奶）

爸爸、妈妈、姐姐、妹妹、哥哥、弟弟

指物的 AA 式重叠由单音节名语素重叠构成，一类不表示小称，另一类表示小称。不表示小称的有：

妈妈（乳房或乳汁）、兜兜

表示小称意义，既可重叠称呼，也能加后缀"儿"或"娃儿"。重叠名词和加后缀名词都有小称意义，二者的区别是：重叠名词是大人对小孩说的儿童语或儿童自己说的儿童语，加后缀名词是大人说的成人语。例如：

褂褂—褂娃儿、啰啰—猪儿、鸡鸡—鸡儿、牛牛—牛娃儿、马马—马娃儿、盖盖—盖儿

板板—板子、杯杯—杯子、豆豆—豆子、辫辫—辫子、饼饼—饼

子、杠杠—杠子、棍棍—棍子、棒棒—棒子、锤锤—锤子

1.1.2 AABB 式

由双音节名词重叠构成或由两个单音节名词叠结构成，表示同一类事物的总称，两个重叠的成分是并列的。例如：

汤汤水水、角角落落、棍棍棒棒、坛坛罐罐、瓶瓶罐罐、日日夜夜、边边角角、头头脑脑（领导的总称）

1.2 动词的重叠

普通话里动词的重叠 AA 或 ABAB 表示短时、少量的意义，安陆方言一般不用重叠形式表示短时、少量的意义，而是用动补结构"V 下"表示短时、少量的意义。但是安陆方言里有一种类似动词重叠的用法，即动词的叠结，限于两个可以单用的单音节动词，构成 AABB 式，表示长时间反复做某事。这与普通话是一致的。例如：

走走停停、蹦蹦跳跳、打打闹闹、说说笑笑

安陆方言里还有少数动词有特殊的重叠格式"连 V 直 V"，表示快速做某事。例如：

连搞直搞

或"连 V 带 V"，表示两个动作的并列。例如：

连说带笑、连蹦带跳、连打带闹、连吃带喝、连吃带拿

1.3 形容词的重叠

1.3.1 ABB 式形容词

ABB 式形容词是指由单音节词根"A"后附双音节叠音后缀"BB"构成的形容词。如"大辣辣""汗兮兮"等。ABB 式形容词有如下几类：

ABB 式形容词中的词根 A 是形容词。如：

大辣辣　脆嘣嘣　齐陡陡　硬救救　软塌塌　湿润润　湿假假

轻飘飘　红通通　胖嘟嘟　稳咄咄　光溜溜　灰溜溜　蔫妥妥
慢吞吞　皱巴巴　圆鼓鼓　亮堂堂　矮凿凿　干巴巴　酸唧唧
懒洋洋　乱糟糟　乱哄哄　空荡荡　孤零零　孤单单
阴沉沉　直统统　绿垮垮　明晃晃　黑黢黢　甜□□ [ɥa³⁵]

ABB 式形容词中的词根 A 为名词。如：

毛乎乎　气鼓鼓　气昂昂　嘴凿凿　心够够　火辣辣　水灵灵
水滴滴　水淋淋　眼巴巴　灰蒙蒙　汗浙浙　雨浙浙　油滴滴

ABB 式形容词中的词根 A 是动词，这一类型的比较少。如：

笑嘻嘻　羞答答

　　ABB 式形容词中的叠音后缀 BB 的作用主要是在词根 A 的基础上增加形象色彩。有的 BB 有一定的理性意义，它们所表示的形象色彩比较明显。如"气鼓鼓""水滴滴""软塌塌"等。有的 BB 意义完全虚化，语义非常模糊，只表示色彩意义。如"皱巴巴""大辣辣""心够够"等。正因为 BB 的意义虚化，所以同一词根加上不同的叠音后缀，其色彩意义往往不同。如"水灵灵""水滴滴""水淋淋"。这三个词的形象色彩因其后缀的不同而不同："水灵灵"指人或植物水分足，非常鲜嫩；"水滴滴"指某物呈现出滴水的状态；而"水淋淋"指某物呈现出淋水的状态，物体上所附的水珠要比"水滴滴"所呈现的小得多。

　　ABB 式形容词里的词根 A 与叠音后缀 BB 的组合有两个显著的特征：

　　第一，组合面窄。也就是说，安陆方言里，ABB 式状态形容词的叠音后缀与词根 A 的结合缺乏普遍性，绝大多数后缀 BB 只能跟一个或一两个词根组合。例如，"辣辣"也只是跟两个词根组合，构成"大辣辣""火辣辣"。同样，"浙浙"也只跟两个词根组合，构成"雨浙浙""汗浙浙"。而一般的叠音后缀 BB 只跟一个词根组合。

　　第二，具有任意性。绝大多数 ABB 式形容词中，词根 A 与叠音后缀的搭配缺乏语法规则的强制性制约。某一个词根 A，可以与哪个或哪些词缀组合，往往是方言区人们的习惯性选择，没有理据性。这也印证了吕叔湘先生（1999）的论断"单音节形容词 A 与后缀 BB 的搭配是习惯性的"。例如"大辣辣"，是形容一个人大大咧咧不拘礼节的样子。为什么是"大"和"辣辣"组合而不是别的词根和"辣辣"组合表示这个意思呢？无从考证。

ABB 式形容词的句法功能

ABB 式形容词只有后附"的"构成"ABB 的"的形式才能进入句子，作谓语、状语或补语。例如：

(1) 屋里空荡荡的，么事家具都有得。（屋里空荡荡的，什么家具都没有。）（谓语）

(2) 雨渐渐的天道，跑出去搞嘎？（雨渐渐的天，跑出去干什么？）（定语）

(3) 她懒洋洋地坐在那儿，不吃不喝。（状语）

(4) 这个伢长得胖笃笃的，几逗人痛哦！（这个小孩儿长得胖嘟嘟的，真招人喜爱呀！）（补语）

1.3.2　ABCD 式形容词

这类形容词有独特的形象色彩。ABCD 式由单音节形容词性词根和单音节少数名词性词根后附三音节词缀构成。常见的有：

花里胡哨　中不溜秋　黑不溜秋　灰不溜秋　黑咕隆咚　圆鼓隆咚　血咕拉稀　弯倒鼓救　干锅捞几　油脂八蜡　黄不拉几

ABCD 式形容词中，词根 A 表示词的理性意义，词缀 BCD 三个音节主要表示附加意义，给整个词增添附加色彩，即增添词的贬斥和否定的主观评价色彩。

1.3.3　AABB 式形容词

AABB 式形容词是由重叠的双音节形容词性词根后附双音节叠音后缀构成。安陆方言里常见的有：

鼓鼓囊囊　羞羞答答　稀稀拉拉　稀稀朗朗　晕晕打打　慢慢吞吞　松松垮垮　愿愿弯弯　皱皱巴巴　密密麻麻

安陆方言的 AABB 式形容词有别于普通话里的双音节形容词重叠式 AABB。因为普通话里的 AABB 是双音节形容词 AB 的重叠形式，双音节形容词 AB 可以受程度副词的修饰。而安陆方言里的 AABB 式不是 AB 的重叠，只有"皱皱巴巴""慢慢吞吞""羞羞答答""松松垮垮"这四例比较特殊，可以变化为"ABB"式形容词，但这四例跟其他

AABB 式一样不受程度副词的修饰。

　　ABCD 式形容词和 AABB 式形容词都具有描写性强的特点，表示的语义程度相对来说也高于 ABB 式，而且这两类形容词在感情色彩上大都是贬义的。在句法功能上跟 ABB 式相同，要带"的"字才能入句，充当句子的谓语、定语、状语和补语。例如：

　　（5）地里的芝麻稀稀拉拉的。（谓语）

　　（6）油脂八蜡的灶台也不抹下。（定语）

　　（7）他松松垮垮地穿倒个衣裳，一点儿都不好看。（状语）

　　（8）他喝酒喝得晕晕打打的。（补语）

第 2 章 语缀

2.1 名词语缀

安陆方言里，语缀成分一般是后缀，前缀"第""初""老"等跟普通话一致，就不说了。这里说的后缀有两类，一类是名词语缀，包括"子""儿""娃儿""头""手"；另一类是形容词语缀，主要指形容词后的重叠语缀"乎乎""兮兮"之类。

2.1.1 "子""儿""娃儿"

"子"作为构成名词的标志，和普通话里的"子"一样，是一个派生能力很强的形态成分，读轻声。和"子"相对应的是"娃儿"，它的派生能力不如"子"强，而且使用范围有一定的限制。"儿"既能起到改变词根概念意义的作用，又能改变词性，派生新词。在某种程度上，"子"与"儿"有联系也有区别。"头"附着在部分单音节动词后面，使之变为名词。下面先分别描写"子""儿""娃儿""头""手"的适用范围和各自不同的作用，再分析"子""儿""娃儿"之间的关系以及"头"与"手"的关系。

一是名词语缀"子"

所有附加词缀"娃儿"的语素都可以附加词缀"子"。"子"附加在名词语素、动词语素、形容词语素后面，能产性比"娃儿"强得多。

其一，附在名词语素后。这类词很多，分四组来说明。

a组：被附加成分是成词语素，后边带不带"子"，意义无变化，用法也相同，但带"子"在说法上显得轻松些，用的时候多。例如：

肠子　表带子

b组：被附加成分是不成词语素，"子"只是起帮助成词的作用，也不改变意义。例如：

褂子　扇子　渣子　燕子　橘子　豆子

c组：被附加成分大都是成词语素，带"子"后的意义很多跟原来单音节的意义是有关联的，转指有关联的另一事物。例如：

路子　耍子　头子　面子　点子　空子　里子

d组：被附加成分也是成词语素，独用时只用量词，带"子"后前三例成为名词，后三例因为与容器有关，可兼作名词和量词。例如：

个子　片子　块子　箱子　袋子　盒子

其二，附加在动词语素后面。

a组：罩子　套子　钳子　锤子

b组：引子　包子　摊子

c组：骗子　贩子　拐子　探子

a组，表工具，b组表对象，c组表施事，含贬义。

其三，附加在形容词语素后，主要构成表示人的名词。例如；

麻子　驼子　呆子　胖子　老子　尖子

除"老子""尖子"外，表人名词都是病态或品行不好的人，带有贬义。

二是名词语缀"儿"

"儿"是一个不自成音节的词缀，能产性强，可以附在名词、动词、形容词、量词之后，表示各种不同的语法意义和词汇意义。

其一，附在名词后表示小称或爱称。例如：

a组：院儿　罐儿　鸡儿　车儿

b组：刀儿　狗儿　猪儿

c组：嘴儿　手儿　财喜儿（猫）

a组指同类中小的事物，不附"儿"则泛指整类事物，也可以单指同类中的事物。与a组稍有不同的是，b组不附"儿"只指同类中大的事物，而不表示泛指。如"刀儿"是指小的刀子，在这里，"刀儿"与"刀娃儿"完全一致，随时可以换用。"刀"是指大的刀子，两者的区别是很清楚的。c组除了表示小称的意义外，还带有一种喜爱的感情色彩。

其二，附在某些重叠的单音节动词后，转化成名词，同时改变了词的概念意义。例如：

夸——夸夸儿　说——说说儿　能——能能儿

这一类的单音节动词重叠后附"儿"，变为名词，后面的重叠动词读轻声，而且名词和前面单音节动词的意义不同。"夸"指能说会道，"夸夸儿"则指能说会道的人。"能"指人有能力，是个能愿动词。"能能儿"则指擅长干某事的人。"说"指说话动作。"说说儿"指会说话的人。它们变成名词后都含有"擅长于某事"或"具备某种才能"的意思。

其三，附在形容词后再重叠，有两种格式："A儿A儿"和"AB儿B儿"。例如：

a组：薄儿薄儿　轻儿轻儿　旧儿旧儿　热儿热儿　老儿老儿
　　　贵儿贵儿

b组：光溜儿溜儿　干蹦儿蹦儿　辣乎儿乎儿

a组是对词义的弱化，表示略微具有某种性质，呈现某种状态，有"A了点儿"的意思，在句中通常是带"的"作谓语。例如：今天的豆腐老儿老儿的，蛮适合作炸豆腐。b组表义都是积极的或中性的，附"儿"是加深或表示喜爱的感情色彩，在句中带"的"作定语、谓语、补语。例如：

辣乎儿乎儿的牛肉火锅蛮好吃（定语）。

他的脑门上光溜儿溜儿的（谓语）。

豆子晒得干蹦儿蹦儿的（补语）。

其四，附在量词（主要是物量词）后边。例如：

a组：条儿　节儿　根儿　斤儿　粒儿

b组：套套儿　本本儿　笔笔儿　样样儿　篇篇儿　堆堆儿

a组单音节量词附"儿"，主要表示量少。b组重叠量词附"儿"，用作主语是表达喜爱的感情，用作状语是缓和说话的语气。

三是名词语缀"娃儿"

其一，"娃儿"放在动物后面，有表示小称及喜爱的感情色彩。例如：

牛娃儿　狗娃儿　猪娃儿　猴娃儿

这些都是表示小的动物，用在口语中就具有喜爱的感情色彩。

其二，"娃儿"附在衣服鞋袜等名词之后，则具有指小的意义。例如：

袜娃儿　裤娃儿　鞋娃儿　帽娃儿

其三，"娃儿"附加在容器和用具等有关语素后，表示指小的意义。例如：

a 组：凳娃儿　梳娃儿　棍娃儿

b 组：坛娃儿　篮娃儿　缸娃儿

a 组表示用具，用"娃儿"有小称意义，而且有亲切之感。b 组是与容器有关的名词，附加词缀"娃儿"后指小的容器，大的容器用词缀"子"。

总体来看，"子""儿""娃儿"三个词缀都是构成名词的标志，它们之间既有联系，又有区别。

"儿"和"娃儿"都有小称意义，表示喜爱、亲切的感情色彩，即对小孩子说话时显出亲切之意。如：把椅娃儿搬进来。把你的盒儿拿出来。小孩自己说则显出喜爱之意。如：这是我的小椅娃儿。我想去买个本儿回来写字。同时可以附"娃儿"的词一定能附"儿"，能附"儿"的词不一定能附"娃儿"。可见，"娃儿"的适用范围小，能产性不强，被附语素一般都是名词性语素，而且只限于一定范围的名词性语素，见前面。

"子"和"娃儿"是安陆方言中对应的词缀。"子"指同类中大的事物或整类事物，如鸡子、狗子、椅子、钵子等，不改变词的概念意义，只是构成名词的标志。而"娃儿"则指同类事物中小的事物，含有亲切、喜爱的感情色彩。不过，"子"比"娃儿"能产，适用面更广。

"儿"和"子"都是安陆话中能产性强的词尾缀，都有较强的语法意义和词汇意义，都可以附在名词、动词、形容词、量词后构成名词或少数量词。但"儿"可以附在重叠的动词或形容词之后，分别具有不同的词汇意义。

尽管"子""儿""娃儿"三个词尾缀有一致的一面，但也有不同之处，表现在：

第一，从语音形式来看，"子"只读轻声，不改变被附音节的语音；"儿"变化最大，多数情况下它改变前一音节的韵母，而且不能自成音节，必须依赖于它前面的音节，其变音规律另文讨论；"娃儿"不改变被附音节，但它本身的声调有两个——阴平44或阳平31。根据词根语素读音而变，其规律是：阴平、阳平、阴去调的后面"娃儿"读阳平调31，而上声、阴去、入声调的后面"娃儿"读阴平调44。

第二，从适用范围来看，"子"、"儿"的能产性强，因而它们的适用面比"娃儿"广得多。所有附"娃儿"的词根都可以附"儿"，但不一定都可以附"子"。比较如下表：

	椅	猴	猪	牛	桌	稍箕
子	+	+	−	−	+	−
儿	+	+	+	+	+	+
娃儿	+	+	+	+	+	+

"儿"与"子"适用范围的不一致还表现在有的词根在安陆方言里只能加"子"，不能加"儿""娃儿"。如：粽子、桃子、枣子、粟子、狮子、蚊子；有的是只能附"儿"，不能附"子"和"娃儿"。如：量词的重叠、形容词、动词的重叠。其引例见前文。

第三，从语法意义方面来看，"娃儿"除了极少数的动词外，一般没有改变被附成分的词性。"儿"和"子"把被附的动词、形容词、量词等变成名词性的成分。

第四，从词汇意义方面来看，"子"和"娃儿"仅仅是大、小的关系。"娃儿"的感情色彩成分重。"儿"和"子"有时可以同时附在某种词根语素后面，但表达的词汇意义完全不一样，突出体现在部分量词方面。例如：

样：a 样子。指标准。如：鞋样子、绣花样子。

　　b 样儿。指规矩。如：你骂长辈，太冇得样儿。

片：a 片子：指尿片。

　　b 片儿。指破布或碎布。

点：a 点子。指主意。如：我给你出个好点子。

　　b 点儿。指地方。如：蹲点儿。作量词。如：一点儿。

包：a 包子。指可吃的食物。

　　b 包儿。指疙瘩。如：你脸上怎么长了那么多包儿咳？作量词。如：一包儿东西。

杯：a 杯子：指茶杯。如：拿杯子泡茶。

　　b 杯儿：指酒杯。如：把杯儿端起来一口干。

2.1.2 "头""手"

一是名词语缀"头"

"头"是一个可以自成音节的语缀，可以附在名词、动词、形容词的后面，表示各种不同的语法意义和词汇意义。

其一，"头"附着在方位名词后面构成方位名词，"头"相当于普通话里的"里"或"边"。例如：

　　上头　下头　里头　外头　东头　西头　南头　北头

其二，"头"附着在部分单音节动词后面时，它是语缀，作用是改变所附动词的词性，使之变成名词，表示有价值。例如：

　　看头　说头　搞头　走头　听头　写头　想头

其三，头"附着在部分单音节形容词后面时，它是语缀，作用是改变所附形容词的词性，使之变成名词，表示有某种性质。

　　甜头　苦头　准头

二是"手"。"手"是一个可以自成音节的语缀，可以附在部分动词的后面，改变所附动词的词性，使之变成名词，表示值得做某事。例如：

　　搞手　诊手　打手（收割农作物）

"头"和"手"都是安陆方言里附着在动词后面的语缀，都能改变动词的词性，使之变为名词，都表示有某种价值或值得做某事。能产性都不强，只限于跟在部分动词后面。这是二者相同的方面。

二者不同的是，"头"和"手"跟"子""儿""娃儿"相比适用范围小，而"手"比"头"的适用范围更小。

2.2　形容词双音节叠音后缀

安陆方言里的双音节叠音后缀 BB 往往附着在单音节词 A 后面，构成 ABB 式形容词，表示某种状态，既有描述作用，又有程度加深的含义。如"大辣辣""汗兮兮"等。

2.2.1　ABB 式的类别

根据 A 的不同词性，分以下几类：

一是 ABB 式形容词中的词根 A 是形容词。如：

大辣辣　脆嘣嘣　齐陡陡　硬救救　软塌塌　湿润润　湿假假
轻飘飘　红通通　胖笃笃　稳咄咄　光溜溜　灰溜溜　蔫耷耷
慢吞吞　皱巴巴　圆鼓鼓　亮堂堂　矮酱酱　干巴巴　酸唧唧
懒洋洋　乱糟糟　乱哄哄　空荡荡　孤零零　孤单单　阴沉沉
直统统　绿垮垮　明晃晃　黑黢黢

二是 ABB 式形容词中的词根 A 为名词。如：

毛乎乎　气鼓鼓　气昂昂　嘴酱酱　心够够　火辣辣　水灵灵
水滴滴　水淋淋　眼巴巴　灰蒙蒙　汗渐渐　雨渐渐　油滴滴

三是 ABB 式形容词中的词根 A 是动词，这一类型的比较少。如：

笑嘻嘻　羞答答

2.2.2　后缀 BB 的作用

ABB 式形容词中的叠音后缀 BB 的作用主要是在词根 A 的基础上增加形象色彩。有的 BB 有一定的理性意义，它们所表示的形象色彩比较明显。如"气鼓鼓""水滴滴""软塌塌"等等。有的 BB 意义完全虚化，语义非常模糊，只表示色彩意义。如"皱巴巴""大辣辣""心够够"等。正因为 BB 的意义虚化，所以同一词根加上不同的叠音后缀，其色彩意义往往不同。如"水灵灵""水滴滴""水淋淋"。这三个词的形象色彩因其后缀的不同而不同："水灵灵"指人或植物水分足，非常鲜嫩；"水滴滴"指某物呈现出滴水的状态；而"水淋淋"指某物呈现出淋水的状态，物体上所附的水珠要比"水滴滴"所呈现的小得多。

2.2.3　A 和后缀 BB 的组合特征

ABB 式状态形容词里的词根 A 与叠音后缀 BB 的组合有两个显著的

特征：

一是词根与后缀组合面窄。也就是说，安陆方言里，ABB 式状态形容词的叠音后缀与词根 A 的结合缺乏普遍性，绝大多数后缀 BB 只能跟一个或一两个词根组合。例如，"辣辣"也只是跟两个词根组合，构成"大辣辣""火辣辣"。同样，"淅淅"也只跟两个词根组合，构成"雨淅淅""汗淅淅"。而一般的叠音后缀 BB 只跟一个词根组合。

二是具有任意性。绝大多数 ABB 式形容词中，词根 A 与叠音后缀的搭配缺乏语法规则的强制性制约。某一个词根 A，可以与哪个或哪些词缀组合，往往是方言区人们的习惯性选择，没有理据性。这也印证了吕叔湘先生的论断，"单音节形容词 A 与后缀 BB 的搭配是习惯性的。"（1999）例如"大辣辣"，是形容一个人大大咧咧不拘礼节的样子。为什么是"大"和"辣辣"组合而不是别的词根和"辣辣"组合表示这个意思呢？无从考证。

第 3 章 方所

3.1 方所的类型

方所表示方向位置，也叫方位。安陆方言的方位词分单语素方位词和合成方位词两种。

单语素方位词有上、下、左、右、东、南、西、北、前、后、里、外、中、对、底。

合成方位词有上边、下边、左边、右边、东边、西边、南边、北边、上头、下头、东头、西头、南头、北头、前头、后头、里头、窦里 [təu⁵⁵·ni]、外头、对门、高头、呲伙 [to²⁴ xo⁵¹]、左手、右手。

在一些名词后面加方位词构成处所词语，安陆方言里虽然有单语素的方位词，但习惯上通常在名词后加合成方位词。在合成方位词里，虽然和普通话一样有加"边"的"上边"之类的方位词，但一般多用加"头"的"上头"之类的方位词。这些合成方位词与普通话里的方位词对应如下：

上边—上面　下边—下面　左边—左面　右边—右面　东边—东面
西边—西面　南边—南面　北边—北面　上头—上面　下头—下面
东头—东面　西头—西面　南头—南面　北头—北面　前头—前面
后头—后面　窦里—里面　里头—里　外头—外面　高头—上面
下头—下面　左手—左面　右手—右面　呲伙—底下（下面）
苑上——最底层

3.2 特色方位词

安陆方言里方言特色最明显的方位词有四个：高头、咄伙、苋上、窦里。

3.2.1 高头

安陆方言的方位词"高头"相当于普通话里的"上""上面"，有五种情况：

一是"高头"等于"上面""上"，表示有平面的事物的上方、上面，往往有参照点，或者是参照人视线所及的上方，要仰视。例如：

(1) 电视塔高头建了旋转餐厅。

(2) 柜子高头百么家冇得。（柜子上什么都没有。）

二是"高头"等于"上"，表示有平面的事物的上面，俯视。例如：

(3) 桥高头人来车往的，□ [xɛ^{51}]（很）热闹。

(4) 椅子高头放了几本书得。（椅子上放着几本书。）

三是"高头"等于"上面"，往往表示物体有平面性，但多指能附着的平面上。例如：

(5) 裤子高头溅了□ [xɛ^{51}]（很）泥巴。

(6) 衣裳高头碰了□ [xɛ^{51}]（很）多灰。

四是"高头"等于"上"，表示没有平面，但在参照人视线所及的上方。例如：

(7) 树高头飞过去一群麻雀子。

(8) 乜（那）个大树高头挂了一个风筝得。（那棵大树上挂了一个风筝。）

五是"高头"既指事物"上面"，又指事物本身。如"报纸高头"。我们可以说：

(9) 报纸高头放了一封信得。（报纸上面放了一封信。）

(10) 报纸高头登的下（都）是广告。（报纸上登的都是广告。）

3.2.2 咄伙

跟"高头"相对的是"咄伙",相当于普通话里的"底下""下""下面",例如:

(11) 他躲在桌子咄伙得。(他躲在桌子下面。)
(12) 桥咄伙有人在搞破坏。(桥底下有人在搞破坏。)
(13) 水流到凳子咄伙去了。(水流到凳子下面去了。)
(14) 财喜儿一家伙躲到柜子咄伙去了。(猫一下子躲到柜子底下去了。)
(15) 他把书收在报纸咄伙得。(他把书藏在报纸下面呢。)

3.2.3 蔸上

安陆方言的方位词"蔸上"用于器物里面,一般用于器物里面的最底层的位置,视线从正上方看到器物的底部。而"咄伙"指器物外面的下面,视线从器物的旁边看到的器物的下面。例如:

(16) 水缸里的水已经到了缸蔸上。
(17) 坛子里的面快完了,已经到了坛子蔸上。
(18) 锅里糊的羹有□[xɛ⁵¹](很)多粘在锅蔸上去了。

另外,"报纸高头"跟"报纸咄伙"不同于其他处所词语,因为"报纸高头"既指报纸上面,也指报纸本身。如:报纸高头放了一封信得。(报纸上面放着一封信。)/报纸高头登的哈是广告。(报纸上登的都是广告。)而"报纸咄伙"只指报纸下面,不指报纸本身。

3.2.4 窑里

安陆方言的方位词"窑里"相当于普通话里的"里面",一般用于器物或容器名词后面,表示器物或容器里面的处所意义。例如:

(19) 柜子窑里挂了□[xɛ⁵¹](很)多好看的衣裳。
(20) 缸窑里装的是谷。
(21) 他把种子装在坛子窑里得。
(22) 盘子窑里的菜下(都)尽我们吃光了。
(23) 他挑了一担箩筐,一个箩筐窑里是伢儿,一个箩筐窑里是杂巴老伙的东西（杂物）。

上述例子中"窦里"都放在实物性的名词后面构成方位词。"窦里"还可以用于虚的事物名词的后面，意思是"里面"。例如：

(24) 电视窦里紧打广告。（电视里一直在播放广告。）

(25) 他一直都在电脑窦里玩游戏，简直有挪窝。

3.3　方所词的用法

从用法的角度来看，安陆方言的合成方位词能单独充当句子成分，单语素的方位词一般要和别的语素或词组合后才能充当句子成分。一般充当的是句子的主语、宾语、介词宾语、定语、补语（介宾短语作补语）等。例如：

(26) 桌子高头下（都）是灰，也不晓得抹下。（主语）

(27) 他在屋里写作业。（介词宾语）

(28) 他在教室里头。（宾语）

(29) 台子高头的东西我下（都）要。（定语）

(30) 他们湾里东边是一条河，西边是一座山。（主语）

第4章 时间

表示时间概念的有词，也有短语。表示时间的词包括时间名词和时间副词。学界对时间词的研究集中在现代汉语时间词的界定、分类（朱德熙2003；陆俭明1991）、时点和时段分析（李向农1997；周小兵1995）、时间词的构成方式（姚双云2010），等等。下面就安陆方言的时间词系统及时间词的用法作具体的描写分析。

4.1 时间词系统

安陆方言的时间词系统包括时间名词和时间副词。时间名词是能作"在""到""等到"的宾语，而且能用"这个时候""那个时候"指称的词。（朱德熙2003）安陆方言的时间名词有：恁［nin³⁵］咱儿（现在）、现在、过去、往常、以前、今朝（今天）、明朝（明天）、后儿（后天）、挨后儿（大后天）、昨儿（昨天）、前儿（前天）、向前儿（大前天）、粉明儿、清早、早晨、上半天、半日中时、下半天、煞黑儿（傍晚）、日里（白天）、晚行、半夜、年前、年后、年头、年尾、年头岁毕、饭前、饭后、事前、事后、目前、眼前、春上（春季）、六月间（夏天）、十冬腊月（冬季）、之前、之后、一月、二号、一点、星期一、初三、月底。

时间名词分时点和时段两种。时点表示时间的位置和早晚。时段表示时间的长短。对于这一观点，学界的探讨比较多，基本上形成了定论。这里不再赘述。

安陆方言的时间副词有：马上、才将（刚才）、才蚩［tʂʅ⁴⁴］（刚才）、刚刚［ŋaŋ³¹·ŋaŋ］、已经、曾经、又、再、还、从新（重新）、就、才、经常、老、总、往往、紧（一直）、到笃（到底）、永远、还是（仍旧）、三不时儿（偶尔）、从来、一向、向来、在、正在、赶紧、渐渐。

4.2 时间词的用法

安陆方言里，时间名词可充当多种句子成分，包括主语、谓语、宾语、定语、状语、补语。这些用法跟普通话一致。例如：

(1) 上半天开会，下半天讨论。

(2) 饭前一定要洗手欻。（主语）

(3) 二号早晨有一个参观团要来。

(4) 恁咱儿不比往常。（现在不比往常。）

(5) 今朝星期三。到时候他们要来的。

(6) 已经到了十冬腊月（冬天）了，怎么天道还乜么热活嘞！（已经到了冬天了，怎么天还这么热呀！）

(7) 她做事做到半日中时（中午）才回来。

(8) 他是煞黑儿（傍晚）的时候来的。

(9) 今朝（今天）的火车已经晚了点嘤。

(10) 以后的事以后再说。

(11) 今朝（今天）的事情要今朝做完。

(12) 昨儿（昨天）的报纸今朝才送得来，真是不像话。

(13) 我向前儿（大前天）就跟他说了的，他不会忘记了吧？

(14) 乜（这）个伢日里晚行哭，还要不要人睡瞌睡欻？（这个孩子白天晚上哭，还让不让人睡觉啊？）

(15) 我之前跟你说的乜个事你还记不记得嘞？

(16) 我事后才想起来他跟我请了假的。

(17) 我做了两个小时才把乜份卷子做完。

(18) 他在车站里一气儿等了三个小时。

例（1）中的"上半天"和"下半天"作主语。例（2）中的"饭前"作主语。例（3）中的时间名词"二号"作定语，修饰时间主语"早晨"。例（4）中的"恁咱儿"作主语，"往常"作宾语。例（5）

中的"今朝"作主语，"星期三"作谓语。例（6）中的"十冬腊月（冬天）"作宾语。例（7）中的"半日中时（中午）"作介词"到"的宾语。例（8）中的"煞黑儿"作定语。例（9）中的"今朝"作定语。例（10）中"以后"作定语和状语。例（11）中的"今朝"作定语和状语。例（12）中的"昨儿"作定语，"今朝"作状语。例（13）中的"向前儿"作状语。例（14）中的"日里"和"晚行"作状语。例（15）中的"之前"作状语。例（16）中的"事后"作状语。例（17）中的"两个小时"和例（18）中的"三个小时"作补语。

从上述例子来看，时间名词可以在句子里反复出现，充当不同的句子成分。可以是相同的时间名词在句子里充当不同的句子成分，如例（10）、例（11）；也可以是不同的时间名词在句子里充当不同的句子成分，如例（3）、例（4）、例（12）。

安陆方言里，时间副词跟普通话一样作状语。例如：

（19）莫紧在喏儿吃，快抹点儿光着把麦子收进去。（不要一直在那儿吃，快点帮忙把麦子收进去。）

（20）他紧在喏儿说，你就紧听倒。（他一直在那儿说，你就一直听着。）

（21）他一向就身体不好。

（22）叫他们莫等，我马上就回来。

（23）我们正在吃饭，他在楼下喊我们来了客。

（24）他三不时儿（偶尔）来下。

（25）我总是把事往好处想。

（26）我们刚刚吃完了。

（27）我跟他下棋总有赢过他的。

（28）他才蚩（刚才）说要出去打工，你同不同意欸？

（29）天道渐渐黑了。

（30）他们到笃还是有讲和。（他们到底还是没有和解。）

（31）你赶紧去叫他回来哟。

（32）我从来不去管人家的闲事。

（33）乜（这）个伢从来不好生儿地吃饭。

（34）小琴在看书，她的伢儿在旁边玩。

（35）他的姑娘们的经常回来，他的屋里□［xɛ⁵¹］（很）热闹。

（36）你才将说的个事我又忘记了。

（37）你从新把衣裳洗一遍。

（38）乜（这）几天老落雨，把人都嫌死了。（这几天一直下雨，让人都烦死了。）

（39）他的病老不见好，把一屋人都急死了。

（40）事情往往是乜（这）样儿，你越想好就越出问题。

时间副词作状语一般位于主语之后。有的可以位于主语之前，如"才将（刚才）""才蚩（刚才）""往往"，等等，既可以位于主语之前，也可以位于主语之后。

第 5 章　趋向

汉语的趋向范畴由趋向动词充当，表示人或物在空间位置上朝一定的方向移动。它包含三个要素：位移、方向、立足点。安陆方言里表示趋向的动词有单音节趋向动词和双音节趋向动词。单音节趋向动词有：来、去、进、出、过、上、下、起。双音节趋向动词有：进来、进去、出来、出去、上来、上去、下来、下去、回（回来）、回去、过去、起来、起去。从语法功能来看，趋向动词能单独充当谓语，如"他回去了""我进去，你等一下再进去""我进去拿东西"。更常见的是跟在动词或形容词后面表示趋向或结果或状态变化或动作进程，构成的趋向结构用法复杂，形式灵活，意义多样。如"屋里走出了一个我们不认得的客人""他买了口［xε^{51}］（很）多东西回来了""她读到小学三年级就读不下去了""我们干脆走回去吧""你怎咱儿走不走得开欸""他的电话号码你落（记）下来了冇""树上掉了一个苹果下来了"。下面选取安陆方言里几个典型的趋向动词从用法和意义方面进行描写。

5.1　"来"和"去"

"来"和"去"表示动作主体的空间位移。"来"是"从别的地方到说话人所在的地方"。而"去"是"从所在地到别的地方"。（吕叔湘1999）

5.1.1　"来"的用法

安陆方言里，"来"可以单独作句子的谓语，也可以作句子的补语。有如下几个类型：

一是 S（时间、处所）+ 来 + 了 + N（施事）

这类格式是一般的存现句。句子的主语是时间名词或处所名词。宾语为施事宾语。例如：

（1）昨儿来了几个记者。

（2）屋里来了客。

二是 S（施事）+ 来 + N（受事）

这类格式中的主语是常为代词，表示施事的语法意义。宾语通常是表示受事的语法意义，由名词或名词性短语充当。例如：

（3）你们一路儿（一起）来了几个人嘞？

（4）他来了两封信的。

三是 S（施事）+ 来 + N（处所）

这类格式中的主语是代词，表示施事。"来"的宾语为处所名词。例如：

（5）我来学校看下你们。

（6）他来了医院的。

四是 S + 来 + VP

这一格式是"来"和动词或动词性短语构成连谓结构，表示要做某事。例如：

（7）我来择菜，你去煮饭。

（8）我们来看下你吵。

五是 S + V + N（受事）+ 来 + 了

这一格式里的"来"作补语，表示动作朝向说话人所在的地方。安陆方言里"来"作趋向补语常位于宾语的后面，而普通话里"来"通常在宾语的前面。例如：

（9）我借了几本小说来了。正好你可以混下时间。

（10）我捼（扛）了一袋子米来了。

六是 V + 得（不）+ 来

这一格式里的"来"作可能补语。例如：

（11）谈得来就合作，谈不来就一拍两散。

（12）动得来就动下，动不来就不动。

5.1.2 "去"的用法

"去"可以单独作句子的谓语,也可以作趋向补语。有如下几类用法。

一是 S(施事)+ 去 + N(受事)

这类格式中的主语是施事,"去"后的名词为指人的受事,意思是派去某人。例如:

(13) 他的婆婆死的时候我们去了人的。

(14) 你们总要去个把人吵。

二是 S(时间、处所)+ 去 + N(施事)

这类格式是存现句,句子的主语由时间名词或处所名词充当。宾语是指人的施事。例如:

(15) 今朝早晨已经去了两个人。

(16) 他们屋里去了三个人。

三是 S(施事)+ 去 + N(处所)+ VP

这类格式为"去"和另一个动词或动词短语构成的连谓句。"去"后面常常是处所名词。例如:

(17) 我去学校接他回来。

(18) 他去武汉买东西。

四是"S + 去 + VP"与"S + VP + 去"

这类格式里的主语都是施事,由代词充当。"S + 去 + VP"是连谓句,"VP"是"去"的目的。而"S + VP + 去"中的"去"作句子的补语,它的意义有所虚化。例如:

(19) 我去上街。

(20) 我去上厕所。

(21) 大家去买报纸。

(22) 我们去买菜。

(23) 你搞么事去欵?我看电影去。

(24) 我上街去。

(25) 大家买报纸去。

(26) 我们买菜去。

以上两种格式的用法，安陆方言和普通话都可以这么表达。

五是 S + V + O₁ + O₂ + 去

安陆方言里，"去"有一个特殊的用法，那就是双宾句句末用"去"，其意义进一步虚化，句子表示未然态。例如：

（27）我硕（打）你两巴掌去。

（28）我呼（打）你两巴掌去。

（29）我凿你两栗骨去。

上述句子从语气的角度看都是祈使句，这种祈使句表示威胁的口吻，而且是未然态。当然，并不是所有的双宾句后面都可以用"去"。只是在表示威胁口吻并有祈使意味的双宾句里才用"去"。比较：

（30）我硕你两巴掌。

（31）我凿了他两栗骨他嗯都不敢嗯一声。

这两个句子是陈述语气的双宾句，只叙述事实，所以句末不用"去"。

六是 V + 去 + 走（了）

这一格式也是安陆方言里"去"的特殊用法。其中，"去"作趋向补语，其后还加一个补语"走"，用以强调"去"，表示人或事物随动作离开说话人所在的地方。例如：

（32）你来把钱领去走。

（33）你送来的东西下（都）尽（让）他拿去走了。

（34）哪个把我的书拿去走了欤？

（35）强徒（小偷）朝北边跑去走了。

安陆方言里，表达这类强调补语的"走"还可以换成"跑"。如上例（33）和例（34）中的"走"可以换成"跑"。其他两例不能换。这大概跟句子的动词有关。"拿"可以说"拿跑了"，而"跑"不能说"跑跑了"。

七是"去了 [tɕʰi³⁵·iau]"合并为"巧 [tɕʰiau⁵¹]"

安陆方言里，"去"和"了"合并为"巧"，作趋向补语，也可以作结果补语。例如：

（36）他的姑娘（女儿）嫁到广州巧。

（37）篮子沉到水里巧。

（38）他乜埋儿（这一次）真是吓得巧，回来话都冇说就躲在屋里不出来。

（39）乜（这）一道题我做得巧。

例（36）和例（37）中的"巧"作趋向补语。例（38）"吓得巧"意思是"吓着了"，作结果补语。例（39）中的"做得巧"意思是"做到了"，作趋向补语。这是"巧"用在肯定句子中。如果句子是否定的，那么，作趋向补语的"巧"为"去"，作结果补语的"巧"换成"倒"，同时去掉"得"。上述例子的否定式是这样表达的：

（40）他的姑娘（女儿）冇嫁到广州去。

（41）篮子冇沉到水里去。

（42）他乜埋儿（这一次）冇吓倒，回来还有说有笑的。

（43）乜（这）一道题我冇做倒。

5.1.3 "V+来+V+去"

"来""去"对举使用，构成"V来V去"或"V+去+V+来"，表示一种动作多次重复的状态。格式中的动词通常是单音节动词。例如：

（44）说去说来还是屋里冇得钱。有钱吵么事做不了欸？

（45）他在屋里走去走来，像个疯子。

（46）有个伢儿在屋里跑去跑来的显得热闹些。

（47）他在城里转去转来冇转到个名堂。

5.2 "起来"和"起去"

5.2.1 "起来"的用法

一是 S（施事）+起来

这是"起来"单独作句子的谓语，表示由下到上的移动方向。句子的主语是施事。例如：

（48）你起来吵！还紧（一直）睡倒搞嘎？

（49）我早晨起来到恁咱儿（这会儿）还冇吃饭嘞。

二是 V/A + 起来

安陆方言里,"起来"位于动词或形容词后,后面不带宾语,构成"V/A + 起来"的格式。"起来"作趋向补语,补充说明人或物在空间向上的移动方向,是"起来"本身所表示的意义,也可以说,趋向义就是方向义。因为观察者的注意力集中在动作的起点、方向及动作的持续方面。例如:

(50) 外头已经落起来了。(外面雨已经下起雨来了。)

(51) 他啦对人好起来恨不得把裤子脱得别个。

(52) 乜(这)个事儿我想起来就气不过。

(53) 他已经从地上坐起来了。

(54) 红旗已经升起来了。

(55) 你把书捡起来。

"起来"的趋向义进一步引申出结果的意义,表示动作有结果或达到了目的,也可以说是动作行为在方向方面有了结果。例如:

(56) 田里的秧下(都)长起来了。

(57) 他把屋做起来了。

(58) 他把门关起来了。

当"结果"被凸显以后,它便可以与不再需要具有方向性的动词构成动补结构。"起来"的结果义正式形成。例如:

(59) 她把冬天穿的衣裳下(都)收起来了。

(60) 徐云看倒他的爸爸来了,赶忙躲起来了。

(61) 他看不起来呗。(他看不中呗。)

"起来"作补语还表示动作或状态已经开始。因为趋向动词"起来"不仅表现为物体空间位置的改变,而且表现为物体由静态到动态的改变。在这个过程中,观察者的观察角度显示出一种新状态的开始。从这个角度来看,"起来"作补语时具有了状态的意义。例如:

(62) 他哭起来不理节制(不讲道理)。

(63) 他啦,好起来□[xɛ^{51}](很)好,拐(坏)起来□[xɛ^{51}](很)拐(坏)。

(64) 他吃起来像个饿痨。

(65) 乜(这)个东西看起来不怎么样。

（66）他拐（坏）起来六亲不认。

（67）她笑起来很好看。

"起来"作补语还可以表示说话人的一种看法，是说话人对某人或物的评论、说明。这时，"起来"在很大程度上已经虚化成为一个篇章标示语。（吕晓军2007）例如：

（68）说起来还是屋里太穷了，帮不上么事忙。

（69）算起来他差不多该到了。

（70）乜（这）个饭吃起来杠杠的（硬硬的）。

三是 V + 起 + O + 来

这一格式里，"起来"在句子中分开，都作句子的补语。例如：

（71）外头已经落起雨来了。

（72）他做起事来□ [xɛ⁵¹]（很）肯卖力气。

（73）他说起话来像个抛皮子（夸夸其谈者）。

（74）说起他来，冇得（没有）哪个不摇头摆脑壳。

（75）他睡起瞌睡来□ [xɛ⁵¹]（很）不老实。

5.2.2 "起去"的用法

"起去"指的是以说话人为参照点，人或物由低处往高处运动，同时是背离说话人所在位置移动。而且说话人和听话人都在同一位置。有如下几类格式：

一是 S + 起去

这一格式里的"起去"作谓语。这是"起去"本身的意义。例如：

（76）你起去吵。

（77）快抹点儿（快点）起去吵。

二是 S + 起去 + VP

这类格式是"起去"与动词或动词短语构成连谓结构，格式中的"VP"是"起去"的目的。例如：

（78）起去做事吧。

（79）你起去把鸡子喂了他。

三是 S + V + 起去

这类格式中的"起去"作趋向补语，补充说明动作的移动方向。

例如：

（80）汽车已经关上了门，我们已经上不起去了。

（81）你把乜（这）几样东西拿起去。

5.3 "上"和"下"

"上"的意思是由低处到高处。"下"的意思是由高处到低处。

5.3.1 S+上/下+N

这类格式是"上/下"单独作句子的谓语或谓语中心。"上/下"的后面带处所名词。例如：

（82）他上了大学就冇跟我们来往。

（83）你下了课就直接回来。

5.3.2 S+V+上/下

"上/下"用在动词后面，作趋向补语、可能补语、结果补语。

一是 V+上/下+N（处所）。

这一格式中，"上"表示人或物随动作从低处到高处。"下"表示人或物随动作离开高处到低处。它们作句子的趋向补语。例如：

（84）他跳下车就往巷子里头跑了。

（85）风筝飞上了天。

（86）他已经坐上火车。

二是 V+V+得（不）+上/下。

这一格式中的"上/下"作可能补语，表示动作主体或受事能或不能位移到某处。例如：

（87）你要考不上就回来种田。

（88）我要是报不上名就算了。

（89）你要顾得上就多费点儿心。

（90）乜个场儿（这个地方）放得下。

（91）行李箱高头还放得下两个箱子。

（92）屋里住不下。

三是 V + 上 + 了 + N。

这一格式中的"上"作结果补语，表示主体动作的结果使自身处于某状态中。例如：

（93）我们已经追上了游行的队伍。

（94）玲玲考上了公务员。

（95）他评上了三好生。

（96）她选上了妇女代表。

第6章 数量

这里说的数量是指数词和量词。

6.1 数词

数词包括统数和序数，还有小数、分数和概数。

安陆方言里的统数除了万与普通话不一样以外，其他统数都跟普通话相同。安陆方言里的万叫"方"，一万块钱叫"一方钱"。

序数里"初一"到"初十"跟普通话一样；"第一"到"第十"也跟普通话相同，不过安陆话里在指称小孩的排行时还直接用"老大""老二""老三"等来指称第一个孩子、第二个孩子、第三个孩子等。还有一个"幺"，在安陆话里也用得很普遍，指排行最小的，如"幺爷"指最小的叔叔或小姑姑，有时直接用"幺"指称排行最小的孩子。

小数的说法跟普通话相同。

分数的说法多说"成"或"股"，如三成、四成、七成等或一股、三股、六股等。

概数的说法有"把""大略（大概）""上下"

6.2 量词

安陆方言的量词跟普通话一样也包括物量词、动量词、度量衡量词。安陆方言的动量词和度量衡量词与普通话差别不大，这里单就与普通话差别较大的物量词作描写和分析。

6.2.1 特殊物量词

安陆方言的物量词包括特殊的物量词以及与普通话共有的物量词，也就是说，有些物量词为安陆话所特有而普通话没有；有的物量词在安陆话和普通话中都有，但安陆方言物量词在适用范围、搭配要求、义项多少、褒贬色彩等方面与普通话相比存在一些差异。

一是安陆方言特有的物量词

在安陆方言特有的物量词里，有的物量词适用面较宽，有的适用面较窄，有的物量词可以在普通话里找到对应的量词，有的物量词则很难找到对应的量词。

道 [tau³⁵] ①指在同一块地里作物种植或生长的次数，相当于普通话量词"茬"。如：今年新了两~萝卜。②收割同一地里同一农作物的次数，相当于普通话量词"次"。如：韭菜割了三~。③磨出面粉过箩的遍数。如：这是头~货。

庹 [tʰo²⁴] 平伸两臂，从这只手的手指尖到另一只手的手指尖的距离，大约相当于五尺。如：这根绳子差不多有两~长。

□ [kʰa³¹] 大拇指指头和中指头（或食指头）之间的水平距离。如：~把长的棍子都瞧得起来（一点点长的棍子都很看重）。

路 [nəu⁵⁵] 用于成行的种植物，常儿化，相当于普通话量词"行" [xaŋ³¹]。如：田里一~一~的棉花长得几□ [ɕyŋ⁵¹] 啊（田里一行一行的棉花长得多茂盛啊）！

□儿 [tsor⁵¹] 计算成条状的事物的数量，所计的量比"束"小，常用儿化形式，以说明量的少。若用于计算头发的量，则相当于普通话量词"缕"。如：一~头发。若用于计算其他事物的量，则没有对应的普通话量词。如：一~小麦（几根带麦秸的小麦的量）。

□儿 [tsor²⁴] 用于计算成颗粒状或粉状事物的量，量偏小，即大拇指、食指、中指指头合拢所抓起的量。如：一~灰/一~小麦面/一~米。

丁点儿 [tin⁴⁴tiɚr] 表示数量少，只能同数词"一"结合。如：一~么事他都瞧得起来（一点点东西他都很看重）。

虱眼儿 [sɛ²⁴iɚr⁵¹] 所计的量比"丁点儿"还要小，小到极限，只能同数词"一"结合。如：一~东西都想不到他的（说明"他"吝啬）。这个量词是比喻用法，在使用过程中，实际上有时计的量还比较大，但主观认为它小，所以常取贬义。

筒 [tʰuŋ³¹] ①十个为一筒，用于计算可以叠放的圆形对象。如：一~碗／一~酒杯／一~饼子。②用于计算木材，树干锯成一截为一筒。如：一~料。由此引申、比喻，用来喻指小伙子。如：他们说我这么大一~，二三十岁，还当童子军。／按说呢，他倒也是牛高马壮一~柴了。

□ [tsʰo⁵⁵] 只限于和名词"纸"搭配，相当于普通话量词"摞"。如：一~纸。

爬 [pʰa³¹] 用于计算人和动物的排泄物如屎、尿、痰等的量。若为"屎、尿"，则相当于普通话量词"泡"，若为"痰"，则相当于普通话量词"口"。如：一~屎／一~尿／一~痰。

匹 [pʰi³¹] 用于计算扁状事物的数量，相当于普通话量词"片""根"。如：一~菜叶子／一~篾／一~橡子。

汪 [uaŋ⁴⁴] ①用于计算液态事物的数量，相当于普通话量词"摊"。如：一~水／一~血。②用于计算地上的种植物和非种植物，具有普通话量词"片"的部分职能。如：田里这一麦子长得格外□ [ɕyŋ⁵¹] 一些（田里这一小片麦子长得特别茂盛）／一~草皮。

刁 [tiau⁴⁴] 用于计算稻穗、麦穗等的数量，具有普通话量词"根"的部分职能。如：一~谷（一根谷穗）／一~麦子（一根麦穗）。

厢 [ɕiaŋ⁴⁴] 用于计算田地和种在田里的粮食、蔬菜等作物的数量，相当于普通话量词"畦"。如：一~田（一畦田）／一~麦子（一畦小麦）一~芝麻（一畦芝麻）。

高 [kau⁴⁴] 用于计算下雨、霜、雪的次数，相当于普通话量词"场"。也指收获物晒太阳的次数，相当于普通话量词"次"。如：今着早晨打了好大一~霜啊（今天早上降了好大一场霜啊）！／今着落的一~雨几及时啊（今天下的一场雨多么及时啊）！／谷只晒了两~日头（谷子只晒了两次太阳）。

刀 [tau⁴⁴] 用于计算某些成套的娱乐工具，只限于和数词"一"搭配，相当于普通话量词"副"。如：一~扑克／一~麻将。"刀"还作为计算纸张的单位（=100张），如：一~卫生纸／一~黄表纸。

二是与普通话共有的物量词

这些物量词虽然与普通话所共有，但是在与名词的配合上，安陆方言与普通话并不是一一对应的，有的部分重合、部分相异，还有的则完全相异。

乘［tʂʰən³¹］普通话里能跟"乘"配合的名词很少，《现代汉语八百词》（吕叔湘1980）中只见"轿子"一例。安陆话里，"乘"的适用范围要宽得多：①陆地上有轮子的运输工具。如：汽车、火车、拖拉机、摩托车等。②利用轮轴旋转的用具。如：水车、纺线车、织布机等。③其他用具。如：犁、耙、秒、梯子等，而这些名词在普通话里则分别用量词"辆、列、架、张"等计量。

坨［tʰo³¹］用于成团状的东西，但在普通话里适用范围很窄，《现代汉语八百词》里只见"泥"一例。安陆方言里，"坨"的适用面要广得多。①可用于固体物计量，也可用于液体物计量，而这些在普通话里是论"团、块、点"的。如：他脸上溅了几~（点）血，滑稽得很/一~（团）毛线/案板上放了一~（块）精瘦的牛肉。②计算长成团的花、草之类的数量，相当于普通话量词"簇"的部分职能。如：一~~的樱花/一~杂草。

口［kʰəu⁵¹］在普通话和安陆话里，一些与口腔有关或有口的事物都可以论"口"，如"气、话、牙齿、井、塘、锅、箱子、水缸、棺材"等。但在普通话里有些论"块"的事物，安陆方言也可以论"口"。如：一~砖（一块砖）/一~瓦（一块瓦）。

石［tan³⁵］斗［təu⁵¹］升［ʂən⁴⁴］这三个量词在普通话里只作为容量单位量词，如：一石谷/一斗麦子/五升高粱。在安陆方言中，除了用作容量单位量词外，还用来计算土地的面积，即十升为一斗，十斗为一石，与普通话面积单位量词亩的换算方式是：两斗为一亩，五亩为一石。

担［tan³⁵］和普通话一样，安陆方言里成担的东西可以论"担"。如：一~水/一~柴/一~粮食/一~棉花。不同的是，一些成对的用于肩挑的容器或装载工具，在普通话里常用"对"或"副"来计量，但在安陆话里也可以用"担"。如：一~桶/一~箩筐/一~筱头。

封［fuŋ⁴⁴］用于装封套的东西。古代五十两银子叫作"一封"。但普通话里似乎只有"信、电报"才论"封"。安陆方言除此之外，某些纸包装物也可以用"封"来计量。如：一糕（一盒糕点）/一火柴（十盒火柴用纸包在一起为"一封"）。

桌［tɕo²⁴］把［pa⁵¹］这两个量词在普通话和安陆话中有些共同的用法。如：一桌菜/一桌酒/一桌客/一把刀/一把米/一把劲。不同的是，安陆方言里，它们还可分别用来对"酒杯"和"筷子"等餐具计量：十个酒杯为"一桌"，十双筷子为"一把"。

架［tɕia³⁵］和普通话一样，安陆方言中也可用于对有支架的东西计量：一~飞机/一~马车。不同的是，安陆方言中还可用"架"来对"山"计量，相当于普通话量词"座"。如：一~大山。

头［tʰəu³¹］安陆方言和普通话一致的是都用"头"作为某些动物的计量单位：一~猪/一~牛/一~大象等。不同的是，安陆方言中"头"还兼有普通话量词"截"的部分职能，只限于和"半"搭配。如：说半~话/做半~事。还可兼具普通话量词"样""边"的部分职能，常省略后面的中心名词，只限于跟"一"搭配。如：这担土一~重一~轻（这一担土一边重一边轻）。

起［tʰi⁵¹］普通话和安陆方言都可以指事情的一次或一件，即"件、次"义。如：发生了几~案子。还可用来指人的一批或一群，相当于量词"群、伙"。如：来了一~人/一~打打笑笑的人/分六~干活。不同的是，安陆方言的"起"还有"份"义，而且必须儿化。如：你的那一~儿我带回来了（你的那一份我带回来了）。它所表示的量视具体事物可大可小，是个集合量词。

6.2.2 物量词的特点

通过与普通话相比较，我们发现安陆方言物量词在语义方面和语法搭配方面都有自己的特点。

一是语义方面的特征：多义性与交叉性、近义性与差异性、具体性与模糊性

其一，多义性与交叉性。安陆话物量词和普通话物量词词形相同，意义也有部分相同，但同时安陆方言还另有适用的对象和范围，呈现出有同有异的语义面貌。这里所说的多义性是指安陆方言物量词的语义与

普通话相比具有多项意义，这些意义分别对应普通话的物量词；这里所说的交叉性是指安陆方言物量词和普通话相比有同有异，安陆话的物量词至少有一项意义与普通话相同，其余的意义相异。例如：

表6—1

安陆话	普通话	例句	安陆话	普通话	例句
乘	乘	一～轿子	担	担	一～米
	架	一～飞机		对或副	一～水桶
	张	一～犁	起儿	起	一～事故
	辆	一～汽车		份	一户一～儿
	列	一～火车	头	头	一～猪
口	口	一～气		截	半～话
	块	一～砖		样	图一～
				边	一～重

其二，近义性与差异性。近义性指的是同一名词有时可以随意选用不同的量词，这些量词由于语义相近而形成同义量词义场，即理性意义相同。就着眼于事物客观呈现的外在形状的量词来说，它们往往以具有该种外形特征的典型事物作为参照物，有点状、线状、面状、块状、团状、口状、眼状、条状等。每一个形状量词里都有一个近义量词群。如"点"状量词群里的量词有"点、粒、颗、滴、坨、星……"。安陆方言量词群和普通话量词群里的成员有时完全对等，有时则不完全对等：或者是安陆方言量词群里的成员多于普通话量词群里的成员，或者是相反。我们以对同一事物"面（面粉）"的计量为例来说明：

安陆话　　　　　　虱眼儿　丁点儿　□[tso^{24}]　把　捧
普通话（△表缺项）　△　　点　　△　　　　　　把　捧

这个对比说明，就同一事物不同级别的量所使用的物量词来看，安陆话物量词的层级比普通话物量词的层级多。这说明安陆话中至少有一部分物量词和同一名词搭配时分工更严密，但同时还存在着安陆方言量词群内的成员少于普通话量词群内成员的现象。我们以"条状"量词为例：

安陆话　根线条棵杆枝　　　　△　　□[tso^{51}]　把　抱　捆

普通话　根棵株线丝条枝杆茎　缕绺　束　　　　把　抱　捆

在这个量词群中，普通话的层级比安陆话的层级多一些，特别是第一层级，这大概是由于安陆方言口语化强一些的缘故。进一步我们还发现，安陆方言物量词与普通话物量词并不是完全对应，它们各自的层级具有一定的模糊性。像"缕、绺"和"束"之间的具体量很难截然分清，量越大倒是二者越趋于一致。

差异性是说近义物量词的理性意义相同但附加成分不同：或者用法不同，或者与别的词的搭配关系不同，这些近义物量词之间存在着一定的差异性。主要表现在：

第一，着眼角度的差异。着眼角度的不同即强调点不同。例如"中药"，普通话中可以选用量词"贴"或"服"，"贴"着眼于外敷，"服"侧重于内服。安陆话一般用量词"服"。又如"水桶"，普通话选用"副"或"对"，而安陆话选用"担"，是因为普通话着眼于水桶的成套使用这一角度，而安陆话则着眼于担水桶的动作这一角度。

第二，附加特征的差异。在主要语义特征相同的条件下，次要的附加语义特征有所不同。例如"员、名、个、位、号"，它们都可以和人组合，我们可以说：一员大将/一名将军/一位将军/一个将军/那号人。用"位"是尊称，有褒奖的附加意义；用"员"文言色彩浓；用"名"书面色彩浓；用"个"最为普通，为一般口语；"号"有贬义。一般说来，安陆话多用"个"而少用"名、员、位、号"，"个"较少显示量词的附加特征，因而它的使用范围更广。

其三，具体性与模糊性　汉语的物量词多取事物的形状、作用或名称表量，例如：颗，在《说文解字》里指"小头"，它借作量词后，计量形状"小而圆"的东西。普通话和安陆话都沿袭了这种用法，有平面的东西论"张"或"片"，方形而有体积的东西论"块"，杆形的东西论"枝"，等等，这是汉语物量词特有的形象作用。但事物是千姿百态的，不同的事物可能有相同或类似的形状特征，所以几种不同的事物可以与同一个量词配合。例如："泥巴"，因为成坨状，安陆方言和普通话都论"坨"。但是，"鼻子（鼻涕）、血、瘦肉、杂草、樱花、毛线"等就不同了。普通话里因为"鼻子（鼻涕）、血"等是液体物质，所以用"点、滴"来计量，"瘦肉"却论"块"，堆积成团的"杂草、樱花"等论"簇",成团状的毛线论"团"。而安陆方言里却取人们的视觉形象一律都论"坨"。因此,安陆方言和普通话的物量词在词形、词义和适用范围等方面不可能完全相同。一方面它保留了量词具体形象的意义,另一方面又可以和不同的若干名词组合,笼统地计量称说,因而,安陆方言物量词在语义方面表现出具体性与模糊性的特征。

二是语法搭配方面的特点

安陆方言物量词与名词的搭配关系不是任意的。物量词要进入句子,成为一个句子成分,必须和数词组合,再来修饰名词。普通话和安陆话都是如此,即同一个名词可以选用不同的量词,这些量词由于语义相近而形成同义量词场。如"条"状量词:

安陆话　根线条棵杆枝

普通话　根线条棵杆枝株丝茎

凡"条"状语义的名词都可以选用这些量词,"点"状或"团"状的名词则不能选择这些量词。这就给量词和名词的搭配提供了可能性。然而,安陆方言和普通话的同义量词场内的量词数量是不等的。从上面的比较中我们可以看出,普通话的"条"状量词"株、丝、茎"相对于安陆话而言附加特征有差异。关于附加特征的差异这一点,上文已经讨论过。另外,同一个名词可以选用不同的同义量词,到底和哪一个量词搭配,要看具体的语言环境。例如:

草:根 棵 把 抱 捆 担 汪（片）

饭:餐 顿 口 坨 桌

筷子:根 枝 双 把

人:个 伙 帮（子） 路 批 家 代 辈

"草"到底选用哪一个量词,要看它具体所要表达的量是多少:当要表达最小的量时,选择"根"或"棵";当要表达一只手能握住的"草"时,用量词"把",其余依此类推。这说明,"名词和量词搭配的时候,只有当名词的语义和量词的语义一致的时候才有搭配的可能性。"（邵敬敏 1993）

6.2.3　与普通话物量词的比较

安陆方言物量词和普通话物量词在语义特征和语法搭配方面之所以

出现差异，根据初步的考察，大致有以下两个方面的原因。

一是对古汉语的继承和发展不完全一致。

普通话和安陆话的物量词都有不少是从古汉语继承下来的，但是由于历史的变迁，出现了如下两种变化情况，成为安陆方言与普通话物量词差异的一个重要原因。

其一，古汉语的一些量词，有的在安陆话里还保留着，在普通话里却已经改变或消失了。例如"乘"，古时一车四马叫"乘 [tʂʰən⁵¹]"。发展到现在安陆话念 [tʂʰən³¹]。普通话里，能跟"乘"配合的名词很少，但在安陆话中它作为量词还非常活跃。凡是车辆都用"乘"计量：汽车、火车、摩托车、拖拉机、自行车、马车、板车等，这些名词虽然现在也用"辆"来计量，但多是受普通话的影响，老百姓口语中还是用"乘"的多。后来发展到利用轮轴旋转或外力耕作的用具也用"乘"计量，如：纺线车、织布机、风车、水车、犁、耙、耖子等。最后引申到木制支架型的东西也用"乘"计量。如：梯子、床等。

其二，古汉语遗留的一些量词，安陆话与普通话都在普遍使用，而且是同形同义，但使用对象、范围并不相同。最典型的是量词"个"和"只"。"'个'在《说文解字》里用作'竹'的计量单位，后来逐渐扩大到鸟类、兽类以及一些无生命的事物，今天普通话中'个'的使用范围进一步扩大。"（黎伟杰 1993）而安陆方言"个"的使用范围远远超出普通话的使用范围。如普通话用"颗"计量的"珠子、宝石、沙子、葡萄、种子、瓜子、牙齿、图章、冰雹、钉子、地雷、子弹、炸弹、手榴弹、星星、心、露珠、汗珠"等，在安陆话里除少数几个词不能用"个"计量外，其余的都能用"个"计量。"只"的本义是"手持一鸟"，后来逐渐扩大到兽类及无生命之物。然而在安陆方言中，能用"只"计量的，多可用"个"计量。笔者对吕叔湘主编的《现代汉语八百词》附录的"名词·量词配合表"作了一个粗略的统计，该表共收录名词439条，其中能与"个"配合的有160条，如果换用安陆话的说法，表列的439条名词中，可以用"个"字的有230条。由此可见，虽然"个"和"只"都是古汉语的遗留，但在现代汉语各地方言中的发展变化情况并不一样：安陆方言"个"的使用范围远比普通话广泛、自由，而安陆话的"只"则不如"个"那样广泛地通用。

二是特有的民俗文化的影响。

物量词因其意义有具体形象的特点，而物量词形象意义的产生要受到民俗民情、生活方式、宗教文化等社会因素的制约，因而呈现出种种不同的情况。比如量词"条"，可以说一条鱼/一条狗，而不说一条人，但可以说一条命/两条人命/一条汉子。究其原因，很大程度上取决于社会成员之间的约定俗成。因此，不同方言的物量词和同一名词搭配时有很大的差异。例如，对同一名词的计量，湖北省的一些方言点所使用的量词就各不相同：

	安陆	武穴	通城	通山	红安	石首	仙桃	巴东	监利	丹江口
桥	个、座	个、座	座	座	道	座、架	座、拱	个、架	个	座
猪	头、个	头	只	只	口	根	只	个	口	条
羊	只、个	只、个	条	头	头	个、只	个、头	个	个、头	个
鱼	条、个	条、个	只	只	尾	个、尾	个	个、尾	只	条
车	乘	辆	乘	乘	台	架	乘	个	个	乘

为什么"桥"可以用"座、个、道、架、拱"等不同的量词来计量呢？这是源于不同方言区的人们对其观察角度和命名角度的差异："座"源于桥的位置的角度；"道"源于道路的角度；"架"源于架桥的动作；"拱"源于桥的拱状外形的描述；"个"源于整体个数的计量。这些大约都是一种约定俗成的语言习惯。

第7章　指代

指代即指示、称代。安陆方言表示指示、称代的词呈系统分布，跟普通话一样分三个子系统，即人称代词、指示代词和疑问代词。下面描写这三个子系统及其用法。

7.1　人称代词系统及其用法

7.1.1　人称代词系统

第一人称代词：我（单数）、我们（复数）、人家、别个。
第二人称代词：你（单数）、你们（复数）、你老儿（尊称）。
第三人称代词：他、她、它（单数）、他们（复数）、他老儿（尊称）。
其他人称代词：自家、自己——复称
　　　　　　　别个（别人）、人家——别称
　　　　　　　大家——总称

安陆方言里三套人称代词的单数和复数跟普通话一样，复数是在单数后加"们"表示。第二人称的尊称"你老儿"用于面称，第三人称的尊称"他老儿"用于背后尊称。"人家"、"别个"既是三身代词之外的表示"别称"的人称代词，也是用于表示第一人称的代词。

7.1.2　人称代词用法

一是第一、二、三人称代词。
第一、二、三人称代词都可以在句中作主语、宾语、定语。例如：

（1）我从来不把我们之间的事说得别个听。

（2）我们的兕₁（这）个事儿谈得像么样欸?

（3）我们不想到他的屋里去，一点儿都不好玩。

（4）他□［tʂyɛ³¹］（骂）我们我们才打他的吵。

（5）你莫把我们的黄豆收起走了。（你别把我们的黄豆没收了。）

（6）人家［ka³⁵］欠（想念）不过才来看你的吵，一点儿都不领情。

（7）别个不想吃，你硬是栽得别个吃，嫌死人的。（我不想吃，你硬是强迫我吃，讨厌死了。）

（8）别个屋里忙是死，哪有功夫陪你们玩吵。

（9）他眨个眼睛就跑得无远八远的。

（10）他到恁₁咱儿［nin³⁵ tsɚ⁵¹］还有来，巴儿是堵车了。（他到现在还没有来，可能是堵车了。）

（11）你老儿的身体还好吵?

（12）兕₁（这）是他老儿的衣裳。

（13）你问他老儿，他老儿晓得的。

（14）要我说嘞，你老儿就莫操兕₂（那）些闲心，尽他们出去闯下。（要我说呀，您就别操那些闲心了，让他们出去闯一下。）

"人家［ka³¹］""别个"只作第一人称单数，带有某种感情色彩，如嗔怪、不耐烦等。如例（6）有嗔怪之意，例（7）有不满、责备之意，例（8）有不耐烦之意。而且"人家［ka³¹］""别个"往往不作第一人称用复数。

二是其他人称代词。

复称代词"自家［ka³¹］""自己"跟第一、二、三人称代词一起构成复指短语，复指短语充当句子的主语、宾语和定语，复称代词也可以单独充当句子的主语、宾语和定语。别称代词"别个""人家［ka³¹］"本身可以是单数，也可以是复数，在句子中充当主语、宾语、定语。总称代词"大家"是复数，在句子中充当主语、宾语、定语。例如:

（15）我自家［ka³¹］吃，不要你喂。

（16）我们自己都顾不了，还能顾哪个嘞。

(17) 今年的糯米留得自己吃，不卖。

(18) 你自家［ka³¹］不晓得自家的身体啊，还去逞能做。

(19) 自家［ka³¹］的屁股流鲜血跟别个诊痔疮。

(20) 他自己的爷妈（爹妈）都管不了，哪个还管得了他嘞。

(21) 莫尽别个看得巧。

(22) 别个要说尽他去说。

(23) 别个不晓得，你还不晓得？我就只有乜₁（这）点儿钱。

(24) 别个屋里下（都）去了，你怎么还在喏₁儿（这儿）欸？

(25) 你光说别个，怎么不说你自家［ka31］嘞？

(26) 你说人家［ka³¹］人家［ka³¹］又听不倒，有么用呢？

(27) 村长召集大家开会。

(28) 大家莫着急，大家的钱会用在大家的头上的。

7.2　指示代词系统及其用法

7.2.1　指示代词系统

安陆方言的指示代词是二分的。近指和远指同形不同调：近指词主要用"乜［niɛ］"，还有"喏［no］、恁［nin］"，都是阴去35调，远指也用"乜［niɛ］"，还有"喏［no］、恁［nin］"，但都是阳去55调。

近指		远指	
安陆话	普通话	安陆话	普通话
乜₁［niɛ³⁵］	这	乜₂［niɛ⁵⁵］	那
乜₁个［niɛ³⁵·ko］	这个	乜₂个［niɛ5⁵·ko］	那个
乜₁么［niɛ³⁵·mo］	这么	乜₂么［niɛ⁵⁵·mo］	那么
喏₁儿［nor³⁵］	这儿	喏₂儿［nor⁵⁵］	那儿
乜₁里［niɛ³⁵·ni］	这里	乜₂里［niɛ⁵⁵·ni］	那里
□□儿［nia³⁵·xar］	这里	□□儿［nia⁵⁵·xar］	那里
喏₁伙儿［no³⁵·xor］	这里	喏₂伙儿［no⁵⁵·xor］	那里
乜₁个场儿［niɛ³⁵·kotsʰar⁵¹］	这个地方	乜₂个场儿［niɛ⁵⁵·kotsʰar⁵¹］	那个地方
恁₁咱儿［nin³⁵tsɐr⁵¹］	这会儿	恁₂咱儿［nin⁵⁵tsɐr⁵¹］	那会儿
乜₁些儿［niɛ³⁵·ɕior⁴⁴］	这些	乜₂些儿［niɛ⁵⁵·ɕior⁴⁴］	那些

乜₁点儿 [niɛ³⁵ tiɛr⁵¹]	这点	乜₂点儿 [niɛ⁵⁵ tiɛr⁵¹]	那点
乜₁个窠 [niɛ³⁵ ko⁵⁵ tɕia³¹]	这种	乜₂个窠 [niɛ⁵⁵ ko⁵⁵ tɕia³¹]	那种
乜₁样儿 [niɛ³⁵ iɛr⁵⁵]	这样	乜₂样儿 [niɛ³⁵ iɛr⁵⁵]	那样

系统之外的指示代词有每、各、某、本、另、别的、别么事（别的）、其他、其余，等等。

7.2.2 指示代词用法

一是"乜₁"和"乜₂"的用法。

其一，单用的近指代词"乜₁"和远指代词"乜₂"可以直接起指代作用，既用于指人，也用于指物。例如：

(29) 乜₁是我的舅爷，乜₂是我的姨爷。（这是我的舅舅，那是我的姨父。）

(30) 乜₁是金林的衣裳，乜₂我的衣裳。

其二，"乜₁"、"乜₂"表示程度，修饰形容词。例如：

(31) 你怎么乜₁好哦，帮我把东西下（都）搬进来了。

(32) 甲：你把乜₁碗饭吃了它。

乙：乜₂多！你要把我胀死了他啦？（那么多！你想把我胀死？）

其三，"乜₁"、"乜₂"的语法功能

"乜₁"可作主语，也可作宾语（一般辅以手势）。而"乜₂"只作主语，不作宾语。例如：

(33) 我要是哄了你，我就是个乜₁（说话者竖起小手指）。

单用的"乜₁"、"乜₂"一般不作定语，只在"乜₁"、"乜₂"对举使用时才作定语。如果要用指示代词作定语，就必须用合成式的指示代词"乜₁个""乜₂个"或者说是"指示代词＋量词"的形式。例如：

(34) 我总是冇得空去看你啰！不是乜₁事儿就是乜₂事儿。

(35) 乜₂个事儿放在我心里得，你莫着急！

(36) 千不该万不该你不该把乜₂本书借得他。（你真不应该把那本书借给他。）

其四，"乜₁"和"乜₂"用在篇章里的时候，可以回指，而且语义是确定的。不同的是，"乜₂"还可以是虚指。大概"乜₂"是远指代词的缘故。例如：

(37) 甲：你把包里的东西清下吵！ （你把包里的东西整理一下吧！）

乙：乜₂哪，好说！

(38) 甲：莫紧在喏₂儿站倒，帮忙把东西逞（往）屋里捡吵！（别总在那儿站着，帮忙把东西往屋里捡吧！）

乙：捡乜₁哪？

甲：是的，快点！要落雨了！

(39) 甲：听说最近你很赚了一点钱，能不能借两个我用下欸？

乙：乜₂哪，谈都不谈。

二是"乜₁么"、"乜₂么"的用法。

"乜₁么"和"乜₂么"主要用作形容词修饰语，表示程度，它们和形容词构成的短语，在句中充当主语、谓语、宾语、定语、状语、补语。例如：

(40) 乜₁么/乜₂么狠做□［mɛ⁵¹］（什么）？哪个怕你啦！（这么/那么凶干什么？谁怕你呀！）

(41) 他乜₁个人乜₂么好，哪个都愿意跟他玩。

(42) 他的伢确实是有乜₂么聪明，埋儿埋儿（每次）考试打一百分。

(43) 乜₂么好的人得了癌症，真是可惜得啰！

(44) 乜₁个竿子（竹竿）乜₁么长还不够哦？

(45) 哎哟，几年冇看倒，伢都长得乜₁么大啦？

"乜₁么""乜₂么"充当修饰语表示程度时与"乜₁""乜₂"是等值的，它们可以互换而意思不变，上例都可以换成"乜₁"和"乜₂"。

7.2.3 表示处所的指示代词

一是安陆方言里，表示处所的指示代词有五套属于同义系列，在句子中可以互相替换。不过，这五套表示处所的指示代词的读音不同：其中乜₁、乜₂的读音受后一音节的影响而发生了变化。如："喏₁儿""喏₂儿"，"□□儿［nia³⁵ xar⁵¹］（这里）""□□儿［nia⁵⁵ xar⁵¹］（那里）"，"喏₁伙儿""喏₂伙儿"。但是，不管读音怎么变，在同一套指示代词中，近指、远指的声母、韵母总是相同，近指、远指的对立仍然依赖声调的变化。

二是处所指示代词的语法功能。

第一，可以直接放在人称代词或名词后面，表示处所。例如：

（46）我们喏₁儿冇得你要找的乜₂个人。（我们这儿没有你要找的那个人。）

（47）乜₂棵树喏₂儿好像有个人站了得。（那棵树那里好像站着一个人。）

（48）他们乜₂个场儿的人几拐哟，动不动就打架。（他们那里的人真坏呀，动不动就打架。）

第二，充当主语、宾语、定语、状语。例如：

（49）喏₁儿蛮宽敞，砌三间屋还有多的。（这儿很宽敞，盖三间房子还有多余的。）

（50）我们三个小时以内可以走到喏₂儿。

（51）他们喏₂儿的屋下（都）破破烂烂，冇得一间象样。

（52）你在喏₂（那）儿多住些时，跟她做个伴。

7.2.4 表示时间的指示代词

"恁₁咱儿""恁₂咱儿"用来指代时间，相当于普通话的"这时""那时"或"这会儿""那会儿"或"这阵子""那阵子"等，既可指代时点，又可指代时段，在句中充当主语、宾语、状语。例如：

（53）恁₁咱儿几点嘞？——只怕转了钟哦。（现在几点？——可能凌晨转钟了。）

（54）到恁₂咱儿，只怕我们都死得骨头打鼓响了。（到那时，恐怕我们早都死了。）

（55）她恁₂咱儿只会哭，么事都不晓得搞。（她那时只会哭，什么都不知道做。）

（56）往常恁₂咱儿的人几造孽啰！吃又冇得吃的，穿又冇得穿的。恁₁咱儿的人几快活嘞！不纺线，不织布，不做鞋，照样有穿的。（过去那时候的人真可怜啊！吃又没有吃的，穿又没有穿的。现在的人多快活！不纺线，不织布，不做鞋，照样有穿的。）

7.2.5　表示数量的指示代词

安陆方言里，表示数量的指示代词有三套："乜$_1$些儿""乜$_2$些儿"；"乜$_1$点儿""乜$_2$点儿"；"乜$_1$个家""乜$_2$个家"。他们分别表示普通话里的多数、少数和种类，在句中充当主语、宾语、定语的是"乜$_1$些儿""乜$_2$些儿"；"乜$_1$点儿""乜$_2$点儿"；"乜$_1$个家""乜$_2$个家"不作定语，只作主语和宾语，而普通话里，"这一种"或"这种"与"那一种"或"那种"是可以作定语的。例如：

(57) 乜$_1$些儿是他的，乜$_2$些儿是你的。

(58) 我给你的钱就剩下乜$_1$点儿啊？

(59) 乜$_1$点儿小事儿难不倒我。

(60) 你说的乜$_2$个家我怎么不晓得嘞？

(61) 我要的是乜$_1$个家，不是乜$_2$个家。

7.2.6　表示方式的指示代词

"乜$_1$样儿"和"乜$_2$样儿"主要用来指代动作行为的方式，以修饰动词为主，有时也可用来替代事物或动作行为的某种状态。它们的语法功能主要有两个方面：

一是用在动词前，表示动作行为的方式，充当状语。例如：

(62) 吃饭要乜$_1$样儿吃，免得饭下（都）撒得地下去了。

(63) 你乜$_2$样儿跑跑不赢他的。（你如果那样跑是跑不赢他的。）

二是替代事物或动作行为的某种方式、状态，可以充当主语、谓语、宾语、定语、补语等。例如：

(64) 直嘎（长期）乜$_1$样儿不行嘞，应该调个门儿。（长期这样不行，应该换一个方法。）

(65) 你先乜$_1$样儿着。（你先就这么着吧！）

(66) 他啰，怎么变成乜$_2$样儿，搞得我们都不认得他了。（他怎么变成那样，变得我们都不认识他了。）

(67) 他乜$_2$样儿的人你们下（都）莫迹他，尽（让）他一个人在喏$_2$儿。（他那样的人你们都别理他，让他一个人在那儿。）

(68) 你看啰，他的嘴巴里烂得乜$_2$样儿他还在吃大椒。（你看，他的嘴里烂成那样他还在吃辣椒。）

7.2.7 系统外指示代词

每、各、某、本、另、别、别的、别么事（别的）、其他、其余，等等。

（69）各人拿各人的东西。

（70）别的冇得嘞，酒总有喝的吵。

（71）还有啊别么事要说的耶？（还有没有别的什么事要说的?）

7.2.8 "更远指"指示代词

安陆方言的"更远指"不用一个特定的词来表示，而是通过参照点来实现的，即必须在一定的语言环境中有听话人这一参照点，形成"面指"和"背指"，指明更远处的人或物。（张邱林1989）所谓"面指"，是所指对象说话时听话人看得见，或者说话当时看不见但曾经看见过，因而交际时双方心里都明白具体所指的是哪里。表达"更远指"时面指有两种方式：一是"看得见的参照点＋那儿（辅以手势）"；二是"看不见但交际双方了然于心的参照点＋那儿"。例如：

（72）甲：今天来的人还蛮多啊! 站在兔₂棵树（手指向树）喏₂儿的女伢（女孩）是哪个嘞？

乙：兔₂个啊，她是我的同事。

甲：怎么冇看到你的屋里的那个人呢？（怎么没有看到你的妻子呢?）

乙：欸，你不晓得，我们喏₂儿在修加油站，她在喏₂儿负个责，简直忙得脚不沾地。

甲第一次问乙的时候用的参照点是双方都看得见的"树"，并配合手势，听话者乙明白甲具体所指的是谁，交际成功。乙第二次回答甲的问话时用了两次远指代词，指代甲看不见的地方，乙用的参照点是"他家"，甲明白乙具体所指的地方，所以交际成功。

所谓"背指"，是所指对象说话时听话人看不见但了然于心，或者是看不见而且未曾了然于心。表达"更远指"时背指也有两种方式：一是"看不见但交际双方了然于心的参照点＋那儿"；二是"看不见且听话人未了然于心的参照点+那儿"。例如：

(73) 甲：王师傅喏₂儿缺人，你是不是派几个人过去帮下他嘞！

乙：哎哟，乜₁两天我的事都做不完。李光明喏₂儿的事我都压了得（拖着），实在冇得人。

甲：那你到刘宗德喏₂儿去问下有不有人。

乙：刘宗德是哪个嘞？

甲：他是我的一个远房亲戚。你一说我的名字他就晓得的。

在甲乙双方的对话中，甲说的"王师傅"是交际双方看不见但了然于心的参照点。乙提到的"李光明"也属于交际双方看不见但了然于心的参照点。甲说的"刘宗德"是乙看不见而且不熟悉的一个参照点，乙就要进一步追问这个参照点的情况，要求甲回答。所以表达"更远指"时用背指的方式尽管看不见或听话人不了解参照点的情况，也不影响交际的顺利进行。两种背指方式的区别在于用第二种方式"看不见且听话人未了然于心的参照点+那儿"时必须有后续句出现，如例(42)中乙问的"刘宗德是哪个嘞？"，就是后续句，是乙不明白的参照点，所以甲针对乙的问话作出解释。否则就达不到交际的目的。

7.3 疑问代词系统及其用法

7.3.1 疑问代词系统

问人：哪个（谁）、哪些人（复数）
问事：□[mε^{51}]（什么）、么事（什么）、哪些事（复数）
问处所：哪儿
问时间：几咱儿、几大哈[xa^{51}]儿
问数量：几、几多
问动作：怎么、么样儿
问性状：么样儿
问程度：几

7.3.2 疑问代词用法

一是问人的疑问代词指人，在句中作主语、宾语、定语。例如：

（74） 哪个说的耶？

（75） 哪些人在喏₂儿（那儿）闹欤？

（76） 他们是哪个屋里的亲戚耶？

（77） 哪些人的工资发了欤？

二是问事的疑问代词指事，在句子中作主语、宾语、定语。例如：

（78） 隔壁里<u>么事</u>在叫欤？

（79） <u>你</u>晓得么事哦？他们下（都）瞒了<u>你</u>得。

（80） 问乜₁［niɛ³⁵］（这）多搞□［mɛ⁵¹］（什么）嘞？

（81） 哪些事是他做的耶？

（82） 书下（都）堆在喏₂儿（那儿）得。还有哪些事要搞欤？

（83） 么样儿？你想搞下啊？哪个怕你啦？

第 8 章 性状

安陆方言里表示性状的形容词主要用来表示程度和状态。下面主要从这两个方面加以描述。

8.1 形容词的程度表示法

安陆方言里形容词表示程度主要通过重叠或加语缀的方式，重叠表示程度跟普通话是一致的，而加语缀的方式表示程度则是极具方言特色的语言现象。

8.1.1 重叠表示程度

一是单音节形容词重叠 AA 表示程度

单音节形容词重叠的格式是 AA，使用时后带"的"。如：

高高的、黑黑的、浓浓的、长长的、轻轻的、饱饱的、矮矮的。

二是双音节形容词重叠 AABB 表示程度

A 组：白白净净、干干净净、自自然然

B 组：空空荡荡、稀稀拉拉、松松跨跨

A 组的形容词是可以单用的双音节形容词 AB，重叠式 AABB 表示程度加深，跟普通话一样有"很、非常"的意思。B 组的形容词不重叠时 AB 不能单用，一般只用 AABB 重叠式，表示的程度是"有一点、稍微"。

三是其他形式的形容词表示程度

安陆方言里，还有少数其他形式的形容词以其特殊的重叠形式表示程度稍微深的意思，有 A 嗯 A、A 嗯 AB、A 个 AB、A 里 AB、ABA 等。

例如：

早哦早、黑哦黑草、白个白净、小里小气、急忙急

8.1.2 加前缀表示程度

安陆方言里，"蜡糊""碰香"一类的形容词表示程度深，我们称之为 BA 式形容词，其中以 A 代表其中的形容词词根，以 B 代表其中的前缀。BA 式是安陆方言中常见的一种形容词生动形式，表示程度相当高。如"铁像、卡白、生疼、瘪淡、肮臭、肮苦、碰香、黢黑、蜡黄、蜡糊、嘣干、焦干、崭新、死懒、切湿、稀烂、飞快、滚烫、冰冷、干咸"。

一是 BA 式形容词的构成形式及其语义。

安陆方言里，BA 式形容词的词根一般是形容词性的。为了清楚地说明 BA 式形容词的构成形式，我们根据 B 所表示的语义，将它们分为两类：

第一类，B 的意义抽象，程度意义明显，形象色彩模糊。常见的这一类状态形容词有"稀烂、卡白、切湿、黢黑、瘪淡、肮臭、肮苦"等。其中的 B 没有词汇意义，B 和 A 之间的联系没有理据，书写时都是借字记音，表示程度很高，相当于"很""非常"。所以，从语法性质上看，B 具有共同的类化意义，都可以按程度副词来对待。

第二类，B 有词汇意义，往往表示事物或动作的性状，形容 A 的程度很高，整个 BA 式可以按"非常 A"的模式理解。这一类常见的有"飞快、滚烫、冰冷、蜡黄、焦干、蜡糊"，等等。其中的 B 除了表示程度很高以外，还可以表示性状，因为每一个特定的 B 都具有独特的形象色彩，能唤起人们对某一特定形象的联想。如"滚烫"的"滚"等，它的语义极为显豁，能让人们联想到开水的翻滚状态。同样，"蜡黄"的"蜡"，让人联想到人的脸色不好，像蜡一样没有血色，呈现出一种灰白的病态。当然，这一类中 B 的语义清晰度还是有差别的。像"飞、滚、冰、蜡"等，它们的语义极为显豁，而"焦"的语义则相对模糊一些，因而"蜡黄"等词的形象色彩比"焦干"要鲜明得多。

二是 BA 式形容词的语法性质。

BA 式形容词属于状态形容词，不能受程度副词和否定副词的修饰。

可以充当句子的谓语、定语和补语。例如：

(1) 他的脸蜡黄，怕不是有病啰？（谓语）
(2) 屋里黢黑，又不点个灯。（谓语）
(3) 我拉倒他冰冷的手劝他莫伤心。（定语）
(4) 滚烫的开水泼到他的脚高头，痛得他跳倒脚直叫。（定语）
(5) 衣裳都打得切湿噢，怎么不打个伞唡？（补语）
(6) 把个鸡子炖得稀烂，叫人怎么吃欸？（补语）

BA 式状态形容词形容程度很高，故不再受程度副词修饰。但它本身可以按 BABA 式重叠，所表示的程度比 BA 式还要高，重叠以后带"的"入句，作谓语、补语。例如：

(7) 她的手冰冷冰冷的，像个生铁。
(8) 他的脸蜡黄蜡黄的，只怕要去看医生啰。
(9) 他跑得飞快飞快的，哪个都撵不上他。
(10) 黄豆晒得焦干焦干的，不用再晒了。

部分 BA 式状态形容词中间还可以加入其他的音节，尤其是第一类，加入其他的音节后表示程度很高。例如：

切湿→切切大湿　　黢黑→黢黢大黑　　稀烂→稀巴烂、稀狗烂

嘣干→嘣嘣子干　　焦干→焦焦子干　　干咸→干麻子大咸

8.1.3　加后缀"流了（的）"表示程度

这种格式往往用后缀"流了（的）"来补充说明状态形容词的程度，而且只限于状态形容词。相当于普通话中用程度副词"很"或"极"直接黏合在状态形容词的后面。例如：

(11) 他神气流了的。（他神气极了。）
(12) 他简直造孽流了。（他简直可怜极了。）
(13) 她打扮得清爽流了的。（她打扮得清爽极了。）
(14) 他们两个人简直亲热流了。（他们两个人简直亲热极了。）
(15) 他这个冬季快活流了。（他这个冬天快活极了。）
(16) 他身上赖呆 [nai⁴⁴ tɛ³¹] 脏流了。（他身上脏极了。）

"神气、清爽、亲热、快活、赖呆 [nai⁴⁴ tɛ³¹] 脏、造孽可怜或辛苦"跟"流"结合，表示这种状态的程度，有"很、极"的附加意义，

相当于普通话形容词的重叠形式 AABB 式或 ABB 式。在普通话中，往往是用形容词的重叠形式来表示其程度。上面的例子可以这样表达：

（17）她打扮得清清爽爽的。

（18）他们两个人亲亲热热的。

（19）他这个冬天快快乐乐的。

（20）他身上脏兮兮的。

（21）他可怜兮兮的。

8.1.4　长音后补结构表示程度

安陆方言里表示程度时还可以在形容词后面加一个形容词作补语，而且作补语的形容词必须念得重而长，约相当于两个音节的时值，表示程度极深，具有夸张的色彩和极强的描绘作用。而且还必须出现助词"了"，来补充说明已然的状态。例如：

（22）李子红□［ɕin⁵⁵］了。（李子的颜色红极了。）

（23）他简直能□［sai⁵⁵］了。（他简直得意极了。）

（24）霉豆腐臭烘了。（霉豆腐臭烘烘的）。

（25）这些豆子干迸了。（这些豆子干迸迸的。）

（26）商店里冷清了。（商店里很冷冷清清的。）

（27）盆里的水冷冰了。（盆里的水冷冰冰的。）

这种格式相当于普通话的副词"极"直接组合在形容词的后面或者是形容词的重叠式 AABB 或 ABB 所表示的程度深的附加意义。这种长音后补结构不仅补充说明形容词的程度极深，而且还可以补充说明名词或动词的程度深。例如：

（28）雪地里白恍了。（雪地里白得耀眼。）

（29）软饼煎得黄□［niaŋ⁴⁴］了。（软饼煎得黄灿灿的。）

（30）麻油香喷了。（麻油香喷喷的。）

（31）他屋里的鸡子肉陀了。（他家里的鸡肥嘟嘟的。）

（32）教室里吵吼了。（教室里闹哄哄的。）

这些长音结构有的不能移到前边作状语，有的能移到前边作状语。当这些长音后补结构移到前边作状语的时候，它的读音不再延长，而且不需要助词"了"。例如：

（33）这些霉豆腐臭烘了。→这些霉豆腐烘臭。
（34）这些豆子干迸了。→这些豆子迸干。
（35）盆里的水冷冰了。→盆里的水冰冷。
（36）麻油香喷了。→麻油喷香。
（37）她的脸红通了。→她的脸通红。
（38）屋子里黑黢了。→屋子里黢黑。
（39）菜简直淡瘪了。→菜简直瘪淡。

8.2 形容词的状态表示法

8.2.1 ABB 式表示状态

ABB 式形容词是指由单音节词根"A"后附双音节叠音后缀"BB"构成的形容词。如"大辣辣""汗兮兮"等。通常情况下 ABB 式形容词要后带"的"表示处于某种状态，才能进入句子，单独不能进入句子。

一是 ABB 式形容词的词根和词缀。

ABB 式形容词中的词根 A 是形容词。例如：

大辣辣　脆嘣嘣　齐陡陡　硬敕敕　软塌塌　湿润润　湿假假
轻飘飘　红通通　胖嘟嘟　稳咄咄　光溜溜　灰溜溜　蔫妥妥
慢吞吞　皱巴巴　圆鼓鼓　亮堂堂　矮齄齄　干巴巴　酸唧唧
懒洋洋　乱糟糟　乱哄哄　空荡荡　孤零零　孤单单　阴沉沉
直统统　绿垮垮　明晃晃　黑黢黢

ABB 式形容词中的词根 A 为名词。例如：

毛乎乎　气鼓鼓　气昂昂　嘴齄齄　心够够　火辣辣　水灵灵
水滴滴　水淋淋　眼巴巴　灰蒙蒙　汗渐渐　雨渐渐　油滴滴

ABB 式形容词中的词根 A 是动词，这一类型的比较少。例如：

笑嘻嘻　羞答答

ABB 式形容词中的叠音后缀 BB 的作用主要是在词根 A 的基础上增加形象色彩。有的 BB 有一定的理性意义，它们所表示的形象色彩比较明显。如"气鼓鼓""水滴滴""软塌塌"，等等。的有 BB 意义完全虚化,语义非常模糊,只表示色彩意义。如"皱巴巴""大辣辣""心够够",等等。正因为 BB 的意义虚化,所以同一词根加上不同的叠音后缀,其色彩意义往往不同。如"水灵灵""水滴滴""水淋淋"。这三个词的形象色彩因其后缀的不同而不同:"水灵灵"指人或植物水分足,非常鲜嫩;"水滴滴"指某物呈现出滴水的状态;而"水淋淋"指某物呈现出淋水的状态,物体上所附的水珠要比"水滴滴"所呈现的小得多。

二是 ABB 式状态形容词的句法功能。

ABB 式形容词只有后附"的"构成"ABB 的"的形式才能进入句子,作谓语、状语或补语。当"ABB 的"处在句子末尾的时候,"的"可看作词尾成分;当"ABB 的"作定语的时候,仍写作"的";当"ABB 的"作状语的时候,写作"地",这时可以不把"的"看作词尾成分。ABB 式形容词作句子的谓语、定语、状语、补语。例如:

(40) 衣裳水滴滴的,又不晓得殷久干一点儿。(衣裳水滴滴的,又不知道拧干一点儿。)(谓语)

(41) 他这个人大辣辣的,总不晓得替别个着想。(他这个人大大咧咧的,总是不知道替别人着想。)(谓语)

(42) 雨淅淅的天道,跑出去搞嘎?(雨淅淅的天,跑出去干什么?)(定语)

(43) 看他那个蔫妥妥的样子,事情肯定冇办好。(定语)

(44) 他干巴巴地念课文。(状语)

(45) 她懒洋洋地坐在那儿,不吃不喝。(状语)

(46) 这个伢长得胖嘟嘟的,几逗人痛哦!(这个小孩儿长得胖嘟嘟的,真招人喜爱呀!)(补语)

(47) 螺蛳炒得硬救救的,蛮好吃。(补语)

三是 ABB 式状态形容词与《楚辞》里的三字语

在《楚辞》(吴广平注译本,岳麓书社 2001)里,有一种三字词组,这就是一个单音形容词或动词(多数是表示心理活动的动词)跟一个双音形容词(通常是叠音词或联绵词)组合在一块,起着互相补充、共同描述的作用。这就是《楚辞》里的三字语。(陈鸿迈 1988)三字语这种格式在先秦其他作品里很罕见,它是《楚辞》语言的一个特

色。其中的 ABB 式是一个单音形容词或动词，跟一个叠音词组合，起描述或补充的作用。例如：（引例自陈鸿迈）

A. （48）份总总起离合兮，斑陆离其上下。（离骚）

（49）芥洋洋而无极兮，忽翱翔之焉薄？（九辩）

B. （50）愁悄悄之常悲兮，翩冥冥之不可娱。（九章·悲回风）

（51）愁郁郁之无快兮，居戚戚而不可解。（九章）（薛恭穆 1980）

A 组里的 ABB 式三字语是单音形容词跟叠音词的组合，B 组里的 ABB 式三字语是单音动词与叠音词的组合。这样的三字语跟安陆方言里的 ABB 式状态形容词的形式是一致的，我们认为安陆方言里的 ABB 式状态形容词源于《楚辞》里的三字语，因为安陆方言属于楚语（赵元任、丁声树 1948；刘兴策 1988），而且 ABB 式状态形容词里的词根跟叠音词缀的组合面窄，具有较大的随意性，只有少数叠音词缀结合面较宽，也只能跟两到三个词根组合，这一点与《楚辞》里的三字语的组合特征相同，《楚辞》里的三字语"两个词的组合是自由的"（陈鸿迈 1988）。例如"份"字可以自由地同不同的叠音词组合成三字语：

（52）份郁郁其远蒸兮，满内而外扬。（九章·思美人）

（53）份容容之无经兮，罔芒芒之无纪。（九章·悲回风）

（54）观中宇兮浩浩，份翼翼兮上跻。（九怀·陶雍）

《楚辞》里的 ABB 式中大部分的单音词 A 与叠音词 BB 之间的结合面是很窄的，结合面稍宽一点儿的只是少数的叠音词。如叠音词"眇眇"可与不同的词组合：

（55）穆眇眇之无垠兮，莽芒芒之无仪。（九章·悲回风）

（56）世既卓兮远眇眇，握佩玖兮中路躇。（九思·逢尤）

无论是安陆方言里的 ABB 式状态形容词，还是《楚辞》里的 ABB 式三字语，它们在意义上都既有描述的作用，又有表示程度加深的含义。这和现代汉语里的用法是一致的。

8.2.2 ABCD 式和 AABB 式表示状态

这两类状态形容词并不多，但有独特的形象色彩。

一是 ABCD 式由单音节形容词性词根和单音节少数名词性词根后附三音节词缀构成。常见的有：

花里胡哨　中不溜秋　黑不溜秋　灰不溜秋　黑咕隆咚
圆鼓隆咚　血咕拉稀　弯倒鼓救　干锅捞几　油脂八蜡
黄不拉肌

ABCD 式形容词中，词根 A 表示词的理性意义，词缀 BCD 三个音节主要表示附加意义，给整个词增添附加色彩，即增添词的贬斥和否定的主观评价色彩。

二是 AABB 式形容词是由重叠的双音节形容词性词根后附双音节叠音后缀构成。安陆方言里常见的有：

鼓鼓囊囊　羞羞打打　稀稀拉拉　稀稀朗朗　晕晕打打
慢慢吞吞　松松垮垮　悬悬弯弯　皱皱巴巴　密密麻麻

安陆方言的 AABB 式形容词有别于和普通话相同的双音节形容词重叠式 AABB。因为普通话里的 AABB 是双音节形容词 AB 的重叠形式，双音节形容词 AB 可以受程度副词的修饰。而安陆方言里的 AABB 式不是 AB 的重叠，只有"皱皱巴巴""慢慢吞吞""羞羞打打""松松垮垮"这四例比较特殊，可以变化为"ABB"式状态形容词，但这四例跟其他 AABB 式一样不受程度副词的修饰。

ABCD 式形容词和 AABB 式形容词都具有描写性强的特点，表示的语义程度相对来说也高于 ABB 式，而且这两式状态形容词在感情色彩上大都是贬义的。在句法功能上跟 ABB 式相同，要带"的"字才能入句，充当句子的谓语、定语、状语和补语。例如：

(57) 他穿的衣裳花里胡哨的，一点儿都不好看。(谓语)

(58) 地里的芝麻稀稀拉拉的。(谓语)

(59) 油脂八蜡的灶台也不抹一下。(定语)

(60) 鼓鼓囊囊的一袋子东西背在身上□ [xɛ^{51}]（很）吃亏。(鼓鼓囊囊的一袋子东西背在身上很吃力。)（定语）

(61) 他松松垮垮地穿倒个衣裳，一点儿都不好看。(状语)

(62) 他还慢慢吞吞地晃过来，一点儿都不着急，把别个都急死了。(状语)

(63) 这棵树长得弯倒鼓救的。(补语)

(64) 他喝酒喝得晕晕打打的。(补语)

第 9 章 程度

安陆方言里程度的表达不仅用程度副词,而且还用状态形容词和一些句法格式。状态形容词表示程度见本书"性状",一些句法格式表示程度见本书"动补句"。这里只描写安陆方言的程度副词。

王力先生(1985)根据有无比较的对象,将程度副词分为相对程度副词和绝对程度副词两类。"凡有所比较者,叫做相对的程度副词。""无所比较,但泛言程度者,叫绝对程度副词。"本章主要讨论的是王力先生所说到的绝对程度副词。在安陆方言里,常用的绝对程度副词存在着量级差别:极高级绝对程度副词"死",最高级绝对程度副词是"□ [xɛ^{51}]""哈 [xa^{51}]""几""太""很",次高级绝对程度副词是"蛮"、"墨 [mɛ^{24}]"。下面将对安陆方言里的几个常见的绝对程度副词的意义和用法加以描写和归纳。意义和用法与普通话相同的从略,如"太",意义和用法相同的两个或几个绝对程度副词只讨论其中的一个,不同者或意义特殊者在讨论相关问题时加以补充。

9.1 程度副词"死"

9.1.1 "死"的语义及句法分布

安陆方言里的极高级绝对程度副词"死"相当于普通话里的极高级程度副词"极",但普通话里的"极"既可以表示褒义,又可以表示贬义。而安陆方言里的"死"作程度副词时只表示贬义,而且只修饰少数的贬义形容词。例如:

(1) 他死懒,年月不洗衣裳。(他极懒,一年到头从不洗衣服。)

（2）这个伢死犟，随你怎么说他都不听。（这个孩子极犟，不管你怎么说他都不听。）

（3）他的屋里人死拐（坏），连路都不尽（让）别个走。（他的家里人极坏，连路都不让别人走。）

（4）他的婆婆死节作，连点儿汤水都舍不得倒。（他的奶奶极节省，连一点儿汤水都不舍得倒掉。）

"死"也可以像普通话里的"极"一样直接作补语，极言程度深，但"极"作补语时必须带"了"，而安陆方言里的"死"既可以带"了"，也可以不带"了"，句子都可以成立。如上面的例子可以这样说：

（5）他懒死（了），年月不洗衣裳。（他懒极了，一年到头从不洗衣服。）

（6）这个伢犟死（了），随你怎么说他都不听。（这个孩子犟极了，不管你怎么说他都不听。）

（7）他的屋里人拐（坏）死（了），连路都不尽（让）别个走。（他的家里人极坏，连路都不让别人走。）

（8）他的婆婆节作死（了），连点儿汤水都舍不得倒。（他的奶奶极节省，连一点儿汤水都不舍得倒掉。）

带"了"表达的贬义语气更加强烈。"死"也可以修饰动词性短语，极言程度，仍然表示贬义。例如：

死要面子　死爱赌博　死喜欢吃醋　死好撮拐（挑拨离间）　死好戳白（说谎）

9.1.2 "死"的否定式

"死"不否定形容词，只否定动词或动词性短语，有两种否定式，一是用"不"否定，构成"死不 VP"的格式，二是用"有得"否定，构成"死有得 NP"的格式。例如：

死不听话　死不争气　死不讲卫生　死不爱学习　死不要脸

死有得样儿　死有得德行　死有得　儿（心计）

9.1.3 "死"的入句功能

"死"修饰形容词或动词性短语时作状语，它和形容词、动词构成的"死 A/V"格式只作谓语,另外,"死"还可以用在少数形容词后面作补语这是不同于其他程度副词的方面。如上面的例子。"死"修饰的动词性短语中的动词往往是能带动词性宾语的动词,整个动宾短语往往表达责备、批评的意思。这一类动宾短语进入句子以后,往往后面还有一个表示评价意义的后续句。例如:

(9)他简直是死要面子活受罪。

(10)他死爱赌博,弄得屋里百么事冇得。(他极爱赌博,弄得家里什么都没有。)

(11)她死喜欢吃醋,弄得别个下(都)不敢跟她的男的说话。(她极喜欢吃醋,弄得别人都不敢跟她的丈夫说话。)

(12)她死好攝拐(挑拨离间),弄得他的爷儿伙里讲口。(他极喜欢挑拨离间,弄得他的一家人吵架。)

(13)这个伢死好过白(撒谎),说了无数回都不听。(这个孩子极喜欢说谎,说了无数次都不听。)

下面再举几个否定式的例子:

(14)这个伢死不听话啰,你叫他往东他偏要往西。

(15)我的身子又死不争气,紧跟他们添麻烦啰。(我的身体又死不争气,一直给他们添麻烦。)

(16)那个女人死冇得 儿(心计),叫她不要瞎说她偏要在喏儿说,弄得别个下不了地。(那个女人死没有心眼儿,叫她不要说她偏要在那儿瞎说,弄得别人下不了台。)

(17)这个狗子死冇得德性,见人就咬。

9.2 程度副词"□[xɛ⁵¹]"

□[xɛ⁵¹]是安陆方言中特有的程度副词,用在动词、形容词前面,表示程度很高,含有强烈的感情色彩和极度夸张的语气,相当于普通话里的"很"。"□[xa⁵¹]"与"□[xɛ⁵¹]"在意义、用法等方面都相同,唯读音不同,疑为"□[xɛ⁵¹]"的音变形式。为避免重复,我们先集中描述"□[xɛ⁵¹]"的意义和用法,也适用于"□[xa⁵¹]"。例如:

(18) 他们两个人对人□［xɛ⁵¹］好。

(19) 他们那儿□［xɛ⁵¹］多人做生意。

(20) 他的屋里□［xɛ⁵¹］有钱。

9.2.1 "□［xɛ⁵¹］"的句法分布

"□［xɛ⁵¹］"修饰性质形容词,构成"□［xɛ⁵¹］A"的格式。例如:

□［xɛ⁵¹］大　□［xɛ⁵¹］小　□［xɛ⁵¹］好　□［xɛ⁵¹］拐（坏）

□［xɛ⁵¹］大方　□［xɛ⁵¹］小气　□［xɛ⁵¹］明朗（清楚）

"□［xɛ⁵¹］"修饰动词或动词性短语,构成"□［xɛ⁵¹］V"或"□［xɛ⁵¹］VP"的格式。其中,"V"主要是指心理活动动词,"VP"往往是表示评价意义的动宾短语。例如:

A. (21) 他□［xɛ⁵¹］喜欢打毛衣。

(22) 他□［xɛ⁵¹］讨人嫌,总喜欢弄别个的头发。（他很令人讨厌,总喜欢弄别人的头发。）

(23) 他对自己的病情□［xɛ⁵¹］了解。

B. (24) 他□［xɛ⁵¹］有头脑。

(25) 这个伢□［xɛ⁵¹］懂事儿。

(26) 他教的学生□［xɛ⁵¹］守纪律。

C. (27) 他一丁点儿东西都□［xɛ⁵¹］看得起来。

(28) 她哪憨吃哈睡横长肉,□［xɛ⁵¹］想得开。

(29) 这件衣裳只要二十块钱,□［xɛ⁵¹］划得来。

D. (30) 他这个人哪□［xɛ⁵¹］敢闯,东南西北到处跑。

(31) 他的个嘴巴□［xɛ⁵¹］会说。

(32) 我□［xɛ⁵¹］愿意留下来陪你,又怕你不同意。

上例中,A组里的"□［xɛ⁵¹］"修饰的"V"是表示心理活动的或表示态度、评价意义的动词。常见的有"喜欢、担心、讨嫌（讨厌）、欠（想念）、重道（重视）、了解、操心",等等。B组里的"□［xɛ⁵¹］"修饰的是"VP",其中的"V"是非动作动词,单独不受"□［xɛ⁵¹］"的修饰,只有带上宾语,表示某种评价意义的时候,才受"□［xɛ⁵¹］"的修饰。常见的"VP"动宾短语有"懂礼心（懂礼貌）、有头脑、有地位、有钱、有板眼（有能力）、说明问题"，等等。C组里的"□［xɛ⁵¹］"修饰的是中补短语，往往是动词带可能补语构成的短语。常见的有"□［xɛ⁵¹］划得来/□［xɛ⁵¹］划不来、□［xɛ⁵¹］想得开/□［xɛ⁵¹］想不开、□［xɛ⁵¹］说得出口/□［xɛ⁵¹］说不出口、□［xɛ⁵¹］看得起来/□［xɛ⁵¹］看不起来、□［xɛ⁵¹］下得了手/□［xɛ⁵¹］下不了手"，等等。D组中的"□［xɛ⁵¹］"修饰的是动词前加部分能愿动词构成的状中短语。常见的是"□［xɛ⁵¹］能睡、□［xɛ⁵¹］会说、□［xɛ⁵¹］肯做事、□［xɛ⁵¹］愿意帮人、□［xɛ⁵¹］敢闯"，等等。"□［xɛ⁵¹］"不修饰"可以、要、应该"等能愿动词构成的状中短语结构。

9.2.2 "□［xɛ⁵¹］"的入句功能

程度副词"□［xɛ⁵¹］"用在动词、形容词前面作状语，它和动词、形容词构成的"□［xɛ⁵¹］A/V"格式在句子中常作谓语、宾语、补语。例如：

(33) 他的舅爷□［xɛ⁵¹］好，一点儿官架子都冇得。（他的舅舅很好，一点儿官架子都没有。）

(34) 他□［xɛ⁵¹］能吃苦，么事都能做。

(35) 他打脾寒（打摆子）的时候盖两床被卧（被子）还觉得□［xɛ⁵¹］冷。

(36) 小伢一上学，屋里就显得□［xɛ⁵¹］冷清。

(37) 今年的苹果卖得□［xɛ⁵¹］贵。

(38) 她跟她的妈长得□［xɛ⁵¹］像。

需要说明的是，"□［xɛ⁵¹］A/V"只能作少数几个表示主观感受的动词的宾语，而且限于"□［xɛ⁵¹］"修饰形容词的格式"□［xɛ⁵¹］A"作宾语。

9.2.3 "□［xɛ⁵¹］"的否定形式

"□［xɛ⁵¹］"的否定形式根据其后所修饰的结构成分的不同而用不同的否定词。具体说来，有两个否定词，一是用"不"来否定，构成"□［xɛ⁵¹］不A/V"的格式；二是用"冇得"来否定，构成

"□［xɛ^{51}］冇得 NP"的格式。例如：

A.（39）这个小伢尽（让）他的婆婆惯势（骄纵）得□［xɛ^{51}］不懂规矩。（这个小孩被他的奶奶骄纵得很不懂规矩。）

（40）他们两个的关系□［xɛ^{51}］不好。

（41）小王□［xɛ^{51}］不会办事儿。

（42）这个菜□［xɛ^{51}］不好吃。

（43）我今朝（今天）□［xɛ^{51}］不舒服。

（44）他的妈□［xɛ^{51}］不喜欢他。

B.（45）她这个人□［xɛ^{51}］冇得心眼，总是吃亏。

（46）种田□［xɛ^{51}］冇得搞手，还不如出去打工。（种田很没有搞头，还不如出去打工。）

（47）他这个人□［xɛ^{51}］冇得脑筋，做事东一下儿西一下儿。（他这个人很没有头脑，做事东一下西一下。）

（48）这个电影□［xɛ^{51}］冇得看头，还不如回去睡瞌睡。（这个电影很没有看头，还不如回去睡觉。）

"不"否定的"□［xɛ^{51}］A/V"不具有周遍性，也就是说，上例 A 组中"不"不是否定所有的动词和形容词，而只是否定其中的一部分。"□［xɛ^{51}］A/V"中的"A"如果是贬义或消极意义，则一般不用"不"否定。常见的有"坏、丑、贵、难过、骄傲、痛苦"，等等。"□［xɛ^{51}］A/V"中的"V"如果是某些情绪类心理活动动词，也不能用"不"来否定。常见的有"欠（想念）、讨厌、恨"等。同样"冇得"也不能否定所有的"□［xɛ^{51}］A/V"结构，它只否定"□［xɛ^{51}］"的中心语是以"有"为动词的动宾短语。

9.2.4 "□［xɛ^{51}］"与"很""太"

一是"□［xɛ^{51}］"与"很"。

"很"是普通话里使用频率很高的一个程度副词，安陆方言也用"很"，但是在程度意义的等级及句法分布等方面与普通话不一致。

在意义方面，虽然安陆方言也用"很"表达程度，但多半显得文雅，可能受普通话影响的因素多一些，而且在极言程度特别高，有强烈的夸张语气和感情色彩的时候，多不用"很"而是用"□［xɛ^{51}］"。

在句法分布方面，安陆方言里两个程度副词似乎有明确的分工，一般是"□［xɛ⁵¹］"用在动词或形容词前面作状语极言程度高，而"很"则用在动词或形容词后面作补语表示程度高。例如：

（49）她生了一个□［xɛ⁵¹］□［tsei³¹］（漂亮）的女伢。（她生了一个很漂亮的女孩儿。）

（50）这个伢□［kʰəu²⁴］（聪明）得很。（这个小孩儿聪明得很。）

这两例中的程度副词不能互换。可见，在安陆方言中，"□［xɛ⁵¹］"和"很"在句法分布上具有互补性。

二是"□［xɛ⁵¹］"与"太"。

"□［xɛ⁵¹］"和"太"都是最高级绝对程度副词，在句法分布和入句功能等方面基本一致。不同的是："□［xɛ⁵¹］"是表达客观情绪的程度副词，而"太"是表达主观情绪性的程度副词，二者形成明显的对立：

A. （51）英语太难了。

（52）托托太聪明了。

（53）房子太小了。

（54）这个问题太难得解决了。

（55）他回答得太好了。

（56）旧时认为太聪明的伢养不大。

B. （57）英语□［xɛ⁵¹］难。

（58）托托□［xɛ⁵¹］聪明。

（59）房子□［xɛ⁵¹］小。

（60）这个问题□［xɛ⁵¹］难得解决。

（61）他回答得□［xɛ⁵¹］好。

（62）旧时认为□［xɛ⁵¹］聪明的伢养不大。（*）

观察上面的A组，用程度副词"太"修饰形容词，往往表达说话人的主观感受或主观意愿，同时还带有一定的夸张色彩。而用"□［xɛ⁵¹］"主要表示客观程度。A组的最后一个例句成立，而B组的最后一个例句却不能成立，原因就在于"太"表示的是主观感受或意愿，"太聪明的伢养不大"在安陆是一种民间的迷信说法，没有任何根据，所以一旦把程度副词换成表示客观意义的"□［xɛ⁵¹］"，句子就不能成立。

9.3　程度副词"几"

安陆方言的"几"可以作数词和副词。作数词时表示的是不确定的数目，作副词时既可作疑问副词，如"几大？几多？"等，又可作程度副词，相当于普通话里的"好"或"多么"。下面主要讨论程度副词"几"的用法和特点。

9.3.1　"几"的句法分布

"几"修饰形容词，构成"几 A"的格式。其中的"A"只是性质形容词，状态形容词不受"几"的修饰。常见的有"大、小、远、近、快、慢、多、少、高、低、深、浅、红、黑、高兴、难受、舒服、痛苦、大方、小气、宽敞、窄、明朗（清楚）、平稳、□［tsei³¹］（漂亮、聪明）、淘神（淘气）"，等等。例如：

（63）他的车开得几平稳啰！
（64）河里的水几清啰！
（65）几宽敞的屋喔！十个八个都住得下。

"几"修饰动词或动宾短语，构成"几 V"或"几 VP"的格式。

"V"是心理活动动词或表示评价意义的动词，这些动词本身都可以受"□［xɛ⁵¹］"或"很"修饰。常见的有"担心、了解、操心、喜欢、讨嫌（讨厌）、痛（疼爱）、欠（想念）、爱、惯势（骄纵、溺爱）、像"，等等。

"VP"限于某些表示评价意义的动宾短语。其中的动词是非动作性动词，单独的动词不受"几"修饰。常见的是"有 VP"之类的动宾短语。例如：

（66）他几爱玩啰！连伢都不管。
（67）这个伢几逗人痛（疼爱）噢！恨不得咬他一口。
（68）他几有板眼（本事）哦！做了那大的生意。
（69）这个车子放在屋里几占场儿（占地方）哦！

9.3.2 "几 A/V"格式的入句功能

"几"是一个程度很高的程度副词,多用于感叹句中,句末常带语气词,语气词因其前一个音节尾音的不同而不同(详见语气词部分)。"几"本身带有说话人的主观态度和感情色彩,较少用于纯客观的描述,往往是与它所修饰的词语和语境等因素相配合,表达说话人强烈、夸张的感情。程度副词"几"修饰动词或形容词,作状语。但它构成的"几 A/V"结构可充当句子的谓语、宾语、定语、补语,不能充当句子的主语和状语。例如:

(70)这个伢几惯势(骄纵、溺爱)噢!(作谓语)

(71)他不晓得几小气哟!(作宾语)

(72)几汹(茂盛)的棉花啰!今年棉花又要大丰收了。(作定语)

(73)她的衣裳穿得几确(漂亮)啰!(作补语)

9.3.3 "几"的否定形式

有两个否定副词"不"和"冇得"否定"几 A/V"。

一是用"不""冇得"否定"几 A/V",构成后否定格式"几不 A/V"和"几冇得 A/V"。例如:

(74)你看她几不大方哦!躲在屋里不出来。

(75)他今朝(今天)几不高兴罗!碰到那倒霉的事。

(76)他今朝(今天)几背时喔!尽(让)强徒把钱偷去走了。(他今天几倒霉哟!让小偷把钱偷走了。)

(77)他几不会办事儿哦!把人都气跑了。

(78)他们几冇得良心啰!用烂棉花打絮。(他们几没有良心哟!用烂棉花做棉絮。)

(79)她几冇得□[kʰor³⁵]儿(心眼、心计)哦!在喏₂儿鬼款(胡说八道)。(她几没有心眼儿啊!在那儿胡说八道。)

(80)他几冇得样儿哦!恨不得在他爸爸的脑壳高头做窝儿。(他几没有大小啊!恨不得在他爸爸的头上做窝儿)

后加式否定结构"几不/冇得 VP"中的动词或形容词往往是非消极的意义或带有批评的色彩。

第 9 章　程度

二是用"冇得"否定"几 A/V",构成前否定格式"冇得几 A"。其中的"A"是单音节的形容词,而且这个形容词往往是性质形容词中的"正向类"。用于客观的描述和评价。这种用法中的"几"不表示程度高,而是表示程度一般,相当于普通话里的"多"。例如:

(81) 他谈的个朋友冇得几高。

(82) 他的爹爹看起来冇得几大个年纪。

(83) 从喏₁儿(这里)到城里冇得几远。(从这里到城里没有多远。)

与"正向类"相对的"反向类"性质形容词则不能受"几"的修饰。如不能说"冇得几矮""冇得几小""冇得几近"。

9.3.4　两种不同的"几 A/V"

安陆方言的"几"除了表示程度很高以外,还可以表示任一程度,(吴风华 1995)相当于普通话里的"多"。但具体运用范围与"多"有差别,它只能用在复句中表示任一程度。有以下两种格式:

一是"S 随他(它)几 A/VP"。

这一格式里的"A"既可以形容人,也可以形容事物。当形容人的时候用指人代词"他",当形容事物的时候用指物代词"它"。整个句子意为"无论……多么……都/也……"。例如:

(84) 车子随它几高级,总有报废的一天。

(85) 外头随它几热闹,他都不往跟前去。

(86) 爸爸随他几狠,他总是为了你好吵。

这一格式里的"S"也可以省略或移到"随"的后面,而不影响句子意思的表达。例如:

(87) (这个事儿)随它几复杂,总有解决的时候。

(88) 随哪个说他,都冇得用。

(89) 随他的屋里几有钱,我还是看不起来(看不中)。

(90) 随他几会说,我还是不相信这个事儿。

(91) 随他几不好,总是你的后人吵。

二是"V1 几 A/VP,就 V2 几 A/VP"。

进入此格式的"V1"一般是"有、要"或受"能"修饰的动词。

这类句式表示主体具备某种能力、条件或要求能达到的程度，与假设的客观状况成正比关系，整个句式的意义相当于"如果……就……"。例如：

（92）有几多钱，就办几多事。

（93）你能做几多，就做几多，冇得哪个强迫你。

（94）你要几大的码子，就有几大的码子，随便选。

9.3.5 "几"与"太"

"太"修饰性质形容词或动词，可以是单音节，也可以是双音节。用"太"表示程度高或过分，带有强烈的谴责语气，多用于不如意的事情或带有责备、批评的意思。可用于评论人品等重大的事情，也可用于评论生活中的小事。

"太+形/动"结构可作谓语和补语。例如

（95）他太万恶啰，冇把人当个人。（他太坏了，没把人当人看。）

（96）豆腐煎得太老了，不好吃。

"太"可与否定副词搭配构成"太不 A/V"的格式。例如：

（97）路太不好走了，把人都急死了。

（98）他太不懂得人情世故了，动不动就用过去的事儿打比。

"太 A/V"结构可用在感叹句、陈述句、疑问句中。例如：

（99）这碗粥太烫了！等下再吃。

（100）我中时吃得太饱了，到恁咱儿（现在）还不饿。（我中午吃得太饱了，到现在还不饿。）

（101）你看下棉花是不是长得太汹了唉？只怕要筑顶罗。（你看棉花是不是长得太茂盛了？恐怕要打枝掐尖了。）

"几"和"太"都是主观性的程度副词，但二者稍有不同："几"表达夸张的程度和主观强调的语气，因而总是句子末尾要出现表示感叹的语气词"啰""喔""哟"等。"太"表示程度高或过分，带有强烈的谴责语气，多用于不如意的事情或带有责备、批评的意思，句末语气词没有"几"丰富。

另外，"太"可用于正话反说，即用"太"的句子表面是肯定，实际意思是否定、责备。如：

（102）他太好了，好得叫人冇得话说。

（103）你太高滑（聪明）了，弄得别个水都冇得喝的。

当然，这种正话反说是在一定的语言环境中形成的，往往是含"太"的句子是一个肯定句，后面必随一个带否定补语的句子，表达批评、责备的意思，以此反衬出前面含"太"的肯定句并非真"好"或真"高滑（聪明）"。而"几"则没有这样的用法。

9.4 程度副词"蛮"

9.4.1 "蛮"的句法分布

"蛮"在安陆方言里表示程度较深，通常修饰形容词、动词或动词短语。例如：

蛮松、蛮急、蛮听话、蛮想去、蛮能干、蛮好讲话、蛮有面子

"蛮"一般用于具有积极意义的形容词前，表示对某种性质的肯定和欣赏；用于表消极意义的形容词前，多表示对某种性质的批评或不满意以及否定的情感。试比较：

蛮好看——蛮难看　蛮整齐——蛮乱　蛮快——蛮慢　蛮好——蛮坏、

蛮□［tsei^{31}］（漂亮）——蛮丑　蛮大方——蛮小气　蛮好吃——蛮伤人（腻人）

9.4.2 "蛮A/V"格式的入句功能

"蛮A/V"格式可以作多种句法成分。可以作谓语、定语、状语、补语等。例如：

（104）他蛮爱学习，成绩在班上是拔尖的。（谓语）

（105）他蛮小气，丁点儿么事都瞧得起来。（他蛮小气，一点点东西都很看重。）（谓语）

（106）她是个蛮要强的人。（定语）

（107）蛮好的一个伢尽（让）他教坏了。（定语）

（108）他蛮不讲理地说："我说的话冇得错的。"（状语）

（109）他蛮大方地说："今朝（今天）我请客，哪个都莫走。"（状语）

（110）这个伢的作业做得蛮好。（补语）

（111）他走得蛮快，两个小时就到了城里。（补语）

另外，"蛮 A/V"结构主要用于陈述句、疑问句和感叹句中，不大用于祈使句中。例如：

（112）我蛮好说话，了解我的人都晓得。

（113）这个菜蛮好吃，多吃一点。

（114）他还蛮生气？我都冇气他气个么事欤。

（115）你觉得她长得蛮好看啦？我觉得不怎么样。

（116）那个强徒跑得蛮快耶！眨个眼睛就不见了。（那个小偷跑得好快呀！一眨眼就不见了。）

（117）他还蛮大方欤！莫看他的屋里经济条件不好。

9.4.3 "蛮"的否定形式

安陆方言里主要用否定副词"不"否定，构成后否定是式"蛮不 A/V"和前否定式"不蛮 A/V"两种格式，不大用否定副词"冇得"否定。这是"蛮"不同于"□［xε⁵¹］"和"几"的一个方面。例如：

A.（118）他这个人蛮不讲理，简直油盐不进。（他这个人蛮不讲理，简直什么道理都听不进去。）

（119）那个家伙蛮不老实。

（120）他蛮不负责任，动不动就喝酒发酒风。

（121）我今朝（今天）蛮不舒服，想回去睡一下。

（122）他这个人看倒蛮不顺眼。

B.（123）最近身体不蛮好，所以冇来。

（124）他还不蛮习惯，住长了就好了的。

（125）我不蛮舒服，先歇下着（先歇一歇再说）。

（126）天道（天）不蛮早了，我们下（都）回去吧！

A 组是"蛮"的后否定式，B 组是"蛮"的前否定式，二者的区别在于：前否定式"不蛮 A"减弱否定的程度，带有委婉的语气；而后否定式"蛮不 A"则增强否定的程度，有时与语气副词共现，起进一步强调的作用。

9.4.4 "蛮"与"墨""□ [xε⁵¹]"

一是"蛮"与"墨"

"蛮"与"墨"都是次高级程度副词，二者都能修饰形容词和动词或动词性短语。不同的是，"墨"只表达肯定的程度，不表达否定的程度，即"墨"不用于否定式。当它用于肯定句时，用法与"蛮"是一致的。一旦要否定性状或动作行为，则用程度副词"蛮"或"□ [xε⁵¹]"。例如：

（127）她这个人墨会做人，哪个都搁得来。（她这个人蛮会做人，和谁都相处得好。）

（128）这张画儿贴在那个墙高头墨好。（这张画儿贴在那个墙上蛮好。）

（129）六月间喝点儿绿豆汤墨舒服。（夏天喝点儿绿豆汤蛮舒服。）

二是"蛮"与"□ [xε⁵¹]"

"蛮"作状语时，更强调程度的适中，意思上没有"□ [xε⁵¹]"等副词表示的程度深。试比较：

蛮慢——□ [xε⁵¹] 慢　　蛮酸——□ [xε⁵¹] 酸　　蛮远——□ [xε⁵¹] 远

前者虽然也表"慢""酸""远"，但还能承受；后者则更强调超出承受的程度，后者比前者所表程度更深。

"蛮"与"□ [xε⁵¹]"修饰相同的形容词或动词，表达的意义不仅仅是程度的不同，还蕴含着丰富的情感色彩。例如"蛮听话"与"□ [xε⁵¹] 听话"相比较，"□ [xε⁵¹] 听话"仅仅表达一种客观的程度，而"蛮听话"则暗含着一种满意、赞许或欣赏的意思。

第 10 章 介引

介引指的是介词具有介引作用，即介词把它后面的名词或名词性成分介引给句子中的动词或形容词。也可以这么说，具有介引作用的词是介词。它通常依附在实词或短语的前面共同构成介词短语，整体修饰、补充谓词性词语，标明跟动作、性状有关的时间、处所、方式、原因、目的、施事、受事、对象等。下面对安陆方言的介词进行分类，进一步说明安陆方言介词的用法。

10.1 介词分类

10.1.1 引出施事的介词

安陆方言有：尽、把得、着、管。例如：
(1) 伞尽他借去跑了。
(2) 乜大年纪把得别个去说，几划不来耶！（这么大年纪让别人说道，多划不来呀！）
(3) 摩托车着他拿去卖了。
(4) 他应该管我们叫叔叔吵。

10.1.2 引出受事的介词

安陆方言是"把"。例如：
(5) 你去把电费交了他。

10.1.3 引出时间、处所或方向的介词

安陆方言有：在、从、到、自从、朝、往、趁、当倒、顺倒、照

倒。例如：

(6) 我把钱存在银行里得。

(7) 他在屋里做作业。

(8) 他从车高头跳下来，把胯子跢断了（把腿摔断了）。

(9) 他每天晚上玩到半夜三更才睡瞌睡。

(10) 他们几个人，从早到晚都在打麻将，硬是不歇气儿。

(11) 玲玲说自从她嫁到他的屋里，就冇过一天舒坦的日子。

(12) 张光喜朝别个脸上吐痰，尽他的爸爸死打了一顿。

(13) 你莫来，我们已经在往回走。

(14) 他趁我冇注意就溜出去了。

(15) 他当倒我的面说的呗。

(16) 你顺倒河边上走，肯定会走到他喏儿（那里）去。

(17) 他照倒托托的脑壳就是一栗骨。

10.1.4 引出原因、目的的介词

安陆方言有：因为、为、为了

(18) 我是因为他才来的。

(19) 他们为一点小事打起来了。

(20) 托托为了节约时间，周末冇回来。

10.1.5 引出方式、方法、依据、工具、比较的介词

安陆方言有：过（按）、比倒（按照）、按照、靠、用、凭、通过、根据、拿、比。例如：

(21) 卖旧书过秤称，不按书上的价钱卖。

(22) 鞋是比倒他的脚做的，穿倒□［xɛ⁵¹］（很）舒服。

(23) 照倒样子绣就可以了。

(24) 按照法律，杀人要偿命的。

(25) 恁咱儿靠关系做生意，累死人的。

(26) 他用手抹了锅引子（锅灰）就朝媒人的脸上揩。

(27) 你凭么事说我嘞？

(28) 他是通过中介办的出国留学手续。

(29) 我根据老师提的意见作了一些修改。

(30) 他老是拿我去跟他的伢做比（作比较）。

(31) 他天天拿水果当饭吃。

(32) 晶晶比林林聪明些，但是林林比晶晶用功些。

10.1.6 引出对象的介词

安陆方言有：对、对于、关于、跟、找（向）、问（向）、向、给（替）、除了。例如：

(33) 我对他一点儿意见都冇得。

(34) 对于公家的事情，我从来冇含糊过。

(35) 关于分房子的问题，你直接去问领导。

(36) 徐明齐向在场的人介绍了他养鸽子的经验。

(37) 我跟他介绍了一个朋友。

(38) 跟他一路去搞装修的下（都）发了财。

(39) 你去找他借点钱，绝对冇得问题。

(40) 他要问你借钱你就说冇得。

(41) 王敏经常向他请教炒股的经验。

(42) 你到城里去给我买几件衣裳吧。

(43) 我们到他的屋里去玩，除了打麻将就是逛街。

10.2 介词的特点及用法

安陆方言的介词具有和普通话介词一致的特点，介词本身不能单独充当句子成分，只以介宾短语的身份充当句子成分。它不像连词具有双向性，它只有单向性，位于其他词或短语之前。但是它和其他词或短语构成介宾短语后，位置却比较灵活，可以出现在句首，也可以位于主语和谓语动词之间，还可以处于谓语动词之后。

跟介词这一特点相一致的就是介宾短语有的充当句子的状语，有的充当句子的补语。作状语的介宾短语可以位于句首，也可以位于主语和谓语动词之间。例如：

(44) 对于乜（这）个政策，上头有上头的说法。（句首状语）

第 10 章　介引

（45）为了走人家（走亲戚），他连夜赶倒把作业下（都）做完了。（句首状语）

（46）除了他以外，我们下（都）发了言的。

（47）我为了给你送衣裳，饭都有顾得上吃就跑来了。（句中状语）

（48）妈一生都为我们勤扒苦做的，年月（从来）冇享个么事福。（句中状语）

（49）今年的收成比去年要强一点。（句中状语）

（50）我除了星期三以外，其他的每天都要上课。（句中状语）

（51）他们几个人说说笑笑往大礼堂去了。（句中状语）

（52）他在屋里一坐就是半天。（句中状语）

（53）我直接从学校来的，还冇吃饭嘞。（句中状语）

（54）你照倒屁股打，莫打脑壳。（句中状语）

（55）乜（这）个伢儿哦，抓到东西就朝口里塞。（句中状语）

（56）乜（这）些桃子过秤称。（句中状语）

（57）他用脚去踢篮球。（句中状语）

（58）湖北竹溪人把土豆叫做洋芋。（句中状语）

（59）钱着他搞丢了。（句中状语）

（60）他把自己的名字写在书的封面上。（句中状语、补语）

（61）今朝（今天）晚行（晚上）就睡在你嗒$_2$儿（那里）。（补语）

（62）他啦，简直尾巴翘到天上去了，随哪个都不放在眼里。

第 11 章　关联

表达关联作用的词语叫关联词语，包括连词及有连接作用的副词和短语。安陆方言里，关联词语主要有：

连词：而且、或者、不但、不仅、随（不管）、虽然、但是、如果、因为、所以、即使、只要、还是等。

副词：就、又、也、才、都。

短语：一方面、另一方面、一来、二来等。

下面就关联词语表达的复句关系、连接部分的构成成分、是单用还是合用等方面对安陆方言的关联词语的用法作分类描写。

11.1　表示并列关系的关联词语

安陆方言里表示并列关系的有副词"又""也"，短语"一哈儿（一会儿）""一来""二来""一边""一方面"等。这些关联词语通常要合用，用来连接分句，构成并列复句。而"也"是单用。并列复句前后分句分别叙述或描写有关联的几件事情或同一事情的几个方面。例如：

（1）今朝（今天）又是风又是雨的，亏（难为）他们赶回来了哦。

（2）他一哈儿（一会儿）说手机是他自家买的，一哈儿（一会儿）又说是朋友送的。

（3）你一哈儿（一会儿）喝水，一哈儿（一会儿）上厕所，作业怎么做得完啰。

（4）她在屋里一边洗衣裳，一边唱歌。

（5）他去逛街，我也要去。

（6）乜（这）个事真是难办啰！一来有得钱，二来有得人帮忙。

11.2　表示选择关系的关联词语

安陆方言表示选择关系用连词"或者""还是""要做（要么）"，可以合用，也可以单用。只合用的关联词语有"不是 A，就是 B""论可（宁可）A，也 B"，"情愿 A，也"。只单用的关联词语有"还不如"。例如：

（7）或者你来，或者他来，或者另外派一个人来。

（8）我们去看电影，或者去逛街。

（9）你是今朝去还是明朝去欤？

（10）你喜欢吃饭还是喜欢吃面嘞？

（11）要做你去，要做他去。

（12）你一个人在屋里，要做写作业，要做看下电视。

（13）不是你来，就是我去。随便。

（14）我论可不赚乜（这）个钱，也不会叫他吃亏。

（15）我情愿不要乜（这）个钱，也不愿意叫他为难。

（16）花钱请人种田一点划算都没有，还不如不种田。

例（7）、例（8）、例（9）、例（10）是任选复句，说话人分别说出两种或几种可能，让人从中选择。例（11）、例（12）、例（13）是限选复句，是在未定的选择项中二者选一，非此即彼。例（14）和例（15）是已定选择，是先取后舍的选择复句，往往表示在两种情况中几经衡量得失，选择其中较好的，舍弃较差的，语气强调。例（16）也是已定选择，但它是先舍后取的选择复句，表示在两种情形都对自己不利的情况下选择其中一种稍好的，是一种择优选择，语气委婉。

11.3　表示顺承关系的关联词语

表示顺承关系的复句前后分句之间有先后相继的关系。安陆方言用关联词"先 A 然后 B 最后 C"，可以单用，也可以合用。单用的还有"落后（后来）""落了（最后）"。例如：

（17）我在屋里先把地下扫干净了，然后去菜园里挑了一篓子白菜，最后把衣裳哈（都）洗干净了。

（18）我准备了□［xε^{51}］（很）长时间，最后才把文章写好了。

（19）我一进屋他就跟我诉苦。

（20）我先去接老大的一家人，然后去接老三，落了（最后）就徐慧。

（21）她一直在喏儿（这里）招呼婆婆，落后（后来）我来了她才走的。

11.4　表示递进关系的关联词语

递进关系的复句通常是后一分句的意思比前一分句更进一层。安陆方言表示递进关系的关联词语合用的"不光是 A，还要（有）B""不光是 A，都（也）B""不但 A，反而/还 B""莫说 A，就是 B"。可单用也可合用的关联词语有"不说"。例如：

（22）乜（这）件事不光是大人晓得，小伢们也晓得。

（23）他学习□［xε^{51}］（很）刻苦，不光是白天学习，晚上还要搞到转钟。

（24）不光是你有想法，我也有想法。

（25）他的婆婆七十多岁了，不但要照顾自己，还要照顾她的孙儿。

（26）你不但不去说他，反而还跟倒他和。（你不但不去批评他，反而跟着他起哄。）

（27）他不帮忙不说，还阴倒（背地里）说我的瞎话。

（28）高中生活清苦不说，还要承受各种压力。

（29）莫说我不晓得乜（这）个事，就是晓得也不会乱瞎说的。

（30）莫说是人，就是个石头嘌也捂热了吵。

（31）出了乜（这）种事，莫说是个小伢，就是个大人也受不了吵。

（32）莫说媳婆儿跟她佮不来，就是她亲生的姑娘都跟她佮不来。

上例（22）、例（23）、例（24）、例（25）是一般递进复句，两个分句都是肯定，合用关联词语"不光是 A，还/也 B"和"不但 A，还 B"表示层层推进的意思。例（26）的前一分句否定，后一分句肯定，表示反面推进。例（27）、例（28）用关联词语"不说"。例（29）、例（30）、例（31）、例（32）用关联词语"莫说"。它们都是衬托递进复句，表示通过降低对某人、某事的评价，借以衬托突出另外的人或事物。

11.5　表示转折关系的关联词语

转折关系的复句前后分句的意思相反或相对。安陆方言表示转折关系的关联词语有单用的"虽说""但是""不过""就是（只是）"，也有合用的"虽然 A，但是 B"。单用的关联词语"虽说"出现在前一分句，"但是""不过""就是（只是）"出现在后一分句。从转折程度来看，"但是"是重转，"不过"是轻转，"就是（只是）"是弱转。另外，安陆方言里表示重转的"但是"出现在后分句的主语前，经常用"但是一条"强调这个重转。例如：

（33）乜（这）篇作文写得不错，但是一条，字数少得点儿。
（34）乜（这）篇作文写得不错，不过字数少得点儿。
（35）乜（这）篇作文写得不错，就是（只是）字数少得点儿。
（36）虽说他在外头赚钱，出手还有得我们大方。
（37）虽说他在外头赚钱，我们还是有作他的指望。
（38）乜（这）样儿做好是好，就是迟了吵。
（39）虽然今朝（今天）天道（天气）不好，但是大家还是都到齐了。
（40）他虽然长得瘦，但是从来有生过病。
（41）他百么事都好，就是嘴巴不饶人。
（42）乜（这）件衣裳贵是贵得点儿，不过做工还可以。

11.6　表示条件关系的关联词语

条件复句通常是前一分句提出条件，后一分句表示在满足这一条件的情况下产生某一结果。安陆方言里表示充足条件的关联词语是"只要 A，就 B"；表示必要条件的关联词语是"只有 A，才 B"和"除凭"或"除凭 A，不然的话，B"；表示无条件的关联词语是"不管""随（任凭）A，都 B"。例如：

（43）只要他不来捣乱，我们都好说。

（44）你只要来个人就行了。

（45）只有他说，才管用。

（46）你只有找到证人证明你无罪，才能脱离干系。

（47）他除凭不来，来一回就要讲一回口。（讲口：吵架）

（48）我除凭不做，做就要做好。

（49）除凭你亲自去请，不然的话，他是不会来的。

（50）不管么样儿说，我要等到他们人来了着。

（51）他不管是落雨还是落雪，从有迟到过。

（52）不管是好的还是拐（坏）的，都拿回来再说。

（53）随哪个劝他，他都不听。

（54）随你几好的关系，都冇得用。

（55）你们随怎么说他，他都不出言。

例（43）和例（44）是充足条件，前一分句表示后一分句的充足条件，后一分句表示满足这一条件后产生相应的结果。例（45）和例（46）是必要条件，前一分句是后一分句的必要条件，表示缺少了前一分句的必要条件，后一分句就无法产生相应的结果。例（47）、例（48）、例（49）也表示必要条件，只不过表达的是突出强调结果的必要条件。也就是说，"除凭"条件复句表示"如果没有这个条件就没有这个结果"。如果 A 分句是否定的，那么 B 分句就肯定，如果 A 分句肯定，B 分句用否定，而且 B 分句前用"不然的话"。这一条件复句的 B 分句里通常隐含着一个假设的条件。例（50）、例（51）、例（52）、例（53）、例（54）、例（55）表示无条件。前一分句表示排除一切条件，后一分句表示在任何条件下都会产生相同的结果。"不管"和"随"可以位于主语前，也可以位于主语后。从意义方面来看，A 分句表示一种让步，具有任指性和选择性，B 分句提出让步的结果，与 A 分句隐含这转折关系。

11.7　表示假设关系的关联词语

假设复句是由偏句提出假设，正句表示假设实现后产生的结果。安陆方言里表示假设关系的关联词语是"如果 A，就 B""不然""不然的话（否则）""要是 A，就 B""就算（即使）A，也 B""哪怕 A，也 B"，等等。例如：

（56）如果不来，你就提前打个电话。
（57）如果冇得么事，就莫跑去跑来的。
（58）你要是不信就亲自去看下。
（59）我要是不去，他们就收不了场。
（60）要是你有时间唡，就去看下他。
（61）坐车去，不然会迟到的。
（62）你一定要到场，不然的话他们会争（有意见）的。
（63）幸亏带了伞，不然的话，衣裳会□［tsʰɥa³¹］（淋）得透湿。
（64）就算乜埋儿（这一次）你考得蛮好，也不能骄傲。
（65）就算我不说，别个还是会晓得的。
（66）就算你当时在场，可能也不会有么事办法。
（67）乜（这）个事就算跟你冇得关系，你也不能不管不顾。
（68）哪怕是刀山油锅，我都要去闯下。
（69）哪怕你不说话，只在案头（旁边）看倒，也是对病人的安慰。

例（56）、例（57）、例（58）、例（59）、例（60）都是表示一致关系的假设复句，它的偏句提出假设，正句表示假设成立的结果。关联词语通常合用。例（61）、例（62）、例（63）也是表示一致关系的假设复句，其关联词语"不然"或"不然的话"单用，先说出一件事，接着指出如果不这样就会成为另一件事。"不然"或"不然的话"是对前一分句所表示的命题的一种否定性的假设，再由后一分句逆向推出结果。例（64）、例（65）、例（66）、例（67）是假设条件与假设结果相背的假设复句，"就算"引出的假设条件是与既成事实相反的事情，偏句先退一步说，把假设当作事实承认下来，正句说出不因假设实现而改变的结论。例（68）、例（69）也是假设条件与假设结果相悖的假设复句，"哪怕"引出的是未实现的事实，正句说出不管假设的事实是否实现都要做某事。

11.8　表示因果关系的关联词语

因果关系的复句由偏句说出原因，正句表示原因实现的结果。安陆方言里因果关系的复句用关联词语"因为 A，所以 B"，可以单用，也可以合用。还有"弄得（以至于）""既然 A，就 B"。例如：

（70）雨落得太大了，所以我们冇去。

（71）因为屋太窄了，就冇请乜（那）么多人过来。

（72）因为在路上堵了车，所以搞得恁咱儿（现在）才来。

（73）我太冇得作用哦，弄得伢们都跟倒我拖现（受苦）了。

（74）既然你不喜欢，就莫买吵。

（75）你既然不喜欢他，就莫跟他来栽（打交道）吵。

（76）既然他出面说情，你就给他个面子嘞。

例（70）、例（71）、例（72）是说明性因果关系，关联词语可以单用在后一分句，也可以单用在前一分句，还可以前后分句都用。例（73）是单用的说明性因果复句，"弄得"多引出不好的情况或说话人不希望出现的结果。例（74）、例（75）、例（76）是推论性的因果复句，通常以事实为依据推断事物之间的因果关系。关联词语要合用，偏句提出理由或根据，正句据此推出结论。

11.9　表示目的关系的关联词语

目的关系的复句由偏句表示行为，正句表示行为的目的。安陆方言里目的复句的关联词语有"免得""为了""好"。都是单用。例如：

（83）自己的事情自己做，免得麻烦别个。

（84）早睡早起，免得到时候又慌忙日火（慌慌张张）的。

（85）天天起早贪黑，为了么事哦？

（86）妈从来不当你的面说么事，是为了尽（让）你在外头放心地做事。

(87) 他把摩托车修好了，好尽（让）贝贝骑倒去上班。

例（83）和例（84）是免除性目的复句，表示要避免某种不希望发生的事情。例（85）、例（86）、例（87）是获得性目的复句，表示希望达到某种目的。

第 12 章　体貌

安陆方言"体"的表达与普通话相比有同有异。本章主要讨论安陆方言动词的"体",即动作过程状态和事件过程状态的语法表现。动作的整个过程在不同的阶段用不同的标记词来标记动作的动态进程,即"着"表示先行体,"起"表示起始体,"在"和"正在"表示进行体,"倒"表示持续体,"了"表示完成体,"得"和"了"构成复合体标记"了得"表示存续体,"了"和"的"构成复合体标记"了的"表示经历体。[①] 笔者认为,"短时"不是"体"范畴,因而不作讨论。下面将对这七种体的语法功能和语法意义等问题进行讨论。

12.1　先行体标记"着"

"着"不同于普通话里的动态助词"着"。在安陆方言中,它是先行体标记,表示先行的语气,意为"先……再说",表示一个行为、事件的发生,必须以另一个行为、事件作为先决条件(张一舟等 2001)。语义上是先有 A 行为、事件出现,后有 B 行为、事件出现。句法上常常有 A、B 两句,对于 A 句而言,B 句表示先行的意义,"着"通常出现在 B 句中。

在安陆方言中,先行体标记"着"有时单独出现在句子末尾,即以"NP 着"或"VP 着"的形式出现,有时和"先"共现,即以"先

---

① 安陆方言中,"得"读(tə),是先行体标记,很多学者用"在"作为先行体的标记,而安陆方言的"在"读(tai55),因而不用"在"而用"得"作先行体标记,和"了"配合使用,形成复合体标记"了得"。另外,安陆方言里的经历体不用"过",而用"的"(ti),并和"了"配合使用,形成复合体标记"了的"。

VP 着"的形式出现；有时和"等"共现，即以"等 VP 着"的形式出现；有时和"尽"共现，即以"尽 VP 着"的形式出现。

12.1.1 "着"的使用格式

一是"VP 着"与"NP 着"。

（1）百么事莫想，好生儿地睡一觉瞇睡着。（什么都别想，好好地睡一觉再说。）

（2）几咱儿去买衣裳欤？（什么时候去买衣服呢？）——明朝着。（明天再说）

（3）几咱儿做作业嘞？（什么时候做作业呢？）——晚行着。（晚上再说。）

二是"先 VP 了着"。

（4）几咱儿要伢欤？（什么时候要小孩儿啊？）——先玩够了着。（先玩够了再说。）

（5）等他们来了一路吃。（等他们来了一道吃。）——管他嘞，先吃了着。（管他呢，先吃了再说。）

三是"等 VP 着"。

（6）恁咱儿把乜个事儿跟他说了它吧。（现在把那件事跟他说了吧。）——等他长大了着。（等他长大了再说。）

（7）等我说完了着。（等我说完了你们再说。）

四是"尽 VP 着"。

（8）尽我想下着。（让我想一下再说。）

（9）尽我用几天着。（让我用几天再说。）

上述四种格式中，"VP 着""等 VP 着""尽 VP 着"都可以与"先"同现。例如：

（10）先玩够了着。（先玩够了再说。）

（11）等我先看完了着。（等我先看完了再说。）

（12）尽他们先上去着。（让他们先上去再说。）

而"NP 着"不能与"先"共现，原因是"着"字句本身表示先后的时间序列，而"NP 着"里的"N"本身就是时间名词，所以不再用"先"。

安陆方言里多用"着"字句，也用"再说"句。而"再说"多半与"先"配合使用，构成"先 VP 再说""等先 VP 再说""尽先 VP 再说"的格式，也有的与"到"配合使用，构成"到了 NP 再说"。如果用"再说"，则句子的祈使语气不那么强烈。

12.1.2 "着"的语法意义

朱德熙（2003）把现代汉语的句末语气词分为三类，一类表示时态，另一类表示疑问或祈使，还有一类表示说话人的态度或情感。刘坚、江蓝生等（1992）把句末助词分为两类：一类是纯粹表示各种语气的语气词，如"啊""吧"之类；另一类是表示时态或事态的助词，如"了$_2$"等。安陆方言里，"着"位于句子末尾，是个句末助词，既表示语气，也表示时态。

一是"着"的语气意义。

其一，"着"表示祈使语气。例如：

(13) 莫七想八想，好生儿地休息下着！（别乱想，先好好儿地休息一下再说！）

(14) 你莫抢嘴，尽他说完了着。（你别插嘴，让他先说完了再说。）

表祈使语气的"着"字句，往往用在祈使句中，有规劝、命令等意义。

其二，"着"表示加强疑问的语气。例如：

(15) 我要找一个人。——你找哪个着？（你先告诉我你找哪一个再说。）

(16) 王处长住在哪个单元嘞？——你问他住在哪个单元做么事着？（你先告诉我问他住在哪个单元是为了什么。）

"着"尽管用在疑问句中，可以加强疑问的语气，但它还是含有祈使的成分在内。

其三，"着"表示违逆语气，分布在陈述句、祈使句、疑问句中。例如：

(17) 那个凳子坏了，你莫坐。——管它哩，坐了着。（那个凳子坏了，你别坐。——管它呢，坐了再说。）

（18）快抹点儿进来，天要落雨了。——哎呀，尽我弄完了着。（快点儿进来，天要下雨了。——哎呀，让我做完了再说。）

（19）哥哥嘞？——你问他做么事着？（你先告诉我问他干什么事再说。）

表示违逆语气的"着"分布在陈述句、祈使句、疑问句中，往往是不顾对方的劝说、警告，执意要做某事，或者不理会对方的疑问，而强行命令对方先回答问题。

二是"着"的先行时态意义。

安陆方言的先行时态助词"着"分布在分句或句子末尾，指明一个事件、一个过程所处的状态，表明所陈述的事件是否发生、是否出现了变化或将要发生某种变化。（丁加勇2003）安陆方言的先行时态助词"着"表示"未然"的语法意义，在带"着"的句法结构中，谓语动词所表示的动作行为都没有实现。具体来说有"先然"和"将然"两种。

其一，"着"表示先然的语法意义。带"着"的动作行为总是在某一动作行为之前先实施、先发生或先完成。这类句子的明显特征就是隐含着"先"或"先"直接和"着"共现。例如：

（20）你把作业做了它吵。——我玩下着。（你把作业做了吧。——我先玩一下再说。）

（21）把录音机还得他。——尽我用几天着。

（22）我们进去吧！——等他们先进巧（去了）着。（等他们先进去了再说。）

其二，"着"表示将然的语法意义。带"着"的动作行为在说话时刻都还没有发生，往往表达的是即将发生或即将完成的某件事情。有的在说话之后不久表示，有的在另一个动作之后发生。也就是说，有的动作行为在短时的将来发生或完成，有的动作行为在较长时间的将来发生或完成。例如：

（23）等他们来了再喝吧！——哎呀，热死了，先喝了着。

（24）把衣裳洗了它吧！——明朝着。（明天再说。）

（25）看你一身汗啰，先抹个汗吧？——晚行着。（看你一身的汗，先洗个澡吧？——晚上再说。）

第一个例子中"喝"的动作行为是即将发生的，时间很短，在说话人话语结束后马上开始。有的学者把这种语法意义叫作"即然"(张林林1991、丁加勇2003),表示话语一出,随即实施或完成某个动作行为。我们认为,这还是一种短期的将然行为,所以不再另外单独列一项。第二、三两个例子中虽然没有出现动词,但这种"N着"格式隐含着这种动作行为,其中的"N"一般是时间名词,表示在将来的某个时候发生或完成某个动作行为,或者说,"N着"是承接上句中的动作行为而言的,省略了动作行为,只表达了动作行为将要发生的时间。

12.1.3 "着"的使用语境

一是"着"往往在后续句中出现。

句末助词"着"往往在后续句中出现暗含一个先行句,这个先行句一般是预备发生某个动作行为,而且暗含着两个或两个以上的说话人,这时有一个后续句里就要用到"着"这个句末助词。同时,含句末助词"着"的后续句往往含有否定的意味,这个否定是在隐含的先行句中体现的(盛银花2006)。例如:

(26) 等我说完了着。

(27) 先把包儿挂倒着。

例(26)中隐含着一个先行句"你先别说"表示否定,同时意味着有两个或两个以上的说话人,也意味着还有后续句"等我说完了,你再说"。因而"'着'表示的'在先'的意义总是在一定的序列中体现的"(萧国政2000)同样,例(27)中隐含着一个先行句"请坐"或者请做别的什么事,说话人不遵照对方的要求,即对"请坐"之类表示否定,而是说先把包儿挂倒以后再做其他的事。

二是一般用于祈使句。

表达某种要求或愿望,表示先行、违逆的语气(刘平2002),也可用于疑问句,表示疑问的语气。

先行语气表示说话者要先到了某一时间,然后才实行或考虑是否实行"VP"。例如:

(28) 先吃个红薯着,饭一哈儿就熟了。(先吃一个红薯再说,饭一会儿就熟了。)

(29) 你莫走着,我还有东西把得你。(你先别走,我还有东西给你。)

违逆语气表示不顾对方的劝说或警告,执意要做"VP"。例如:

(30) 车子高头下(都)是水,<u>你</u>莫坐。(车子上都是水,你别坐。)——管它哩,先坐倒着。(管它呢,先坐着再说。)

(31) 等一哈儿再吃饭吧?(等一会儿再吃饭吧?)——管它哩,我先吃了着。(管它呢,我先吃了再说。)

疑问语气既表示疑问,也表示先行。例如:

(32) 张老师住在哪儿欸?——<u>你问他住在哪儿做么事着</u>?

(33) 小林嘞?——<u>你找他搞么着</u>? (你先告诉我找他干什么再说。)

例(32)中回话人没有直接回答"张老师住在哪儿?"而是先要求对方回答"找张老师有什么事",意味着你先告诉我找张老师做什么后我才回答你"张老师在哪儿"这个问题。所以这样的"着"字句既表示疑问的语气,又表示先行的语气。

三是一般预示着有某个时点或时段。

在"着"字结构中也往往会出现"时间"意义的词或短语,来表示时间或表示先后顺序。如果把"着"字句的前一句补充出来,往往是问时间或者是要求在某一个时点或时段完成某个动作行为。例如:

(34) 几咱儿抹汗嘞?(什么时候洗澡呢?)——我先看<u>下</u>书着。(我先看一下书再说。)

(35) 你几咱儿还书欸?(你什么时候还书呢?)——等我看完了着。(等我看完了再说。)

(36) <u>你几咱儿跟他说乜个事儿欸</u>?(你什么时候跟他说这件事儿呢?)——尽我想下着。(让我想一下再说。)

(37) 快点走!他们下(都)等了得。(快点走!他们都等着呢。)——莫急,尽我喝口水着。(别急,让我喝一口水再说。)

12.2 起始体标记"起"

安陆方言中,起始体标记是"起",表示动作即将开始,用在动词后边,动词前有介宾短语,表示从某起点开始。(黄伯荣 1996)例如:

(38) 电费从一月份算起。

(39) 报数！从左边报起！

(40) 她做起事来还有模有样。

上例中的"算起""报起"和"做起"都表示动作的起始。也就是说，都表示动作行为将要发生或变化将要出现，表达出说话人的一种愿望或命令。起始体往往隐含有排列顺序的意义。

12.2.1 "起"的句法分布格式

一是 VP 起。例如：

(41) 这个学期从三月份算起。

(42) 到食堂买饭的人从门口排起。

这一格式不带宾语，往往有状语修饰限制"V 起"。

二是 V 起 O 来 VP。例如：

(43) 他哪，吃起东西来不停口。

(44) 他发起脾气来囗 [xɛ^{51}] 狠，你们下莫迹他。（他发起脾气来很厉害，你们都别理他。）

这一格式的特点是："起"插在"V"和"O"之间，其后还有"来"配合使用，往往有后续句。如果没有宾语"O"，则直接是"V 起来"，不表示起始的意义。

12.2.2 起始体的语法意义

一是起始体表明动作行为的起点，往往有"开始"的意义。

这种"开始"意义的实现除了体标记"体"的作用以外，还得句法格式里的介词结构或其他 VP 短语起作用。介词结构往往表明动作行为开始的时间，或者是 VP 短语用在 V 起之后表明动作行为的开始。也就是说，介词结构和 VP 短语是起始体表达的必备条件，没有这两个条件中的一个，句子就不能表达起始的含义。例如：

(45) 报数的时候一般从左边报起。

(46) 他打起架来冇得哪个扯得住。

(47) 他发起猫来囗 [xɛ^{51}]（很）吓人。（他发起火来很吓人。）

在上述例子中，没有介词结构或后续成分，句子不成立。如上面的例子不能这样说：

（48）报数的时候一般报起。（＊）

（49）他打起架来。（＊）

（50）他发起猫来。（＊）

例（48）完全不知所云，例（49）、例（50）总觉得还没有说完，句子也不成立。

"VP 起"和"V 起 O 来 VP"这两种格式都有（＋开始）的含义，它们的差别就在于二者除了表示（＋开始）的意义外，第一种格式还有（＋顺序）的意义，第二种格式还有（＋一旦开始……就）的含义。

二是起始体标记"起"表示（＋开始）和（＋顺序）的意义。

如上面的例子都可以这样说：

（51）这个学期从三月份开始算。或：这个学期从三月份开始算起。

（52）到食堂买饭的人从门口开始排。或：到食堂买饭的人从门口开始排起。

（53）从左边开始数。或：从左边开始数起。

这一格式里，状语一般是一个介词结构，介引一个动作行为的基点，并以此为基点按顺序进行。这个介词结构必须同起始体"起"共现才能表示动词的起始状态，没有这个介词结构，则句子不能成立。

三是起始体标记"起"表示（＋开始）和（＋一旦开始……就）的意义。

例如上面的例子可以这么说：

（54）吃起东西来不停口。→他一旦吃起东西来就不停口。

（55）他发起脾气来口［xɛ^{51}］狠，你们下（都）莫迹他。（他发起脾气来很厉害，你们都别理他。）→他一旦发起脾气来口［xɛ^{51}］狠，你们下（都）莫迹他。（他一旦发起脾气来很厉害，你们都别理他。）

（56）他打起架来有得哪个扯得住。（他打起架来没有谁能劝得住。）→他一旦打起架来有得哪个扯得住。（他一旦打起架来没有谁能劝得住。）

12.3　进行体标记"在"和"正在"

12.3.1　"在"和"正在"的句法分布

安陆方言中，体标记分工不同，每一种体貌都有一个标记。如起始体用"起"，持续体用"倒"，存续体用"了得"，经历体用"了的"。而且这些体标记都位于动词之后，都是助词。只有进行体"在"和"正在"位于动词之前，是副词，有点类似于前附成分，中间不允许插入其他成分。关于"在"的语法意义，过去通常的说法是"在"同"正在"一样表示动作在进行中或状态在持续中（陈月明1999）。事实上，这一说法与持续体混在一起。陈立民（2002）认为，"在"表示一个事件现在存在。也就是说，它所关注的是一个事件现在是否存在，至于这个事件过去是否存在，以及将来是否存在，它并不关心。我们认为这样的说法如果和以前的说法结合起来，则更能反映安陆方言进行体的实际情况。那就是说，进行体"在""正在"的语法意义是表示动作现在正在进行中或状态现在正在持续之中。例如：

（57）风在吹。
（58）拖拉机在打田。（拖拉机在耕地。）
（59）我们几个正在叙家常。（我们几个正在聊天。）
（60）她在洗衣裳。
（61）他在看小说。

例（57）表示"风"现在正在吹，或者说说话人现在看见风"正在吹"，而在之前可能吹，也可能不吹；同样，在这之后，"风"可能继续吹，也可能停止吹。例（58）表示"拖拉机"现在正在打田，至于"拖拉机"过去是否打田，将来是否打田，说话人并不作肯定或否定的答复，他只是就眼前出现的情况作出说明。例（59）表示"我们"现在正在叙家常。例（60）表示"她"现在正在洗衣裳。例（61）表示他当前一段时间看小说，这件事也许刚开始不久，也许已经持续了一段时间了。

安陆方言中，"在"和"正在"都表示动作现在正在进行或状态现在正在持续，它们的句法分布是相同的，只不过"正在"比"在"更强调"正在进行"的意思。进行体"在""正在"分布在如下的句法结构中：

一是"在""正在"用于"S＋在（正在）＋V＋O"格式中。例如：

（62）我在看电视。

（63）他在洗碗。

（64）他在复习准备考研究生。

（65）我们正在说曹操，曹操就到了。

（66）塘里在放水。

这种格式表示动作现在正在进行，主语多数是施事或者是处所词，谓语动词常带宾语。

二是"在""正在"用于"S＋副词＋在＋V＋O"格式中。例如：

（67）他是在做作业。

（68）他是在想怎么把这个事儿弄团圆。（他是在想怎么把这件事做好。）

（69）你到底在搞么事欸？

"是""到底""究竟""居然""好像"等语气副词，常和"在"共现，表示说话人就当前情况作出判断、推测。一般不大和"正在"共现，因为"正在"更强调"正在进行"，而句中一旦出现起强调作用的副词，就只用"在"了。

三是"在""正在"用于"S＋插入语＋在＋VO"格式或"插入语＋S＋在＋VO"格式中。插入语"看起来""你听"之类表示说话人要求听话人注意眼前的事情，它们常常和"在"共现。例如：

（70）他看起来在生气。

（71）你听吵，外头在落雨。

12.3.2 "在"和"正在"的使用条件

一是"在"只和表示持续意义的动词共现

静态动词加上"在"或"正在"以后表示静态的持续。例如：

（72）我正在考虑要不要给他寄衣裳去。

(73) 他正在回忆过去的事的时候尽（让）他的儿子打断了。

(74) 我们在体会老师昨儿（昨天）上午讲的几个问题。

这些例子中的动词"考虑""回忆""体会"都表示静态的意义，它们的前面用"在"或"正在"修饰，使这些静态的意义呈持续的状态。如果动词是"死""拥有"等瞬间实现意义的，则不能和"在"或"正在"搭配。

二是"在""正在"跟自主性事件相联系。

"在""正在"表示一个事件的存在，它们往往跟自主性事件相联系（陈立民2002），不跟非自主性事件相联系。比较下面的两组句子：

甲组：(75) 他在看电视。

(76) 他在吃饭。

(77) 他们在打毛衣。

乙组：(78) 他在讨厌那个女伢。（*）

(79) 那座桥在垮。（?）

(80) 他在散会。（*）

甲组句子动词前加"在"都能说，但乙组句子动词前加"在"都不能说。这跟两组句子所表示的事件的性质有关。甲组句子都是自主事件，事件的存在决定于事件主体，并且伴随着事件主体的动作的存在而存在，例如"他看电视"这个事件由于"他"发出了"看"这个动作而造成，"看"这个动作存在，则意味着"他看电视"这个事件存在，"看"这个动作停止，"他看电影"这个事件也随即不存在。正因为如此，说话人可以就现在来谈论这种事件。也就是说，对于甲组事件来说，现在是独立于过去和将来的。乙组句子都是非自主事件，它们的存在是由外力造成的，不是由事件主体决定的，尤其重要的是，随着外力的消失，这种事件仍然存在，并不随之消失。例如"桥塌了"可能是地基下陷的结果，并且即使地基不下陷了，桥仍然是垮的。正因为如此，这种事件总是有某种开始，如果说话人没有看到造成这种事件的外力的存在，则意味着这种事件开始于过去，并且一直持续到现在，而且可能一直存在下去。对于乙组事件来说，它的现在并不独立于过去和将来。例如乙组句子中的"在"如果换成"了"就能成立。

(81) 那座桥垮了。

（82）他散会了。

（83）他讨厌那个女伢了。

12.3.3 "在"和"正在"与持续体标记"倒"

一是"在""正在"与"倒"不能共现。

进行体标记"在""正在"与持续体标记"倒"不能共现在同一个句子之中。也就是说，句子里出现了"在""正在"表示动作行为现在正在进行或状态现在正在持续，则不出现持续体"倒"（"倒"相当于普通话里的"着"）。例如：

（84）他在看电视。

（85）他正在吃饭。

（86）他睡倒看电视。

这也很好地说明了"进行"与"持续"是两种不同的体貌，也说明不能简单地把进行体和持续体混为一谈，而且也不能笼统地说普通话里的"着"就仅仅表示动作行为的进行或持续。

安陆方言中，要说清楚"在""正在"的进行体意义，还必须联系安陆方言的持续体"倒"。只有区分了二者的异同，才能更好地体现"在""正在"的特点。

二是"在""正在"与"倒"不能同现的原因。

进行体标记"在""正在"与持续体标记"倒"不能同现在同一个句子之中的原因是二者有各自的使用条件，能用"在""正在"的句子不能用"倒"。例如：

（87）哎呀，天上有一个风筝在飞。　哎呀，天上有一个风筝飞倒。（*）

（88）她不是在打工。　　　　　　她不是打倒工。（*）

（89）他妈妈正在跟他穿衣裳。　　他妈妈跟他穿倒衣裳。（*）

这些例子中，只能用"在"不能用"倒"，说话人只就当前出现的情况作出陈述，他并不关心这些事件过去是否存在，尤其是例（87）中用了一个插入语"哎呀"来表示提醒听话人注意眼前发生的事，更能说明这个事件发生在现在，即"风筝"是现在飞，而不是在过去和将来。这说明"在""正在"和"倒"是两种不同的体貌类型，应该分别看待，不能混为一谈。

12.3.4 "在"和"正在"与存续体标记"得"

不少学者认为"在"不仅用在动词前面，表示动作行为正在进行或状态正在持续，而且还处在句末，是助词，表示动作行为的持续。如：湖北的大冶方言（汪国胜1999）、鄂东方言（陈淑梅2001、汪化云2004）、湖北宜都方言（李崇兴1996）、湖北武汉方言（朱建颂1992）、四川成都方言（鲜丽霞2002），等等。但在安陆方言里，出现在动词前面的"在"和出现在句子末尾的助词"得"读音不同，是两种不同的体标记成分："在"是进行体标记，"得"是存续体标记"即一般所说的持续体标记"。（详见"存续体'得'"）"在"也可以出现在动词后面，句子末尾有"得"，但这时它不是副词，而是介词。例如：

（90）他在（正在）等你，你快抹点儿回去。（他在等你，你快点儿回去。）

（91）衣裳在（正在）泡，你莫管。

（92）他在（正在）睡觉。

（93）他在屋里等了得，你快抹点儿回去。（他在家里等着呢，你快点儿回去。）

（94）衣裳在盆子里泡了得。

（95）他在屋里睡了得。

例（90）、例（91）、例（92）这三个例子表达的是动作行为现在正在进行，其体标记是"在"或"正在"。例（90）指"等"的动作行为现在正在进行；例（91）指"泡"的动作行为现在正在进行；例（92）指"睡觉"的动作行为现在正在进行。它们都不能出现"得"。而例（93）、例（94）、例（95）这三个例子表达的是动作行为的实现并继续存在的状态，是存续体，"得"是存续体标记。这三个例子中虽然出现了"在"，但这个"在"已经不是副词，在句子中是个介词，其后搭配一个处所词，构成介宾结构，表示句子里动作行为发生的地点。例（93）中的"在屋里"表示"等"这个动作行为存续的地点；例（94）中的"在盆子里"表示"泡"这个动作行为存续的地点；例（95）中的"在屋里"表示"睡"这个动作行为存续的地点。它们都不表示动作行为现在正在进行的语法意义。

12.4 持续体标记"倒"

安陆方言的持续体标记"倒"相当于普通话的"着"。对于"着",学术界对它有不同的看法。戴耀晶(1991)、石毓智(1992)、方梅(2000)、陈忠(2003)都认为只有一个"着",其抽象的语法意义是"持续",因为"着"附着在具有不同内部时间结构的动词之后,"V着"表示的都是内部均质的状态。戴耀晶等从一系列句法语义特性论证了这一观点。郭锐(1993)将其分为三个:"着"表示动态动作的持续,"着"表示动词词义本身指明的静态状态的固定,"着"表示动作结束后留下的状态的固定。安陆方言表达动作正在进行用"在"或"正在"(详细情况见第三节进行体标记"在"和"正在"),表示动态动作的持续用"倒"标记,表示动词状态的固定用"得"标记(详细情况见下面第五节的存续体标记"得")。

12.4.1 "倒"的句法分布

安陆方言的持续体标记是"倒",表示动作在持续或性状在延续。格式如下:

一是 V 倒

有两种情况,一是主语为施事,二是主语为受事。例如:

(96) 站倒!

(97) 睡倒!

(98) <u>你在门口等倒</u>,莫尽他走过巧。(在门口等着,别让他走过去了。)

(99) <u>你看倒东西</u>,莫尽(让)别个拿走了。

(100) 大衣穿倒。

(101) 手表戴倒。

当施事主语省略的时候,"V 倒"仅用于祈使句,表示命令,如例(96)和例(97)。当施事主语不省略的时候,"S(施)+V+倒"一般不单独成句,往往意味着还有后续句出现,这个后续句里往往有否定词出现,表示请求,如例(98)和例(99)。当主语为受事的时候,"S

（受）＋V（及物）＋倒"构成祈使句，表示命令、请求、提醒等意义，如例（100）和例（101）。这种格式中的动词必须是及物动词，受事主语前可以加介词"把"。如例（100）和例（101）可以这样说：

（102）把大衣穿倒。

（103）把手表戴倒。

二是 V 倒 V。例如：

（104）抿倒嘴巴笑。

（105）斜倒眼睛看。

（106）闭倒眼睛说胡话。

（107）当倒面说清楚。

这种格式里，往往是"V 倒"和后面的动词构成连谓句，"V 倒"表示持续的意义，充当连谓句的前项，表示后项动词的伴随状态。

三是"N（施/受）＋V1 倒 V1 倒＋V2"构成陈述句。例如：

（108）大水看倒看倒涨起来了噢！（洪水看着看着涨起来了。）

（109）他坐倒坐倒就眯过巧（去了）。（他坐着坐着就睡着了。）

"V1 倒"叠用，表示动作进行过程中又出现了新情况，或表示后一动作的方式。

四是 V 倒得。例如：

（110）我看倒得，你莫着急。（我正看着呢，你别着急。）

（111）我瞄了得，不要紧，你去忙你的。（我看着呢，不要紧，你去忙你的。）

（112）我听倒得。

（113）绿豆晒倒得。

"倒"和"得"连用，表示动作正在进行或性状正在持续，相当于普通话里的"着呢"。

五是 V 倒个。例如：

（114）他总是佝倒个身子走路，难看死了。

（115）他跛倒个脚还东跑西跑的。

（116）他挺倒个肚子像怀了七八个月一样，太胖了吵！

（117）穿倒个皮鞋，像不像个做事的样子吵。

"V 倒个"的句子表达说话人的主观感受，往往带有贬义或批评的口气。这种贬义或批评的意思往往通过"V倒个"的后续部分传达。例（115）"跛脚"了按道理应该休息，但"他""还东跑西跑"，二者形成对照，暗含说话人的不满或批评之意。这里的"倒"限于表示连续性动作的单音节动词，其后带宾语。上面的例子可变为：

（118）皮鞋穿了得。

（119）脚跛了得。

"V倒个"和"V了得"这两种格式的区别是：用"得"仅仅是陈述事实，即"穿皮鞋""脚跛"；而用"倒"含贬斥义，往往有后续句，表示说话人不满或不以为然的主观态度。

12.4.2 "倒"对动词的选择

一是对动词音节的选择。

安陆方言中，能和"倒"搭配的动词往往是单音节动词，极少数是双音节动词。常用的有：坐、跪、趴、关、扣、逮、抓、养、栽、补、拦、围、堵、套、炖、蒸、靠、睡、弯、骑、站、闭、锁、粘、贴、泡、箍、糊、绑、系、缠、捆、装、包、堆、撂、挂、吊、盖、遮、夹、抱、搂、撑、插、塞、填、捏、兜、顶、卷、按、眯、接、安顿。

"倒"和单音节动词搭配，大概是因为安陆方言里的动词多保留古汉语单音节，而且还和动词本身的语义有关。印象中，能和"倒"搭配的双音节很少，似乎只有"安顿"等少数几个词。

二是对动词词义的选择。

能和"倒"搭配的动词是具有（+完成）和（+状态）意义的自主动词（刘祥柏2000），表示动作的持续状态，也就是说，持续性动态动词加上"倒"以后表示动态的持续。比如：插倒、盖倒、挂倒、贴倒、种倒、跪倒、趴倒、躺倒、坐倒、站倒、听倒、骑倒、卷倒、吊倒、腌倒、养倒、躲倒、关倒、堆倒、弯倒，等等。如果动词不具有（+完成）和（+状态）的意义，即使这个动词是自主动词，也不能和"倒"搭配表示持续的语法意义。如动词"跑、走、唱、吵"等都是自主动词，但它们不具备动作一完成后就进入相应的状态，因而"V倒"这一格式后不能成立。

12.4.3 "倒"对句子的选择

一是"V倒"用于祈使句。

(120) 你坐倒！莫在我的案头晃来晃去的。(你坐着！别在我的旁边晃来晃去的。)

"V倒"用于祈使句中，这样的"V倒"祈使句还可以变换成"把"字句（刘祥柏2000）。不过，能变换成"把"字句的必须是及物动词，非及物动词不能变换。例如：

(121) 贴倒！→把对子贴倒。（把对联贴着。）

(122) 弯倒！→把胯子弯倒。

(123) 炖倒！→把鸡子炖倒。

(124) 抓倒！→把门把手抓倒。

由祈使句"V倒"变换成的"把（N）V倒"仍然有祈使的语气，而且它们都可以单说。如果把"把"的宾语"N"移到"V"的后面作宾语，则句子往往意味着还有后续句出现，表达的意思才算完整。如上面的例子转换以后还要再续一个句子：

(125) 把对子贴倒。→贴倒对子，屋里才看倒像个过年的样子。

(126) 把胯子弯倒。→弯倒胯子，免得脑壳顶到门框高头㔂（去了）。（弯着腿，以免头顶到门框上了。）

(127) 把鸡子炖倒。→炖倒鸡子都留不住客。

(128) 把门把手抓倒。→抓倒门把手，免得站不稳。

二是"V倒"用于连谓句。

(129) 站倒说话。

(130) 盖倒锅盖儿煮。

(131) 围倒妈妈活蹦乱跳。

(132) 关倒门说偷话。（关着门说悄悄话。）

"V倒"用于连谓句中，作连谓句的前项，往往表示连谓句后项动作行为的方式或状态。如例（129）、例（130）表示动作行为的方式，例（131）、例（132）表示动作行为的状态。

三是"V倒"用于复句。

(133) 吃了饭就去睡倒休息下儿。

（134）累不过就坐倒歇下儿。
（135）吃了肉伤（腻）不过就吃点儿腌菜压下儿。

在这些复句当中，"V 倒"往往表示后一动作行为的方式，即例（133）中"睡倒"是"休息"的方式，例（134）中"坐倒"是"歇"的方式，例（135）中"吃点儿腌菜"是"压"方式。它们都处在假设复句的后一分句中，表示假设的结果。

安陆方言中，持续体标记"倒"位于具有（+动作）和（+状态）意义的自主动词后面，严格说来，"V 倒"中的"V"所表示的动作行为并没有发生，而是即将发生，尤其是在祈使句里，它是说话人命令听话人去做某事或去完成某个动作行为。当然，在非祈使句中，"V 倒"中的动作行为已经发生了。如连谓句或复句等。因为能和持续体标记"倒"搭配的单音节动词所表示的动作行为往往是瞬间发生的，之后处于某种状态之中。

12.5　完成体标记"了"

普通话里的"了"有两个读音：一个是 [liau^{214}]，作动词，如"了结""了解"等；另一个是 [lə]，作助词，读轻声。语法学界分别称之为"了$_1$"和"了$_2$"。"了$_1$"用在动词后宾语前，主要表示动作的完成。"了$_2$"用在句末，主要是肯定事态出现了变化或即将出现变化。安陆方言的虚词"了"跟普通话相比有同有异，即作动词用时读 [niau^{51}]，作完成体标记时"了"不像普通话那样只读轻声 [lə]，而是读几种不同的音，呈现出规律性。需要说明的是，"了$_1$""了$_2$"的读音都随其前一音节的不同而变化，即它们的音变规律是相同的。这里只描写"了"的读音及其变化规律（包括"了$_1$"和"了$_2$"），讨论作为完成体标记的"了$_1$"，不讨论句末的语气词"了$_2$"，后文的"了"指普通话里的"了$_1$"。

12.5.1　"了"的读音及其变化规律

安陆方言里虚词"了"语流中的读音随前一个音节的不同而变化。例如：

讲了［tɕiaŋ⁵¹·ŋau］　哭了［kʰu²⁴·uau］　安了［ŋan⁴⁴·niau］
漏了［nəu⁵⁵·uau］　穷了［tɕʰyŋ³¹·ŋau］　杀了［ʂa²⁴·niau］
喝了［xo²⁴·niau］　灭了［miɛ²⁴·niau］　盖了［kai³⁵·iau］

可见，安陆方言"了"作虚词用时一个重要的特点就是声母脱落，而且读轻声，轻声调值随前一音节的声调的不同而变化，也有变化的规律，变调规律与前面的轻声变调规律相同。因为轻声读音受前一个音节韵母尾音的影响。如果前一个音节韵母的尾音是前鼻音，那么"了"为［n］声母；如果前一个音节韵母的尾音是后鼻音，则"了"为［ŋ］声母；如果前一个音节韵母的尾音是其他元音，则"了"为零声母。所以说安陆方言里"了"读轻声时出现［n］、［ŋ］声母是语流音变中的顺同化现象，虚词"了"音声母的脱落是主流，有其规律可循。

一是前一个音节韵母为［ɿ］时，"了"音为［au］；当前一个音节韵母为［ʅ］时，"了"音为［ʐau］。例如：

撕了［sɿ⁴⁴·au］　　死了［sɿ⁵¹·au］　　迟了［tʂʰʅ³¹·ʐau］
试了［ʂʅ³⁵·ʐau］　治了［tʂʅ³⁵·ʐau］

二是前一个音节韵母尾音是［a］、［o］、［ɛ］时，"了"音在连续的语流里快读［即动词带上"了"以后再带一个宾语］为［au］，读音比较轻短；慢读（即单独一个动词带上"了"）为［niau］，带有强调的意味。例如：

拉了（快）［na⁴⁴·au］　　（慢）［na⁴⁴·niau］
杀了（快）［ʂa²⁴·au］　　（慢）［ʂa²⁴·niau］
拿了（快）［na³¹·au］　　（慢）［na³¹·niau］
花了（快）［xua⁴⁴·au］　　（慢）［xua⁴⁴·niau］
挂了（快）［kua³⁵·au］　　（慢）［kua³⁵·niau］
瞎了（快）［ɕia²⁴·au］　　（慢）［ɕia²⁴·niau］
剥了（快）［po²⁴·au］　　（慢）［po²⁴·niau］
学了（快）［ɕio³¹·au］　　（慢）［ɕio³¹·niau］
撤了（快）［tʂʰɛ²⁴·au］　　（慢）［tʂʰɛ²⁴·niau］
切了（快）［tɕʰiɛ²⁴·au］　　（慢）［tɕʰiɛ²⁴ni·niau］
说了（快）［ʂuɛ²⁴·au］　　（慢）［ʂuɛ²⁴·niau］
热了（快）［ʮɛ²⁴·au］　　（慢）［ʮɛ²⁴·niau］

三是前一个音节韵母末尾为［i］时，"了"音为［iau］。例如：
提了［tʰi³¹·iau］　急了［tɕi²⁴·iau］　埋了［mai³¹·iau］
来了［nai³¹·iau］　飞了［fei⁴⁴·iau］　对了［tei³⁵·iau］
回了［xuei³¹·iau］　睡了［ʂuei³⁵·iau］

四是前一个音节韵母末尾为［u］时，"了"音为［uau］。例如：
跑了［pʰau³¹·uau］　好了［xau⁵¹·uau］　扫了［sau⁵¹·uau］
到了［tau³⁵·uau］　交了［tɕiau⁴⁴·uau］　了了［niau⁵¹·uau］
漏了［nəu⁵⁵·uau］　缩了［səu²⁴·uau］

五是前一个音节韵母末尾为［n］时，"了"音为［niau］。例如：
反了［fan⁵¹·niau］　乱了［nan⁵⁵·niau］　偏了［pʰiɛn⁴⁴·niau］
换了［xuan⁵⁵·niau］　分了［fən⁴⁴·niau］　问了［uən⁵⁵·niau］
引了［in⁵¹·niau］　进了［tɕin³⁵·niau］

六是前一个音节韵母末尾为［ŋ］时，"了"音为［ŋau］。例如：
长了［tʂʰaŋ³¹·ŋau］　让了［ʐaŋ⁵⁵·ŋau］　讲了［tɕiaŋ⁵¹·ŋau］
养了［iaŋ⁵¹·ŋau］　光了［kuaŋ⁴⁴·ŋau］　黄了［xuaŋ³¹·ŋau］
封了［fuŋ⁴⁴·ŋau］　松了［suŋ⁴⁴·ŋau］　红了［xuŋ³¹·ŋau］
用了［yŋ⁵⁵·ŋau］　穷了［tɕʰyŋ³¹·ŋau］　空了［kʰuŋ⁴⁴·ŋau］

12.5.2 "了"的句法分布

安陆方言的完成体"了"相当于普通话的"了₁"，用在动词的后面，主要表示动作的完成。其句法分布如下：

一是"了"用于"S+V+了+O（受）"格式中。例如：

（136）我通知了老王。

（137）老陈来了一封信。

（138）他买了一件羊绒大衣。

（139）妹妹吃了三碗饭。

二是"了"用于"V+了+O+O"的双宾句中。例如：

（140）我给了他一本书。

（141）老大妈送了他两个馍。

三是"了"用于"把+O（受）+V（及物）+了它"格式中，表达说话人的命令、意愿、提醒等，构成祈使句，带有强烈的强制语气色彩。例如：

(142) 把垃圾丢了他。

(143) 把饭吃了他。

(144) 把谷卖了他。

(145) 把衣裳脱了他。

(146) 把盘子里头的菜炒了他。

(147) 把牛肉切了他。

(148) 把南瓜煮了他。

(149) 把衣裳洗了他。

这一格式中的动词是及物动词，"把"的宾语是被处置或受影响的人或物。句末的"它"或"他"是这一格式必不可少的一个成分，往往复指前面"把"的宾语。能进入这一格式的动词都是自主动词，我们将进入这一格式的动词按有无〔＋去除〕的语义特征进行讨论。一种是，这一格式中的动词都具有共同的语义特征：〔＋自主〕、〔＋去除〕。这样的动词除了"吃、丢、卖、脱"之外，还有"擦、抹、剃、刮、撕、摘"，等等。另一种是，这一格式中的动词具有〔＋自主〕、〔－去除〕语义特征的除了"洗、切、炒、煮"以外，还有"收、炸、炒、择"，等等。二者的不同之处在于：第（1）种句式要求动作使动作对象消失。第（2）种句式要求的则是动作使动作对象达到说话者预想的状态，并不要求它消失。

四是"了"用于"S＋V＋了＋C（数量）"格式中。例如：

(150) 托托睡了两个钟头。

(151) 他才学了两年。

(152) 小华在门口站了一下儿。

(153) 老师把他们训了一顿。

这一格式中的"C"是数量补语，可以是时量，如例（150）和例（151）；也可以是动量，如例（152）和例（153）。

五是"了"用于"S＋V1＋了＋V2"格式中，构成连谓句。"了"用在前动之后，表示前一动作完成后再出现另一种情况，或者前一情况是后一情况出现的前提条件。例如：

(154) 爸爸下了班去买菜。

(155) 我吃了饭就走。

(156) 他吃了饭以后出去了。

(157) 明朝（明天）我吃了早饭以后再去学校。

(158) 我们看了电影以后就回来了。

(159) 他每天做了作业以后就拿一本书看得津津有味。

六是"了"用于"S＋A＋了＋C"格式中，表示状态、情形的变化。例如：

(160) 伯伯的身体比以前差了□［xε^{51}］（很）多。

(161) 几天下来，菜园里的西红柿红了不少。

(162) 半年不见，托托高了一大截。

12.5.3 "了"的语法意义

关于"了"，普通话里分为"了$_1$""了$_2$""了$_3$"。很多学者对它进行过研究。一致认为，"了$_1$"表达完成的语法意义，"了$_2$"表示一种新情况的出现或起煞句作用，"了$_3$"兼"了$_1$""了$_2$"的语法意义，既表示完成，又表示一种新情况的出现或煞句。吕叔湘（1982）认为，"了"字同时有两个作用：表"动作的既事相"和"决定的语气"。王力（1985）提出，"了"表完成貌。朱德熙（1982）、孔令达（1986）认为"了$_1$"表示完成，不受时间限制，可以表示过去、现在、将来的完成。刘勋宁（1988）证明普通话里的"了"有"实现"体的意义。赵元任（1996）指出，"了"是完成式词尾，"这个词尾的类义是'动作完成了'"。刘月华（1988）也认为，把"了$_1$"的意义概括为"实现"也许更好些。王还（1990）针对刘勋宁提出的"实现说"，认为"实现"和"完成"是一致的，要注意的是区分状态和动作，动作可以完成和实现，而状态不能，状态往往是动作完成后的结果。在这之后，徐通锵（1997）、金立鑫（1998、2002）都对"了"的语法意义发表了自己的看法。这些观点对于我们认识"了"的语法意义具有重要的作用。我们认为，安陆方言的完成体"了"的语法意义是完成或实现，当"了"紧跟在表示动作行为的谓词后面时，表示"完成"的语法意义，当"了"紧跟在表示状态的谓词后面时，表示"实现"的语法意义。前面描写了安陆方言"了"分布在六类句法格式里，第一至五类格式里的"了"表示动作行为的完成，第六类的"了"则表示状态的实现。再看两个例子：

（163）他把一大碗饭吃了个精光。

（164）早晨到菜园里一看，大椒（辣椒）又红了□［xε^{51}］（很）多。

例（163）里的"了"表示"吃"的动作已经完毕，"了"与时间相关，表示动作行为在参照时间之前发生。例（164）里的"了"表示"红"的状态已经实现，或者说表示状态属性超出了预设。虽然这两种意义不完全相同，但密切相关，所以采用同一个形式标记，二者融为一体。根据语法意义必须和语法形式相对应的原则把它们概括为一个体范畴——完成体。李小凡（2000）认为可以在完成体内部区分"完毕体"和"生成体"两个次范畴，这与安陆方言完成体的语法意义不谋而合，他说的"完毕体"即安陆方言的"完成"，"生成体"即安陆方言状态的"实现"。

12.6　存续体标记"得"

安陆方言存续体"得"不同于普通话里的结构助词"得"。在安陆方言中它是存续体标记，[①] 表示动作行为实现后其状态在延续或存在。这一意义在普通话中用"着"表示。《现代汉语八百词》中列出了"着"的四项意义：1. 表示动作正在进行。用在动词后，动词前可加副词"正、在、正在"，句末常有"呢"。如"他们正看节目呢。" 2. 表示状态的持续。用在动词、形容词后，动词、形容词前不能加副词"正、在、正在"。如"门开着呢。" 3. 用于存在句，表示以某种姿态存在或动作产生的状态。如"门口围着一群人"。4. 动$_1$ + 着 + 动$_2$。构成连动式。动$_1$多为单音节动词，有时是一个动词重叠或两个动词连用。如"坐着讲"。和"想着想着笑了起来"。对应《现代汉语八百词》中"着"的四种用法，第一种用法安陆话与普通话一样，用"正在、在"

[①] 对于"进行体""持续体""存续体"这几个概念，有的把"进行"和"持续"混同，也有的把"存续"称为"持续"。本书根据安陆方言"得"的具体情况，用"存续体"这一术语，从钱乃荣先生的说法。

表示动作正在进行。第二种、第三种用法安陆话用"得"表示某种状态的持续或以某种姿态存在。第四种用法安陆话中用"倒"表示，指事件里的动作行为呈持续不断的状态。也就是说，安陆方言中用"正在"和"在"表示进行体，用"倒"表示持续体，用"得"表示存续体。安陆方言中，"得"不同于普通话的助词"着"紧跟在动词或形容词之后，而是处在句子的末尾，表示确信无疑和叙实的语气。例如：

（165）身上带了钱得。（身上带着钱。）

（166）东西放在那里得。（东西放在那儿呢。）

（167）饭放在桌子高头得。（饭放在桌子上呢。）

存续体标记"得"在句子中不是紧跟在动词后面，而是处在句子末尾，在安陆方言中有其特殊性。

12.6.1 "得"对动态助词"了"或处所性补语的选择

在安陆方言里，"得"虽为存续体标记，但它并不是单独出现在句法结构中，而是必须和"了"或处所性补语同时出现在句法结构中，即以"V+了+O+得"或"V+了+得"和"V+在（处所）+得"的格式出现。像上面的例子就不能这样说：

身上带钱得。（*）/东西放得。（*）/饭放得。（*）

这说明尽管安陆方言里"得"是存续体标记，但并不能单独作为体标记出现，存续体还需一个辅助性的标记"了"。也就是说，安陆方言的存续体标记是复合形式"V了得"，其中，"了"表示动作行为的实现，"得"表示动作行为实现后的一种存在状态，二者缺一不可。如上面的例子如果去掉"得"，就成了：

（168）身上带了钱。

（169）东西放在诺儿。（东西放在那儿。）

（170）饭放在桌子高头。

这些句子不再表示存续体的语法意义，而仅仅表示动作行为的实现。

竟成（1993）认为现代汉语里"了"有"实现—延续"的意义。而安陆方言的存续体表达的正是"实现—延续"的意义，这一意义的表达是标记"得"和"了"相配合的结果。竟成的论断成了安陆方言存续体标记不同于普通话存续体标记的很好的证明。事实上，复合体标记并不是安陆方言独有的现象，曹志耘（2001）在讨论金华汤溪方言的"得"时就提到金华汤溪方言里"得"和"达"共同构成完成并持续的语法意义。他举的例子是：

（171）渠头上个帽戴得达。（他头上戴着一顶帽子。）

（172）渠身新衣裳着得达。（他穿着一身新衣服。）

此外，安陆方言存续体的表达还必须以处所性补语的共现为必备条件。例如：

A（173）衣裳放在箱子里头得。

（174）排骨炖在罐子里头得。

B（175）驾驶证丢在车子高头得。

（176）秧头甩在田里得。（禾苗扔在田里呢。）

C（177）他睡在床上得。

（178）林华等在屋里得。

这些例子中的"得"都表示存续的语法意义，也就是动作行为实现后状态的持续，"在+处所词"是"得"表示存续这一语法意义的必要成分，没有"在+处所词"，这种格式的存续体就不成立。如不能说：

（179）衣裳放得。（*）

（180）驾驶证丢得。（*）

（181）他睡得。（*）

这一格式里的"得"既表示语气，表明一种事实情况，也表示存在，反映一种持续状态。不用"得"，句子虽然也能成立，但只是表明一种事实情况（如上面的C组），有的还可能转化为祈使句（如上面的A组）；用"得"，则重在表现一种"存在"的持续状态。

12.6.2 "得"对句法结构的选择

一是"得"出现在存现句的末尾。

表示存在的状态，是一种静态的存在句。其格式为：S（处所）+V+了+O+得。例如：

（182）台子高头坐了主席团得。（台上坐着主席团。）

（183）屋里睡了人得。（屋里睡着人。）

（184）门口坐了一个婆婆得。（门口坐着一个老太太。）

（185）墙高头挂了一张画得。（墙上挂着一幅画。）

安陆方言里，"得"出现的存现句的主语只表示处所，不表示时间。而普通话里存现句的主语具有时空性，即表示处所的方位词和表示时间的时间名词作主语。

二是"得"出现在非存现句的末尾，谓语由动词或状态形容词充当。

格式为："S（受事）+V/A+了+得。"例如：

（186）画子贴了得。（画儿贴着呢。）

（187）绿豆汤冷了得。（绿豆汤正凉着呢。）

（188）菜热了得。（菜正热着呢。）

（189）他拿来的东西爸爸甩在门口得。（他拿来的东西爸爸丢在门口呢。）

这些例子中的主语往往具有事物性，是受事主语，而整个句子则判定某物处于某种状态，是判定性静态句。

三是"得"出现在非存现句的末尾，谓语由动词充当。

格式是："S+V+在+处所词+得。"例如：

（190）拖拉机停在门口得。

（191）镰刀掉在菜园里头得。

（192）张老师坐在教室里头得。

这一格式的内部并不单纯，三个例子分别代表了三种不同的情况：

例（190）的主语是受事，可以说成"处所词+V+倒+O（受事）+得"和"O（受事）+在+处所词+V+倒+得"的形式。如：

（193）拖拉机停在门口得。

（194）门口停倒拖拉机得。

（195）拖拉机在门口停倒得。

例（191）的主语也是受事，但动词的性质不一样。例（190）的动词是持续动词，或动作完成后即转化为状态的短时动词；例（191）的动词是动作完成后不能转化为状态的短时动词，因此不能像例（190）那样变换，如不能说"菜园里头掉倒镰刀得（*）"，也不能说

"镰刀在菜园里头掉倒得（﹡）"。

例（192）动词的性质跟例（190）的动词相同，但主语的性质不同，不是受事，而是施事。因此，也不能像例（190）那样变换。如不能说"教室里头坐倒张老师得（﹡）"，但可以说"张老师在教室里头坐倒得"。

12.6.3 "得"对动词或形容词的选择

"得"往往与静态意义的动词或形容词相联系，这类动词或形容词有"挂""带""贴""醒""饿""冷""热"，等等。例如：

（196）伢醒了得。（小孩醒着呢。）

（197）跑了一大天我还饿了得。（跑了一整天我还饿着呢。）

（198）对子贴了得。（对联贴着呢。）

这些静态意义的动词或形容词往往表示动作或状态已经发生并持续着。如例（196）中的"醒了得"，是指"醒"这一动作已经发生，并处于一种持续醒的状态；例（197）"饿了得"是已经发生了饥饿的感觉，而且这一感觉到说话的当时仍然持续着；例（198）"贴了得"是已经发生"贴"的动作，其状态仍然存在。

12.6.4 "得"与持续体标记"倒"

一是"得"是存续体标记，表示动作行为实现后其状态的延续或存在，往往与静态意义的动词或形容词相联系，见上文。而"倒"是持续体标记，指的是事件里的动作行为呈持续不断的状态，一般与动态意义的动词相联系。这类动词有"走""说""唱""做""吃""看""听""插""盖"，等等。例如：

（199）灯亮了得。（灯亮着。）

（200）门开了得。（门开着。）

（201）坐倒吃不如站倒吃。（坐着吃不如站着吃。）

（202）大人说么事你都听倒。（大人说什么你都听着。）

（203）说倒说倒他陡然笑起来了。（说着说着他突然笑起来了。）

二是"得"永远处在句子的末尾，表示动作已经发生并持续的状态，而"倒"紧跟在动词后面，可以处在句中，也可以处在句末，表示动作的持续。

（204）大椒晒了得。（辣椒正晒着呢。）

（205）取暖器开了得。（取暖器正开着呢。）

（206）我是走倒去的。（我是走着去的。）

（207）听倒！等下我们几个一路去。（听着！等会儿我们几个一道去。）

三是有些动词既表示动态的意义，也表示静态的意义，这时既可以用"得"表示存续，也可以用"倒"表示持续，不过"得"多用于陈述句中，而"倒"多用于祈使句中。例如：

（208）他坐了得。（他正坐着呢。）

（209）你坐倒，莫把我挡得巧（去了）。（你坐着，别把我挡着了。）

（210）莫歪倒个身子走路。（别歪着身子走路。）

（211）我招呼了得，你去忙你的。（我正招呼着呢，你去忙你的。）

上面两组例子中的"得"和"倒"不能互换，如果互换，则句子的意义不一样。"倒"如果用于陈述句，那么在句型上应是连谓句或者句子里不止一个动词。例如：

（212）他坐倒吃饭。（他坐着吃饭。）

（213）牛站倒喝水。（牛站着喝水。）

（214）唱倒唱倒他陡然哭起来了。（唱着唱着他突然哭起来了。）

"倒"和"得"也可以共现。

（215）他坐倒得。（他正坐着呢。）

（216）他站倒得。（他正站着呢。）

上例中，"坐"和"站"的动作已经实现，句子表示"坐着"或"站着"的状态的持续。

12.6.5 "得"的语法意义

安陆方言的存续体"得"表示某种动作已经发生并处于持续状态。这类句子侧重于静态的持续性的描写。

一是"得"用于"N（处）+V+起+M+N（施/受）"格式中的语法意义。

"得"用于"N（处）+V+起+M+N（施/受）"格式中，说明某处某人或某物处于某种状态，表明一种存在的状况。例如：

(217) 他的屋门口挂了两挂红大椒得。

进入这一格式的动词要求是动作能够持续的动词，如"围、趴、困、坐"等，有的动词是表示一种短时的动作，但动作完成后即表现为一种持续状态，如"放、挂"等。这一格式可以变换为"N（施/受）+V+在+N（处）"。如上例可以这样说：

(218) 两挂红大椒挂在他的屋门口得。

二是"得"用于"S+V/A+了+得"格式中的语法意义。

"得"用于"S+V/A+了+得"格式中，强调一种静态的持续性，是判定某物处于某种状态，可称为判定性静态句（曾美勤2002）。例如：

(219) 这间房子空了得。

这种判定性静态句有以下特点：第一，动词前边可以很自然地加表定的动词"是"，加"是"以后，判定的意味更强。第二，与静态存在句比较，判定性静态句重在强调动作行为的持续，所以动词前可以加时间副词"一直"。

12.7 经历体标记"了的"

安陆方言的经历体主要用句末"的"，而且动词后必用"了"，与"的"构成复合体标记"了的"，很少用"过"，表示过去某个时候曾经完成过某个动作或发生过某种变化，它主要用来强调某种经验或阅历。格式是：V+了+的。其中，"V"可以是各种情状类型的动词，"了"和"的"中间也可以插入其他成分。"了的"相当于普通话里表经历意义的"过"。例如：

(220) 他吃了的。（他吃过了。）

(221) 他年轻的时候当了兵的。（他年轻的时候当过兵。）

(222) 我去了北京的。（我去过北京。）

复合标记"了的"二者缺一不可。只有"的"没有"了"句子的意义发生了变化，不再表达经历体的语法意义。如上面的例子如果不用

"了",则成为以下的句子:

(223) 他吃的。

(224) 他年轻的时候当兵的。

(225) 我去北京的。

这三个句子不用"了"都能成立,但意义不同,都表达强调的意义,而且表示动作行为都是在过去发生的。例(223)表示强调,强调是"他"吃的,而不是别人吃的;例(224)也是强调他当兵的时间是年轻的时候;例(225)强调是"我"去北京的,而不是别人,或者是强调"我要去北京"这一件事。

安陆方言里,表达经历体意义的"的"处在句末,表示动作行为已经在过去发生。没有这个"的"只有"了",意义也不同。如上面的例子如果不用"的",则成为下面的句子:

(226) 他吃了。

(227) 他年轻的时候当了兵。

(228) 我去了北京。

例(226)仅仅陈述"吃"的动作已经完成;例(227)、例(228)因为动词前面有时间状语或动词带了宾语,所以除了表示动作完成以外,总觉得句子还有后续句出现。总之,这三个例子没有用"的"都不表示经历体的意义。

12.7.1 "了的"的句法分布

一是"了的"分布在"S+V+了+的"格式中。例如:

(229) 他到城里去了的。

(230) 我跟他说了的。(我跟他说过了。)

二是"了的"用在"S+V+了+C+的"格式中。例如:

(231) 他跟我说了三埋儿的。(他跟我说过三次。)

(232) 他到城里去了几埋儿的。(他到城里去过几次。)

三是"了的"用在"S+V+了+O+的"格式中。例如:

(233) 他们下吃了饭的。(他们都吃过饭。)

(234) 我去买了书的。

四是"了的"用在句法结构"S+V+了+C+O+的"中。例如:

(235) 我们前儿（前天）晚行（晚上）还看了一场电影的。
(236) 我的屋里吃了几埋儿饺子的。（我家里吃过几回饺子。）

这些句法结构中的"了的"中的"了"一般都是紧跟在句子的动词之后，这个动词可以不带宾语，如第一类；也可以带宾语，如第三、四两类；还可以带补语，如第二类。句法结构中的"的"总是出现在句子的末尾，它的前面如果没有宾语或补语，则"的"和"了"合在一起，它的前面如果有宾语或补语，则"的"和"了"分开表示经历体的意义。

12.7.2 "了的"的语法意义

安陆方言里，经历体"了的"中的"了"相当于普通话里的"了1"，主要表示动作完成的语法意义；"的"的语法意义可以概括为"曾然"，即表示曾经发生某一动作或存在某一状态，是语气词与体貌助词的复合体，不是单纯的语气词。（刘勋宁 1990）经历体的复合标记"了的"表达的是在过去的时间内动作行为的完成。往往与时间词共现，或者没有时间词就以说话时间为参照点，即表达的动作行为在过去已经实现。杨永龙（2002）认为，"了"是对事件终结点加以观察，表示事件在参照时间之前完毕；"的"是将事件作为一个整体加以观察，表示事件在参照时间之前结束并与参照时间脱离了联系。孔令达（1986）认为，"了"表示动作完毕，不受任何时间限制；"的"表示曾经有某事，它总是同过去时间相联系。刘月华（1988）比较了动态助词"过2""过1""了1"的用法，把"过2"的意义概括为"曾然"，即表示曾经发生某一动作或存在某一状态，"过1"表示动作完结。这些研究与安陆方言经历体"了的"的语法意义不谋而合，只不过普通话里"了""过"用同一形式表达几种不同的语法意义，而安陆方言是一个体标记表达一种语法意义。

12.7.3 "了的"与普通话的"了"

一是学术界对现代汉语"了"的研究回顾。

普通话里的"了1"表达完成的语法意义，"了2"表示一种新情况的出现或起煞句作用，"了3"兼"了1""了2"的语法意义，既表示完成，又表示一种新情况的出现或煞句。很多学者都对"了"进行了研究，有的认为"了"具有完成的语法意义，有的认为"了"有实现的语法意义。（见前述）其中，竟成（1993）还认为"了"有"实现—延续"的意义。金立鑫（1998）在此基础上指出普通话里的"了$_1$"是表示"完成—延续"的体标记，同时还兼表"过去—近时"的时特征。

二是安陆方言经历体标记"了的"与普通话里的"了"和"的"的关系。

其一，安陆方言的经历体用的是复合体标记"了的"，表达的是在过去的时间内动作行为的完成。其实"了"和"的"的这种用法并不是安陆方言独有的。朱德熙（1982）认为，"了$_1$"可以出现在表示过去、现在、将来所发生的事件的句子中，它所表现的是事件"完成"的状态。例如：

（237）昨天老王买了一本书。（过去完成）

（238）现在我知道了这件事。（现在完成）

（239）明天你吃了饭来找我。（将来完成）

安陆方言经历体标记"了的"中的"了"如果单独使用，也跟普通话的用法一致，即可以出现在表示过去、现在、将来所发生的事件的句子中。如果和"的"一起表达经历体的意义，则只表示动作行为在过去完成。

其二，"的"常常是一个和"时"紧密联系的概念，它所表示的行为意义只允许发生在说话之前，不允许发生在说话之后。例如：

（240）昨儿我吃中饭之前去找了你的，你不在。

（241）明朝（明天）我吃中饭之前去找了你的，你不在。（*）

例（240）所表示的行为意义发生在说话之前，因而句子成立。而例（241）所表示的行为意义发生在说话之后，所以句子不能成立。因而安陆方言经历体"了的"的表达总是跟参照点相联系，要么与时间提示词共现，如"已经""昨天"之类；要么以说话时间为参照点，这时不出现时间提示词。

其实，普通话里的"的"就是一个过去完成体标记（王光全2003）。王光全举的例子是：

（242）你怎么来的？——坐公共汽车来的。

这个"的"，吕叔湘（1999）认为它有两个用法，一是表示肯定，二是表示已然。宋玉柱（1981）认为它是表示过去时的"时间助词"。马学良、史有为（1982）认为这个"的"不仅表示过去时，还表示完成体，"而且主要是表示'体'的，建议称为'体—时助词'"。因而我们是否可以认为，安陆方言的经历体标记不用"过"而用"了的"，这是对普通话里的"体—时助词""的"的一个很好的佐证。赵斌在其文章《谈谈"的"字的动态用法》中认为"的"有一个特殊的用法，作动态助词用。"的"字附在动词形容词之后，表示动作完成，有了某种性状，表示曾经有过某种动作、经历、状态。这个时候必须和明确表示过去的时间名词连用，具有"了""过"的语法意义。例如：

(243) 他昨天去的。

(244) 你五年前答应的。

(245) 我刚才打扫的。

(246) 姑妈前天来的。

(247) 去年出版的。

(248) 三天前买的。

其三，安陆方言经历体"了的"和完成体"了"的区别。

1. 安陆方言中，"了的"表示曾经经历某事，在句法结构中可以与"已经"共现，"已经"位于"了的"之前，而"了"表示完成，常与"以后"共现，而且"以后"位于"了"之后。例如：

(249) 莫扯，我已经吃了早饭的。

(250) 我晓得，<u>你刚刚儿</u>（刚才）说了的呗。

(251) 他想了这些以后，开始想一些别的事儿。

(252) 他说他的脾气发了以后，人就舒服了一截。

2. "了的"表达的语法意义是"完成—不延续"（竟成1993），"了"是"完成—延续"（金立鑫1998）。"延续"指的是"了"所外显的动词的时间特性需要一定的时间跨度来维持，这个时间跨度必须是说话人明确提供出来的，并且听话人也能够确定的。例如：

(253) 我吃了皮蛋粥。（？）

(254) 我吃了皮蛋粥的。（我吃过皮蛋粥。）

这两个例子都有"了"，例（254）能说，例（253）总觉得句子表达的意思还不完整，它与例（254）的区别就在于说话人没有提供一个时间跨度，以满足它"延续"性的要求，因此作为一个句子，它不能独立，好像话还没有说完。"了的"的"完成—不延续"没有时间跨度上的要求，因此第二个例子可以独立成句。"了的"的这种"不延续"性和"了"的"延续"性的对立可以在下面的例子中得到证明：

（255）他也离了婚。

（256）他也离了婚的。

例（255）指仍处于离婚后的状态，例（256）是说现在已经结束离婚状态。在只有光杆主动宾的句子中（也就是没有任何时间成分的"中性语境"），"了"由于它的延续性，总是表示话未说完，因此这种句子的独立性很差。

3. "了的"和"了"的另一个区别是，在中性语境中，都兼有表示"时"的功能。但是"了的"表示的是"过去的远时"，而"了"表示的是"过去的近时"。我们来看下面的两组例子：

（257）我吃了皮蛋粥的。

（258）我吃了皮蛋粥。

（259）他当了兵的。

（260）他当了兵。

第一、三两个例子所指的时间比较远，第二、四两个例子所指的时间比较近，甚至可以是"刚刚"。金立鑫（1998）在讨论现代汉语"了"的时体特征的时候作过一个很形象的时间轴，很能说明安陆方言经历体"了的"所处的时间位置。请看下面的时间轴（见图12—1）：

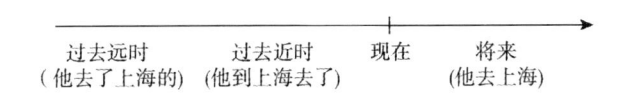

```
─────────────┼─────────→
过去远时    过去近时    现在    将来
(他去了上海的) (他到上海去了)    (他去上海)
```

图 12—1

在这个时间轴上，"了"表示完成，既指现在完成，也指过去完成。而经历体"了的"指过去远时完成。

12.7.4 "了的"与存续体标记"了得"

"了的"与"了得"都是复合体标记,两种复合体标记中的"了"都是必不可少的因素,即两种复合体标记中的"了"都表示动作行为的实现或完成,中间都可以插入别的成分,"的"和"得"都位于句末。但"了的"与"了得"所表达的体貌意义有很大差别。"了的"着重说明动作行为的变化已成过去,表达的是经历上或阅历上的事件,是安陆方言经历体标记;而"了得"则着重说明动作行为已经完成或实现并处于某种状态之中,是安陆方言存续体标记。例如:

(261) 他当了县长的。(他当过县长。)

(262) 他当了县长得。(他当着县长呢。)

这两个例子中都用了"了",表示"当"这个动作行为的实现。但第一例"了的"表示"他"曾经当过县长,现在不当了,是经历体标记;第二例"了得"表示"他"现在正当着县长,"当"的动作实现以后还在延续,是存续体标记。

第 13 章 语气

13.1 常见的语气词

13.1.1 啊

一是用于祈使句。

表示吩咐、强调、提醒或劝阻，读啊（a^{31}），而且是重读，强调或提醒的内容紧接着出现。例如：

(1) 作业做完了就快抹点儿（赶快）上床睡啊。

(2) 你们下（都）在喏儿（这儿）啊，我先表个态。

(3) 你们先吃倒啊，我去把白菜炒了它着。

(4) 你莫在喏儿东嚼西嚼的啊，把我的火惹起来了有你的好看的。（别在这儿唠唠叨叨的啊，把我的火惹起来了有你好看的。）

(5) 他做作业你莫张他啊，尽他安心地做。（他做作业你别理他，让他安心地做。）

二是用于疑问句中。

有两种情况：

其一，用来表示反问、怀疑，相当于普通话里的"吗"。读"啊"[a^{44}]。例如：

(6) 乜大一柜子书未必你下看完了啊？（这么大一柜子书难道你都看完了？）

(7) 你乜样儿对于你的堂客，她受得了啊？（你那样对待你的老婆，她受得了吗？）

(8) 你要是在场的话，他还敢乜狠啊？（你如果在场的话，他还敢那么狠吗？）（"啊"变读为"啦"）

(9) 乜黑的天你还看得清楚啊？（这么黑的天你还看得清楚吗？）（"啊"变读为"哇"）

(10) 乜大一块田下是你一个人割的啊？（这么大一块田都是你一个人割的吗？）

其二，用于询问，表示对某种原先不知道的情况感到惊讶的语气。例如：

(11) 他是你的孙儿啊？我还不晓得嘞。（"啊"读音为 $[z_{l}a^{44}]$）

(12) 他的伢十四岁就考上了大学啊？真是聪明啰！（"啊"变读为"呀"）

(13) 你去他的屋里查了家的啊？像么样儿欸？（你去他家相亲了的啊？怎么样啊？）（"啊"变读为"呀"）

(14) 一年忙到头只落了千把块钱儿啊？（一年忙到头只剩下千把块钱？）（"啊"变读为 $[z_{l}a^{44}]$）

13.1.2 吧

吧 $[pa^{31}]$ 一是用于疑问句中，表示猜测或不太确定但又不完全否定的语气。例如：

(15) 他回了吧？莫乱瞎说。

(16) 他乜晏才回来，可能吃了的吧？（他这么晚才回来，可能吃过了吧？）

"吧"还可用于疑问句中的反问句，表示不敢相信的一种怀疑。例如：

(17) 他说他要好生儿地学习，我有听错吧？

(18) 我昨儿还看见了他的，你在过白吧？（你在撒谎吧？）

二是用于祈使句，表示建议、请求的语气。例如：

(19) 天太冷了，尽我向下火吧！（让我烤一下火吧！）

(20) 天不早了，我们嘎势（开始）吧！

(21) 搞了乜（这么）长时间，我们歇下气儿吧！

13.1.3 呗

呗〔pɛ⁴⁴〕一是用于陈述句，表示申明、表白或指明的语气。通常在这个陈述句的后面接一个疑问句，表示反问。例如：

(22) 我说了的呗，你怎么还不相信我嘞？
(23) 我跟你发了一封信的呗，你冇收倒哇？
(24) 你的妈走了呗，你还不晓得啦？
(25) 乜（这）本书他买了的呗，你还要买呀？

二是用于反问句，表示反问的语气，通常含有否定和责备的意味。例如：

(26) 你不是说你会做乜（这）一道题的呗？
(27) 不是说调查组今朝（今天）来的呗？

这一类反问句要成立，必须用语气词"呗"，它所隐含的否定意义可以通过后续否定句明确表达。如上面的例子可以补充后续句：

(28) 你不是说你会做乜（这）一道题的呗？怎么做不倒欸？
(29) 不是说调查组今朝（今天）来的呗？怎么今朝（今天）冇来耶？

13.1.4 的

的〔ti³¹〕作为语气词跟北京话里的"的"一样，主要用于陈述句末尾，表示加强肯定的语气。例如：

(30) 我跟他打赌的时候总冇赢他的。
(31) 他说了要来的，怎么还冇来耶？
(32) 我的屋里的谷割得差不多了的。
(33) 他们下抹了汗的，就是你冇抹。（他们都洗了澡的，就是你没有洗。）
(34) 你看到他以后莫做声，只当不晓得的。

在这些陈述句中，"的"往往肯定的是已然的情况（吕叔湘 1999），也就是说，从"时"的角度来说，"的"是对曾经发生过的动作的一种肯定。

"呗"也用于陈述句，表示的语气意义跟"的"有点儿近似，但二者存在着细微的差别:"呗"表示情况绝对如此,是确证地陈述事实;而"的"表示情况本来如此,是肯定地陈述事实。比较下面的例句:

(35)信武从广州回了的。(肯定,不容置疑)

(36)信武从广州回了呗。(确证,可以后接"你还不知道?"这一类的反问句。)

13.1.5 欸

一是用于特指问询问原因,突出说话人的疑问、好奇心理;或者询问事物、时间、数量和方式。"欸"的读音受其前一音节的影响而发生变化。例如:

(37)他的屋里种的南瓜总是好吃些,是个么讲究欸?("欸"变读为"喂")

(38)已经放学了,他怎么还不回来欸?("欸"变读为"耶")

(39)他在搞么事欸?去了乜(这么)长时间还不回来。

(40)庆平几喒儿(什么时候)回来欸?回来以后跟我招呼一声。("欸"变读为"耶")

(41)你怎么去的欸?坐车?("欸"变读为"耶")

(42)你的暑假作业做了几多欸?("欸"变读为"嘞")

"欸"还可用于特殊的特指问中(陆俭明1982),表示疑问,相当于北京话的"呢"。可用于两种格式:

第一种是"欸"直接用在名词、代词或名词性短语后面,询问处所,表示"……在哪儿?"例如:

(43)金花欸?(金花在哪儿呢?)

(44)我的书欸?(我的书在哪儿呢?)

第二种是"欸"用在动词性短语或主谓短语之后,一般询问方式方法,表示"如果……,那么怎么办?"例如:

(45)下雨了欸?(如果下雨了,那又该怎么办呢?)("欸"变读为"喂")

(46)他不去欸?(如果他不去,那又该怎么办呢?)("欸"变读为"耶")

二是用于正反问,表示询问,"欸"的读音受其前一音节的影响而发生变化。例如：

（47）你跟他一路过得好不好欸？（你跟他一起过得好不好呢？）（"欸"变读为"喂"）

（48）托托他们来不来欸？（"欸"变读为"耶"）

三是用在假设分句里，表示加强假设的语气，同时还有感慨的意味。常跟"要是/要不是"配合使用。例如：

（49）要是他来了欸，"欸"们就莫说他。（"欸"变读为"喂"）

（50）要是方方在屋里欸，我们做事就圆泛点儿。（如果方方在家里，我们做事就方便一些。）

（51）要不是他来欸，乜个事儿还搞不下地。（如果他不来，这个事情还搞不定。）

（52）要不是我病了欸，乜个事儿就不得拖乜（这）长时间。

上面例子中的"欸"也都可以换成"吵"，但用"欸"语气显得舒缓一些，用"吵"语气显得强硬一些，"吵"总含有不如意或不愉快的感情色彩。

四是用于句中，表示列举。例如：

（53）他的屋里几有哦！天天如是，都是鱼欸、肉欸，冇干嘴儿的。（他家里真富有啊！每天都是鱼啊、肉啊，没有停过嘴地吃。）

（54）我最怕乜（这）些动物哦！么事狗子欸、蛇欸（嘞）、财喜儿（猫）欸、老鼠欸，见到就怕。

五是用作句首词语或前一小句之后的暂顿，表示委婉、和缓的语气。例如：

（55）先前欸（嘞）我又冇得空，恁咱儿（现在）欸我的身体又不好。

（56）前一段时间一直在忙，所以欸冇跟你联系。

（57）做生意欸，心不能太黑。

（58）要说读书欸，乜（这）个伢还是个读书的料。

（59）平时想吃欸，又冇得，恁咱儿（现在）病了欸，又吃不进。

（60）想买欸，价钱太贵了；不买欸，屋里又冇得用的。真是叫人左右为难啰！

六是用于主语和谓语之间，表示停顿，用以缓和语气。例如：

（61）乜（这）个钱唠，应该还得别个。

（62）他乜个人唠，死好占别个的相因儿。我们下不跟他来栽。（他这个人哪，最好占别人的便宜。我们都不跟他打交道。）

13.1.6 哈

哈［xa⁵¹］一是用于祈使句表示吩咐或商议，语气读得稍重，"哈"的前面有一个短暂的停顿，以示强调。例如：

（63）他要是先来了你就帮忙招呼一下哈！

（64）老娘要是病了你就服侍下她哈！（老母亲如果病了你就伺候一下她啊！）

（65）饿了就先吃一根黄瓜哈！

（66）明朝我有事，爸爸跟你一路去哈！（明天我有事，爸爸跟你一起去行吗？）

（67）两个人一路（一起）玩，莫打架哈！

二是用于祈使句表示叮嘱、提醒或警告。

"哈"用于祈使句，还可以表示叮嘱、提醒或警告等。例如：

（68）在路上好生儿的（小心点儿）哈！过马路的时候看清楚了再过。

（69）到街上去逛街要把钱统（装、放）好哈！莫尽（让）白抄子（小偷）把钱偷去跑了。

（70）你要是再乜（这）样儿我就对你不客气的哈！

（71）记倒我的话哈！莫跟别个扯皮耶。（记住我的话啊！别跟别人争吵。）

上例中"哈"表示叮嘱、提醒或警告的语气中往往含有某种祈使的意义，同时也表达了说话人亲切、关心等心理，语气显得温和。这是"哈"与"嗬"的区别所在。

13.1.7 嗬

一是表示命令、禁止或警告。

嗬［xo⁵¹］表示命令、禁止或警告等，语气生硬，往往读得比较重，相当于北京话里的语气词"啊"。一般用于祈使句中，可以有后续句，也可以没有后续句。例如：

（72）在学校里莫跟别个打架嘀！（在学校里别跟别人打架啊！）

（73）紧在诺儿嚼，莫把我惹急了嘀！（老在那儿唠叨，别把我惹急了啊！）

（74）你跟我拿远些嘀！莫在诺儿滴滴冈冈的。（你给我走远一点儿啊，别在这儿吵吵闹闹的。）

（75）放老实点儿嘀！莫在诺儿动手动脚的。（放老实点儿啊！别在这儿动手动脚的。）

二是表示征询的语气。

表示征询的语气，多用于说明看法的句子，常意味着不肯定，希望得到对方的赞同。例如：

（76）我跟他商量了以后再给你答复嘀？

（77）乜（这）个菜吃得嘀？

上面的例子中如果不用"嘀"，语气是很肯定的，用了"嘀"，语气就变得不那么肯定了，说话人就显得不那么自信了，这样就使得句子带有一种征询的口气，心理上还是希望得到对方的赞同，而不是否定。

13.1.8 耶

耶［iɛ⁴⁴］用于疑问句中，主要是特指问、正反问和选择问中，加强疑问语气，相当于北京话里的"呢"。例如：

（78）他几咱儿（什么时候）来耶？

（79）你几咱儿（什么时候）去耶？

（80）他来不来耶？

（81）你今朝（今天）晚行（晚上）回不回耶？

（82）他来还是你来耶？

（83）是你去还是他去耶？

（84）乜（这）个东西是你做的还是他做的耶？

13.1.9 啦

一是"啦"用于陈述句表示暂顿，读音为［na⁴⁴］。

"啦"用于陈述句中，表示暂顿，相当于普通话里的"呀"。例如：

(85) 他啦，随你么样儿说都是乜个样儿。（他呀，随你怎么说都是这个样儿。）

(86) 他乜（这）个人啦，不好说得。

二是"啦"用于是非问句，表示疑问。

"啦"用于是非问句，表示疑问，相当于北京话里的语气词"吗"。例如：

(87) 你是鑫鑫啦？（你是鑫鑫吗？）

(88) 乜啦？（这个吗？）

(89) 你说了算啦？（你说了算吗？）

(90) 就算他有错，你不能好生儿地（好好地）说啦？

13.1.10 嘞

嘞 [nɛ³¹] 一是用于疑问句表示征询、商议的语气。

"嘞"用于疑问句，表示征询、商议的语气，相当于北京话里的语气词"呢"。例如：

(91) 天道晏了，我们先回去吧，你说嘞？

(92) 乜个事儿我们今朝就说在诺儿，你看嘞？（这个事儿我们今天就说到这儿，你看呢？）

(93) 先尽伢们吃了着，可不可得嘞？

二是用于陈述句中表示暂顿。

"嘞"用于陈述句中，表示暂顿的同时有某种犹疑的语气或表示感慨的语气，相当于北京话里的语气词"啊"。例如：

(94) 他乜个人嘞，我不好说得。

(95) 我今朝（今天）嘞，想吃又不想吃。

(96) 人嘞，总是乜（这）山望倒那山高。

(97) 他嘞，说是风就是雨，一点儿商量的余地都冇得。

三是用于复句的分句末尾表示舒缓的语气。

"嘞"用于复句的分句末尾，表示舒缓的语气，并有加强假设的作用，相当于北京话里的语气词"呀"。例如：

(98) 想说话嘞，你就大声地说，冇得哪个笑你的。

(99) 吃得嘞，你就多吃一点儿，吃不得嘞，你就少吃一点儿。

13.1.11 了

"了"之所以没有注音，是因为它的读音随其前一音节尾音的影响而发生变化，并且呈现出规律性。（详见"体貌"）

一是用在陈述句末尾表示事情有了变化或即将有变化。例如：

（100）乜（那）本书我已经买到了。

（101）天道（天）晴了，把被窝拿出来晒下。

（102）他快回了，你莫着急。

（103）天快亮了，我们快抹点儿（赶快）起去吧！

二是用于祈使句中表示劝听、阻止。例如：

（104）快抹点儿（赶快）把灯熄了它！免得别个看得巧。

（105）把豆子剥了他，等下我好炒得吃。

（106）莫尽乜个财喜儿跑了！（别让这个猫跑了！）

（107）把门闩紧，莫尽强徒进来了！（别让小偷进来了！）

从上面的例子可以看出，这些表示劝听的祈使句往往是"把"字句，"了"并不是出现在句子的末尾，而是出现在句子的倒数第二个位置，句子末尾的"它"往往与"把"的宾语构成同位关系，二者互相复指。而表示阻止意义的祈使句往往是否定性的祈使句。也就是说，"了"用在祈使句中，表示劝听、阻止的意义是有其句法环境的限制的，并不是可以出现在所有的祈使句中。

13.1.12 啰

啰［no^{31}］一是用于陈述句末尾，指明事实或情况，表示强调。例如：

（108）他今朝非要走，我的心里硬是不过谴啰。（他今天一定要走，我的心里真难受啊。）

（109）他乜（这）个伢就是不听话啰，随你怎么说他都听不进去。

（110）他的妈一生都造孽（可怜）啰，吃又有吃好的，穿又有穿好的。

这些例子中如果不用语气词"啰"，就是一种客观的叙述，不含强调的意思。

二是用于感叹句中，表示感叹、怜惜，通常出现程度副词，整个表达带有夸张的色彩。例如：

（111）他们喏儿（那儿）几吓人啰！

（112）我几怕他啰！简直光得病（老生病）。

（113）你看她几造孽啰！乜冷的天道还不穿袄子。（你看她多可怜哪！这么冷的天还不穿棉袄。）

三是用于正反问句末尾，表示询问，有点儿不耐烦的提醒口气，作用大体上相当于北京话表示询问的"呢"。例如：

（114）你们还吃不吃饭啰？紧在喏儿说。（一直在那儿说。）

（115）你的衣裳还清不清啰？弄了一半就跑出去玩，简直不像话！

在正反句的后面，往往紧跟着一个陈述句，表明说话人询问或提醒听话人的原因，也正是因为在这样的语境中，"啰"才具有不耐烦的提醒语气。

四是用于句中，表示语意未完，稍有停顿，是口语里特有的标示主位的标记，是显示次要信息与重要信息的分界点。（方梅1994）从形式上看，有的用在句子主语的后面，有的用在句首的某个词或短语后面。从所表达的语气来看，有的表示强调和感叹的语气，有的表示缓和的语气。例如：

A.（116）他啰，年月（一年到头）不抹牌。

（117）你啰，总是要人说才做点事儿，像个灯草，拨下亮下。

（118）你在喏儿（在这儿）急死急活，他还在喏儿旷儿扬鞭地玩。（他还在这儿痛痛快快地玩。）

（119）你啰，真是有点儿媒（傻），乜（这）个话能说？

B.（120）我觉得啰，他应该去看下医生，免得病得得身上巧（去了）。

（121）原先啰，我一点儿都不喜欢榴莲，闻倒乜个味儿就不舒服。

（122）今朝（今天）啰，要好生儿地吃一顿饭。

（123）他乜（这）种人啰，我一看到就烦。

13.1.13　嚜

嚜［mɛ³¹］一是用于陈述句，表示一种确认、肯定的语气，也就是表示所说的事实确凿，可以作证。例如：

（124）他是老领导嘙，水平肯定□［xɛ⁵¹］（很）高吵。

（125）叫他把钱拿倒他不要嘙，不信你去问林华吵。

（126）我说了的嘙，他肯定有么事瞒倒我们得。

（127）老说语儿嘙，君子报仇十年不晚。

二是用于复句的分句中，表示假设或让步转折的语气。例如：

（128）你答应了别个嘙，就要跟别个做好吵

（129）做事嘙，就应该像个做事的样儿吵。

（130）他能帮嘙，就伸个手帮下吵。

（131）扯谎嘙，就扯到笃（底）吵。

（132）来了嘙，就好生儿地做事儿吵。

（133）早晓得是乜样儿嘙，我就不来吵。

（134）我再冇得嘙，一顿饭总还请得起吵。

（135）就算你不去嘙，话还是要说到吵。

"嘙"用于复句的前一分句末尾，往往和"吵"配合使用，"吵"用在后一分句的末尾。在这样的假设复句或让步复句里，去掉"吵"，句子的表达很别扭，"吵"不可缺少。

"嘙"和"呗"在表意上有点儿接近，但二者不同："嘙"带有解释说明的语意，而"呗"带有勉强同意或让步的语意。

三是表示反问、申辩，常和"不是"配合使用，而且和语气词"了"或"的"连用，构成"不是……了嘙"或"不是……了的嘙"的格式。例如：

（136）他的婆婆不是死了嘙？

（137）钱不是交了的嘙？

（138）方林不是来了的嘙？

这样的表达格式往往隐含有言外之意，即面对现实情况或说话人的要求申辩某种动作行为。上述表达式的言外之意可以由后续句给出，也可以由交际双方在具体的语境中去领会。上述表达式的后续句为：

（139）他的婆婆不是死了嘙？怎么又冒出来一个婆婆嘞？

（140）钱不是交了的嘙？怎么还要交欸？

（141）方林不是来了的嘙？他恁咱儿（现在）不在喏儿（这

儿）啊？

13.1.14 咧

咧［nie⁴⁴］一是"咧"用于疑问句，但不用于是非问，表示疑问的语气，跟北京话里的"呢"一致。例如：

（142）他把乜（这）个东西放到哪儿去了咧？
（143）我说还是不说咧？我说了算不算咧？
（144）我要说的就是乜（这么）多，你们看咧？

二是用在假设分句里加强假设的语气。

"咧"可以像"欸"一样用在假设分句里，表示加强假设的语气，但没有"欸"的那种感慨的意味，通常是说话人提出做某一件事，另一说话人从反面提出一个问题，言下之意是"如果 VP，那该怎么办咧？"常跟"要是"配合使用。而"欸"既可以跟"要是"配合使用，也可以跟"要不是"配合使用。例如：

（145）我们先三个人一组，把乜（这）个事儿做了它。要是他来了咧？
（146）明朝（明天）我们把谷割了以后再去接他。要是明朝（明天）落雨咧？

13.1.15 哦

哦［o³¹］一是表示询问，用于特指问和正反问中，相当于北京话的"呢"。例如：

（147）落乜（这）大的雨，他们怎么来的哦？
（148）乜（这）个东西搞得哪儿去了哦？
（149）乜（这么）冷的天他到城里去搞么事哦？
（150）他来不来哦？
（151）乜（这）个事儿你们还想不想搞哦？不想搞就早点儿说。
（152）乜（这）个凳子是不是高了哦？要不换一个矮一点儿的？

二是表示推测的语气，句中常有"只怕"一类的推测词，它并不要求得到证实。（汪国胜 1995）如果不用语气词"哦"，则句子仅仅说明事实，语气是肯定的。用了"哦"，就变成了一种推测，语气是不肯定的。例如：

（153）天上的云头乜（这么）黑，只怕要落雨哦？

（154）乜（这）件衣裳乜（这么）贵，只怕有得人买哦？

（155）天道不早了，只怕伢们儿已经放学了哦？

13.1.16 唦₁、唦₂

这两个语气词是安陆方言非常常见的语气词，而且最能体现方言的语音特色。两个读音表示不同的语气，下面分别加以描写说明。

一是唦₁［ṣɛ⁴⁴］。

其一，"唦₁"用于陈述句，表示特意告诉别人某事，所陈述的事对说话人来说通常是不如意的，或者是不耐烦的肯定。例如：

（156）我的钱尽白抄子偷去走了唦。（我的钱让小偷偷走了。）

（157）我的哥哥六岁的时候掉到塘里沕（淹）死了唦。

（158）看奏欸，你的妈走了唦。（你看，你妈妈走了吧。）

（159）我说了的唦，你怎么还不相信我嘞。

"唦₁"还可以用于陈述句末尾，跟"怪不得、难怪"之类的词语配合使用，强调一种醒悟的语气，并常跟说明原因的后续句。例如：

（160）怪不得他来跟我打招呼唦，原来是你托之（委托）了他的。

（161）怪不得他把个脸蒙倒唦，原来两个人打了一架，把个脸上打得血咕拉稀（血淋淋）的。

（162）难怪他不跟我说话唦，原来是你在窦里撮的拐。（原来是你在里面造谣生事。）

"唦₁"还可以用于陈述句末尾，对陈述的语气起着减轻、冲淡的作用，表示"仅此而已"的意思或轻视、鄙视的意味。（汪国胜 1995）这种"唦"常和"就是（只不过）"等词语呼应使用，相当于北京话里的语气词"嘛"。（胡明扬 1988）例如：

（163）他就是用了三百块钱唦，值得你乜样儿去说他？（他只不过用了三百块钱嘛，用得着你那样去说他？）

（164）你就是有几个钱儿唦，哪个怕你啦？

（165）我就是说了你几句唦，你就乜样儿烟不出火不出的不张我？（我只不过说了你几句嘛，你就这样气呼呼的不理我？）

其二,"吵₁"用于疑问句末尾,可以把有疑而问的疑问句变成无疑而问的反问句或是带有反驳辩白语气的肯定句。例如:

A.（166）哪个说了的吵?（谁说过了?意即我根本就没有说过）

（167）你怎么跟他说乜个事儿吵?他是个搂倒裤子跑的人。（你怎么跟他说这个事儿呢?意即你不该跟他说这个事儿。他是一个藏不住话的人。）

（168）哪个来了吵?（谁来了?意即本来谁都没有来过。）

B.（169）你是不是武汉人吵?（你是武汉人?!意即其实你不是武汉人。）

（170）你是不是瞧得起吵?（言外之意:你根本就瞧不起。）

（171）你是不是去了北京的吵?（意即你本来就没有去过北京。）

C.（172）老师布置的作业你写了有吵?紧在喏儿玩。（老在那儿玩。）

（173）伢的东西下（都）准备了有吵?莫到时候乜有得乜有得。（别到时候这也没有那也没有。）

（174）你到丈母娘的屋里去带了礼物有吵?有带礼物好意思进门?

（175）你的卷子高头写了你的名字有吵?总是丢三丢四的尽（让）人担心。

（176）你们两个人要结婚商量好了有吵?莫到时候扯皮拉筋的闹意见。

（177）我说的话你听清楚了有吵?有听清楚就好生儿地坐倒听。

A组表面上看是特指问句,实际上是反问句,表达的内容是没有疑问的肯定意思。这种表达发生比一般的陈述句更具强调的语气。B组是由"是不是"构成的正反问,"是不是"和"吵"配合表达反驳辩白的语气。这种表达发生同样表面上看是疑问句,实际表达的内容却是肯定的意思。C组是由"VP了有"构成的正反问,语气词"吵"使疑问句具有反问的性质,同时表达说话人质疑或不耐烦的情绪。

"吵₁"还可用于反问句的末尾,使反问的语气进一步加强,兼表申说的语气。例如:

（178）连好拐都听不清楚,还有么说头吵?（连好坏都听不清楚,还有什么好说的呢?）

(179) 乜大的事，哪个敢负乜个责吵？（这么大的事，谁敢负这个责呢？）

(180) 他是当地有名的地痞，哪个不怕他吵？

其三，"吵₁"用于祈使句，表示命令、责备、催促等语气，并常常伴随着说话人的不满、厌烦等情绪。例如：

(181) 快走吵！再不走天就黑了。

(182) 莫打他吵！有么事儿不能好生儿（好好）地说啦？

(183) 冇得事儿就把屋里理料下吵！（没事儿就把家里收拾一下吧！）

(184) 乜多衣裳一件都看不中啊？先试下吵！（这么多衣服一件都看不上吗？先试一下嘛！）

(185) 你快抹点儿（赶快）说吵！莫把人都急死了。

"吵₁"还可用于祈使句中表示警告、威胁的语气，言外之意是"你再敢V，我就不客气了"。例如：

(186) 你再打他试下吵！

(187) 你再说一句㐨下吵！（你再说一句试一试！）

"吵₁"还可以用于祈使句中，表示劝阻或鼓动。例如：

(188) 你莫做声儿吵，他肯定要吓一跳。

(189) 你莫哭吵，妈妈一下就要回来的。

(190) 你直接去跟他说吵，怕□［mε⁵¹］（什么）？

(191) 你去找吵，找得巧就归你自家。（找着了就归你自己。）

二是吵₂［ʂε⁵¹］。

其一，"吵₂"用于正反问中，表示反问的语气往往是"吵"的前面稍有一点儿停顿，而且"吵"读得比较重，它的重读是在本调的基础上增加音强来完成的。例如：

(192) 你昨儿跟我说的乜个人就是他，吵？（你昨天跟我说的那个人就是他，是不是？）

(193) 妈不在喏儿你们就做不成事，吵？（妈妈不在这里你们就做不成事，是不是？）

(194) 老师不来你们就可以旷儿扬鞭地玩，吵？（老师不来你们就可以痛痛快快地玩，是不是？）

其二，"吵₂"有时还用在表示反事实的假设分句"要是/要不是……"中，具有强调的意味，强调"要是/要不是……"分句对后一分句内容的决定性影响。例如：

（195）要不是江安去了吵，我们今朝（今天）还回不来。

（196）要不是我们走得快吵，只怕恁咱儿（这会儿）都还有到。

（197）要是你在喏儿吵，他们就不敢乜样儿对于我们。（要是你在那儿，他们就不敢这样对待我们了。）

（198）要是你的爸爸还在吵，我们就可以享点儿福吵。

13.1.17　哟

哟 [io³¹] 一是用于陈述句，指明事实或情况。例如：

（199）换的衣裳哈堆在喏儿一直冇得空洗哟。（换下的衣服都堆在那儿一直没有空洗呀。）

（200）他们几个人今朝（今天）是出了大力哟。

（201）我们明朝（明天）到城里去哟。

二是用于祈使句中，表示催促、命令的语气，相当于北京话里的"吧"。例如：

（202）快抹点儿（赶快）去哟！晏了他们就走了。

（203）您快抹点儿（赶快）来哟！他们已经哈来了。

（204）快抹点儿吃哟！吃了好去上学。

三是用于感叹句，表示感慨、称赞，相当于北京话里的"啊"。（胡明扬1981）例如：

（205）戳了拐哟！锅里的饭蒸糊了。（不好了啊！锅里的饭蒸糊了。）

（206）别个到他的屋里去水都冇得（没有）喝的，他真是小气哟！

（207）她一个妇道人家把三个伢扯大（养大）几不容易哟！

13.2　语气词的连用

语气词的连用顺序不同方言有其差异（史金生2000），构成复合语气词。安陆方言语气词连用构成的复合语气词有：了的、了啊、了哦、的欸（耶）、的呗、的噻、的吵、的哟、了的噻、了的耶、了的哟、了的吵。下面分别加以说明。

13.2.1 了的

"了的"连用表示"肯定"和"确认"的口气更加强烈，其中的"了"在安陆方言里是语气词和动态助词的兼类，"的"也是语气词和动态助词的兼类。"了"和"的"的动态助词用法可以详见第一章"经历体"部分。这里主要讨论它们的语气词用法。"了"表示肯定事态出现了变化，但这种变化只限于动作的完成；"的"表示已然的肯定。"了"和"的"连用都具有表达作用，缺其中的一个则意思表达不同或者句子不成立。试比较下面的例子：

（208）他回了。（现在还在。）

（209）他回了的。（现在不在，"回"的动作已经完成。）

（210）他回的。（＊）

安陆方言里"了的"连用不同于普通话里的"的了"。普通话里"的"和"了"连用的句子中，谓语由形容词充当，不带补语和宾语，一般要用"怪""够""已经"等副词作状语，构成"够 A 的了"。例如：

（211）刘翔跑的速度够快的了。

（212）现在国家的经济政策已经够宽松的了。

安陆方言里"的"和"了"连用的顺序刚好与普通话相反，是"够 A 了的"格式。而且安陆方言里"了的"的使用更宽泛一些，不仅出现在形容词作谓语的句式中，而且还出现在动词作谓语的句子中。

第一，"了的"出现在"够 A 了的"或"A 了的"格式中。例如：

（213）刘翔跑的速度够快了的。

（214）现在国家的经济政策已经够宽松了的。

（215）昨儿晚行（晚上）他的肚子疼了的。

（216）衣裳干了的。

第二，"了的"出现在"A＋长音后补结构＋了的"结构中。（详见第 27 章"27.1.5 程度补语表达程度"部分。）例如：

（217）盆里的水冷冰了的。（盆里的水冷冰冰的。）

（218）霉豆腐臭烘了的。（腐乳臭烘烘的。）
（219）商店里冷清了的。（商店里很冷冷清清的。）

第三，"了的"出现在"A流了的"结构中。例如：

（220）他神气流了的。（他神气极了。）
（221）他们两个人简直亲热流了。（他们两个人简直亲热极了。）

第四，"了的"出现在"V了的"结构中。例如：

（222）他上半天来了的，看到你不在就走了。
（223）我昨儿还跟他说了的，叫他莫东想西想的。

安陆方言里，连用的"了""的"都具有表达作用，缺其中的一个，则意思不同。"了的"连用的语法意义可以概括为：表示对曾经发生的但已经完成的动作或性状的肯定。

13.2.2 了啊

"了啊"中的"了"表示肯定事态出现了变化，"啊"在"了"后变读为"哇"，表示反问、怀疑，相当于普通话里的"吗"。例如：

（224）你嫌给的嫁妆少了啊？
（225）他的病好了啊？
（226）你吃得差不多了啊？

13.2.3 了哦

"了哦"连用，其中"了"表示肯定事态出现了变化，"哦"除了强调肯定以外，还表示遗憾、担忧的语气。例如：

（227）袋娃儿的钱尽（让）我洗了哦。（口袋里的钱让我洗了。）
（228）乜（这）个码子的鞋已经卖完了哦。你又不早点儿来。
（229）钱都尽（让）他花光了哦。
（230）恁咱儿（这会儿）去只怕晏了哦。（这会儿去只怕迟了。）
（231）恁咱儿（这会儿）赶得去只怕来不及了哦。
（232）莫尽（让）白抄子跑了哦！（别让小偷跑了哇！）

13.2.4 的欸（耶）

"的欸（耶）"一般用于疑问句中，其中"欸"受其前的音节

"的"的影响，实际变读为"耶"，表示疑问的同时带责备的口气。例如：

(233) 乜（这）是哪个说的歁（耶）？
(234) 你是么样儿搞的歁（耶）？
(235) 他是么样儿跟你商量的歁（耶）？

13.2.5 的噻

"的噻"用于陈述句，其中"的"是对曾经发生过的动作的一种肯定，"噻"表示一种确认、肯定的语气，起进一步强调的作用。

(236) 乜（这）个东西是你的噻，你就应该好生儿地保管吵。
(237) 他说的是对的噻，你就听倒吵。
(238) 乜（这）道题你做的是对的噻，老师给你判错了啊？

上例中的"的噻"都表达肯定、确实的语气。前两例中的"的噻"用于推论因果句的前一分句末尾，读音拖长，句子重音落在"你"上面，隐含着"既然"的意思。第三例句子的重音落在"是"上面，它不是复句。

13.2.6 的吵

"的吵"表示确定、申辩的语气。例如：

(239) 他们说了要来的吵，恁咱儿（现在）又不来，搞的么名堂吵。
(240) 是你说的吵，恁咱儿（现在）又想不认帐啊？
(241) 他说了乜（这）个人要来的吵，恁咱儿（现在）又不用人家，叫别个么样儿想歁？

13.2.7 的哟

"的哟"中"的"表示确定的语气，"哟"表示感叹的语气。例如：

(242) 是他说的哟，我冇（没有）说乜（这）个事。
(243) 他说了要来帮忙的哟，怎么恁咱儿（现在）还冇来耶？
(244) 我明明看见的哟，怎么不见了歁？

13.2.8 了的嚜

"了的嚜"中"了的"表示对曾经发生的但已经完成的动作或性状的肯定,"嚜"表示反问,相当于北京话里的"吗",常和"不是"配合使用,构成"不是……了的嚜?"的反问格式。例如:

(245)他不是走了的嚜?

(246)书不是买了的嚜?

(247)我不是跟他说了的嚜?

(248)乜(这)几件衣裳不是洗了的嚜?

这样的反问句式往往隐含有后续句,交际的时候,后续句可以出现,也可以不出现。如上面的例子都可以加上后续句:

(249)他不是走了的嚜,怎么又回了欵?

(250)书不是买了的嚜,怎么还要我买欵?

(251)我不是跟他说了的嚜,他怎么不来耶?

(252)乜(这)几件衣裳不是洗了的嚜,怎么又放到洗衣机窭里巧(去了)欵?

13.2.9 了的耶

"了的耶"中的"了的"表示对曾经发生的但已经完成的动作或性状的肯定,"耶"起强调作用并表示申诉的语气,即应该发生了某动作行为但事实上却没有。例如:

(253)我跟他说了的耶,他有去呀?

(254)信发去走了的耶。

(255)他回了的耶。

13.2.10 了的哟

"了的哟"中的"了"表示动作行为或性质的变化,"的"起辅助作用,加强肯定动作行为或性质的变化,"哟"表示感叹的语气。例如:

(256)他已经够快了的哟!莫催他。

(257)我已经够烦了的哟!你莫再添油加醋的哈!

(258)他对人简直客气流了的哟!

上述例子中，语气词"哟"可以去掉，句子仍能成立，但感叹的意味没有了，只表达一种客观的情形。"的"只起辅助作用，可以去掉。（黄国营 1994）当然，如果去掉"的"，则句子末尾用语气词"哦"，表达的意思基本相同。如上面的例子可以这样说：

（259）他已经够快了哦！莫催他。

（260）我已经够烦了哦！你莫再添油加醋的哈！

（261）他对人简直客气流了哦！

13.2.11　了的吵

"了的吵"用于陈述句，"了的"表示对曾经发生的但已经完成的动作或性状的肯定，"吵"表示申述、确认的语气。例如：

（262）黄瓜我买了的吵。

（263）他昨儿去了的吵。

（264）他的婆婆回了的吵。

总之，安陆方言的语气词比较丰富，体现方言特色的语气词有"哈""啰""吵"。除了极少数的语气词外，绝大多数语气词可以表达多种语气意义，同一语气意义也可以由多个语气词来表达。如表示催促的语气意义的语气词有"哟""吵$_1$"；表示加强假设的语气意义的语气词有"吵$_2$""呢""嚓""嘞""欻"，等等。同时，安陆方言的语气词不读轻声，而是读其固有的声调，也有"声调别义"和音变性的特点，还有两个语气词连用或三个语气词连用的现象。

第 14 章　拟音

拟音是模拟自然界的各种声音。拟音词包括叹词和象声词。安陆方言的拟音词系统及用法如下：

14.1　拟音词系统

下面用同音字记录安陆方言的拟音词，声调调值按拟音词的实际调值记，不按汉字的安陆话调值记。记录顺序为：安陆话拟音词、拟音词的国际音标、模拟的声音。

革革哥 [$kɛ^{35}$ $kɛ^{55}$ ko^{44}] 公鸡打鸣

哥哥……（表示连用）ko^{44}……母鸡叫

个大，个大，个个大 [ko^{35} ta^{55}，ko^{35} ta^{55}，ko^{35} ko^{35} ta^{55}] 母鸡生蛋叫

假，假 [$tɕia^{51}$ $tɕia^{51}$] 小鸡叫

嘎，嘎 [ka^{242} ka^{242}] 鸭子叫

家，家 [$tɕia^{53}$ $tɕia^{53}$] 喜鹊叫

咕…… [ku^{35}……] 鸽子叫

叽叽喳喳 [$tɕi^{44}$ $tɕi^{44}$ $tʂa^{44}$ $tʂa^{44}$] 麻雀叫

盎 [$ŋaŋ^{35}$] 狗被打叫

喳喳 [$tʂa^{44}$ $tʂa^{44}$] 群鸟叫

汪，汪汪 [$uaŋ^{51}$，$uaŋ^{51}$ $uaŋ^{51}$] 狗叫

嗷 [au^{55} au^{55}] 狼叫

叽叽 [$tɕi^{55}$ $tɕi^{55}$] 老鼠叫

喵 [$miau^{545}$] 猫叫

摸儿 [$mər^{44}$] 牛叫

咩……［miɛ⁴⁴……］羊叫

啊……啊……［a⁵⁵……a⁵⁵……］猪被杀叫

喔……喔……［o⁵⁵……o⁵⁵……］猪饿叫

哒哒，哒哒［ta⁴⁴ ta⁴⁴，ta⁴⁴ ta⁴⁴］马蹄声

嗡嗡［uŋ⁴⁴ uŋ⁴⁴］蜜蜂、苍蝇飞鸣

夥时［xo⁵¹ ʂʅ³¹］赶鸡声

哧腿［tʂʅ⁴⁴ tʰei⁵¹］赶牛走声

呕着［ua²⁴ tʂo³¹］喝止牛声

济儿，济儿［tɕior⁵⁵ tɕior³¹］唤鸡声

鸭儿，鸭儿［iɐr³⁵，iɐr²⁴］唤鸭声

喔……［uo⁵⁵……］唤狗声

喵喵［miau⁴⁴ miau⁴⁴］唤猫声

啰啰……［no³⁵ no⁵⁵……］唤猪声

魅儿肉［mər⁴⁴ ʐəu⁴⁴］唤牛声

施……（撮口发出类似口哨的声音）［ʂʅ⁴⁴……］给婴儿催尿或屎

哎哟嘞［ai⁵⁵ io³¹ nə³¹］疼痛叫

哦［o³¹］答应声

嗯 唉 哦［ən³¹，e³¹ o³¹］同意声

哎［ei⁵¹］不礼貌的唤人声

当 当［taŋ⁴⁴ taŋ⁴⁴］锣声

咚，咚［tuŋ³¹，tuŋ³¹］鼓声

哐嘟哐嘟［kʰuaŋ⁴⁴ naŋ³¹ kʰuaŋ⁴⁴ naŋ³¹］火车行驶声；物体碰撞声

呜［u⁵⁵］火车鸣笛

呜［u⁴⁴］船鸣笛

嘀嘀叭叭［ti⁴⁴ ti⁴⁴ pa⁴⁴ pa⁴⁴］汽车喇叭声

嘭［pʰuŋ³¹］爆炸声

嗵［tʰuŋ⁵¹］大爆炸声

啾，啾啾［tɕiəu⁵¹ tɕiəu⁵¹ tɕiəu⁵¹］枪声

呼［xu³⁵］物体迅速通过声

哐［kʰuaŋ³¹］重物落地声

扑通［pʰu⁴⁴ tʰuŋ⁴⁴］落水声

嘀嗒嘀嗒〔ti⁴⁴ ta⁴⁴ ti⁴⁴ ta⁴⁴〕钟表声

嘶（伴随吸气）〔sŋ⁴⁴〕因寒冷而发吸气声

啊求〔a⁴⁴ tɕʰiəu³¹〕打喷嚏声

哈哈〔xa³¹ xa³¹，xei³¹ xei³¹〕笑声

嘿嘿〔xei³¹ xei³¹〕笑声

呜，呜，呜〔u³⁵ u³⁵ u³¹〕哭声

哎哟〔ai⁴⁴ io³¹〕呻吟声

噼里啪啦〔pʰi⁴⁴ ni³¹ pa⁴⁴ na⁴⁴〕打算盘声

叽里咕噜〔tɕi⁴⁴ ni³¹ ku⁴⁴ nu⁴⁴〕听不懂的话声

轰隆〔xuŋ³¹ nuŋ³¹〕雷声

轰隆隆〔xuŋ³¹ nuŋ³¹ nuŋ³¹〕雷声

沙沙〔ʂa⁴⁴ ʂa⁴⁴〕风吹树叶声

呼……〔xu⁴⁴……〕大风声

哗啦哗啦〔xua⁴⁴ na⁴⁴ xua⁴⁴ na⁴⁴〕流水声

咕嘟咕嘟〔ku⁴⁴ tu⁴⁴ ku⁴⁴ tu⁴⁴〕水冒出声

滴滴哒哒〔ti²⁴ ti⁵⁵ ta⁴⁴ ta⁴⁴〕水滴落声

14.2　拟音词的用法

14.2.1　拟声词的构成格式

单音节拟声词格式记作 A，双音节拟声词记作 AB。按照音节组合的不同，安陆方言的拟声词有如下几类构成格式：

一是 A 式。这是单音节拟声词格式。例如：

哎〔ei⁵¹〕不礼貌的唤人声

嘶（伴随吸气）〔sŋ⁴⁴〕因寒冷而发吸气声

哐〔kʰuaŋ³¹〕重物落地声

嘭〔pʰuŋ³¹〕爆炸声

嗵〔tʰuŋ⁵¹〕大爆炸声

呼〔xu³⁵〕物体迅速通过声

呜〔u⁵⁵〕火车鸣笛

呜 [u⁴⁴] 船鸣笛

哦 [o³¹] 答应声

喵 [miau⁵⁴⁵] 猫叫

二是 AA 式。这是单音节拟声词重叠构成的格式。这一格式有不同的节奏，主要是由停顿的不同造成的。包括"A，A""AA……""AA""A，AA""AA，AA""A……，A……"等等。例如：

假，假 [tɕia⁵¹ tɕia⁵¹] 小鸡叫

嘎，嘎 [ka²⁴² ka²⁴²] 鸭子叫

家，家 [tɕia⁵³ tɕia⁵³] 喜鹊叫

咚，咚 [tuŋ³¹，tuŋ³¹] 鼓声

当，当 [taŋ⁴⁴ taŋ⁴⁴] 锣声

啰啰…… [no³⁵ no⁵⁵……] 唤猪声

喵喵 [miau⁴⁴ miau⁴⁴] 唤猫声

沙沙 [ʂa⁴⁴ ʂa⁴⁴] 风吹树叶声

啾，啾啾 [tɕiəu⁵¹ tɕiəu⁵¹ tɕiəu⁵¹] 枪声

汪，汪汪 [uaŋ⁵¹，uaŋ⁵¹ uaŋ⁵¹] 狗叫

哒哒，哒哒 [ta⁴⁴ ta⁴⁴，ta⁴⁴ ta⁴⁴] 马蹄声

啊……，啊…… [a⁵⁵……a⁵⁵……] 猪被杀叫

喔……，喔…… [o⁵⁵……o⁵⁵……] 猪饿叫

三是 AB 式。这是双音节拟声词格式。例如：

轰隆 [xuŋ³¹ nuŋ³¹] 雷声

哎哟 [ai⁴⁴ io³¹] 呻吟声

夥时 [xo⁵¹ ʂʅ³¹] 赶鸡声

哧腿 [tʂʰʅ⁴⁴ tʰei⁵¹] 赶牛走声

吼着 [ua²⁴ tʂo³¹] 喝止牛声

扑通 [pʰu⁴⁴ tʰuŋ⁴⁴] 落水声

四是 ABB 式。这是双音节拟声词重叠后一音节构成的格式。较少。例如：

轰隆隆 [xuŋ³¹ nuŋ³¹ nuŋ³¹] 雷声

五是 ABAB 式。这是双音节拟声词重叠格式。重叠形式与动词相同。例如：

哗啦哗啦 [xua⁴⁴ na⁴⁴ xua⁴⁴ na⁴⁴] 流水声

咕嘟咕嘟 [ku⁴⁴ tu⁴⁴ ku⁴⁴ tu⁴⁴] 水冒出声

嘀嗒嘀嗒 [ti⁴⁴ ta⁴⁴ ti⁴⁴ ta⁴⁴] 钟表声

哐啷哐啷 [kʰuaŋ44 naŋ31 kʰuaŋ44 naŋ31] 火车行驶声；物体碰撞声

六是 AABB 式。这是双音节拟声词重叠格式。重叠形式与形容词相同。例如：

滴滴答答 [ti²⁴ ti⁵⁵ ta⁴⁴ ta⁴⁴] 水滴落声

嘀嘀叭叭 [ti⁴⁴ ti⁴⁴ pa⁴⁴ pa⁴⁴] 汽车喇叭声

叽叽喳喳 [tɕi⁴⁴ tɕi⁴⁴ tʂa⁴⁴ tʂa⁴⁴] 麻雀叫

七是 ABC 式。这是三音节拟声词格式。例如：

哎哟嘞 [ai⁵⁵ io³¹ nə³¹] 疼痛叫

魅儿肉 [mər⁴⁴ ʐəu⁴⁴] 唤牛声

八是 ABCD 式。这是四音节拟声词格式。较少。例如：

噼里啪啦 [pʰi⁴⁴ ni³¹ pa⁴⁴ na⁴⁴] 打算盘声

叽里咕噜 [tɕi⁴⁴ ni³¹ ku⁴⁴ nu⁴⁴] 听不懂的话声

九是 A 儿 A 儿式。这是单音节拟声词儿化后重叠格式。例如：

济儿，济儿 [tɕio⁵⁵ tɕio³¹] 唤鸡声

鸭儿，鸭儿 [iɐr³⁵, iɐr²⁴] 唤鸭声

14.2.2 拟声词的句法功能

这里说的句法功能指的是拟声词充当句子成分的功能。安陆方言里，拟声词能充当句子的谓语、宾语、定语、状语、补语，也能独立成句。

一是拟声词作句子的谓语。例如：

（1）栏里的猪紧在喏儿喔，喔，巴儿是饿了。（栏里的猪一直在那儿喔，喔，恐怕是饿了。）

（2）一唅儿（一会儿）蚊虫嗡过来，一唅儿（一会儿）苍蝇嗡过去，烦死人的。

（3）屋檐沟的水滴滴答答的，叫人听了心烦。

（4）他们两个人在喏儿（那儿）叽里咕噜的，不晓得在说么家

（什么）。

（5）我喊他，他就是哦了一声，冇说么事。

安陆方言的拟声词作谓语时，不能是孤零零的拟声词作谓语，必须在拟声词前后有其他成分出现，使得拟声词成为句子的谓语中心，否则，句子的语义不自足。通常有拟声词前面出现状语，如例（1）；或者拟声词后面出现补语，如例（2）和例（5）；或者拟声词后出现"的"，构成"的"字短语后作句了的谓语，如例（3）和例（4）。

二是拟声词作句子的宾语。安陆方言的拟声词不能直接自由地作宾语，而是限于"一……就"格式。拟声词出现在前一分句的宾语位置上。例如：

（6）她一唤啰啰，她屋里的猪就回了。

（7）他一说吼着，牛就在前头停下来了。

三是拟声词作句子的定语。例如：

（8）听倒哐的一声，我抬头一看，楼上掉下来了一个花盆。

（9）我听不懂他们叽里咕噜的声音。

四是拟声词作状语。例如：

（10）他哐嘟哐嘟地开着个拖拉机来了。

（11）塘里的鸭子在嘎嘎地叫。

（12）他在喏儿（那儿）噼里啪啦地打算盘，根本冇听到我们喊他。

（13）他把门踢得哐嘟哐嘟响。

（14）窗子尽（被）风吹得哐嘟哐嘟地响。

安陆方言里，拟声词可以直接作句子的状语，如上例（11）、例（12）和例（13）。也可以间接作状语，主要是指拟声词构成的状中短语作句子的补语。如上例（14）和例（15）。

五是拟声词独立成句。例如：

（15）哎哟嘞！哎哟嘞！屋里的病人疼得直叫。

（16）鸭儿，鸭儿！养鸭子的人只要乜（这）样儿一叫，鸭子就下（都）围拢来了。

第15章 处置句

安陆方言的处置句与普通话相比有同有异。下面对安陆方言处置句的格式和特点进行描写和分析。

15.1 处置句的格式

15.1.1 把 + NP + V + 了 + 他

"NP"指"把"处置的对象，是名词、代词或名词性短语。"他"复指"把"的处置对象，不是代词的称代用法，而是已经虚化为一个复指性的后置语法成分，不能随意去掉。例如：

（1）你把鸡子杀了他。

（2）去把衣裳收了他。

这类格式的祈使句是说话人直截了当请求或建议受话人对某物进行处置，而且是未然的事。安陆方言里，"把"字处置句虽然表达的是未然的事，但格式里的"了"和"他"字是必须出现的，否则，句子很别扭，不完整。试比较：

（3）把猪杀了他。（祈使句）　把猪杀了。（陈述句）

（4）把钱还了他。（祈使句）　把钱还了。（陈述句）

（5）把猪杀他。（？）

（6）把猪杀了他吵，还留倒搞嘿，快要过年呗。

从上例可以看出，如果没有"他"，一般情况下句子是陈述句，陈述一个事实。如果在这样的语境中说"去，把猪杀了！"则句子是个祈使句，表示不容商量的命令语气。这样的情况有，但少见。这一类

"把"字祈使句里的"他"是一个不可缺少的语法成分，就像李崇兴、胡颖（2006）所说的，"他"只有句法作用，一个纯粹的表示将然的语法标志。众所周知，处置句里面的动词不能是光杆动词，处置句里动词的前后必须有前加成分或后附成分才能站住。从韵律的角度来看，在"把"字句动词前头或后头添加适当的成分，可以矫正由于动词挂单所引起的韵律上的不和谐。解决韵律和谐的问题，最简便的办法是在动词后头加上一个助词。冯胜利（1996）另外，安陆方言"把"字祈使句还可以在句末加语气词"唦"，既有请求、建议的祈使语气，又有催促的语气。如上例（6）。

有时候，在对话的语境中，在交际双方都明确处置对象的前提下，可以省略"把+NP"，构成"V+了+他"的句子格式，此时，"他"仍是复指性的后置语法成分。例如：

（7）排骨汤盛在喏儿得，吃了他。（排骨汤盛在那儿呢，把它吃了吧。）

安陆方言里，"把+NP+V+了+他"祈使句比"V+了+他"更常见，后者需上下文语境。而武汉话里，更常见的是"V+他"祈使句，周建民（1986）、李崇兴、胡颖（2006）指出，武汉话中，"把+NP+V+他"同"把+NP+V+了+他""V+他"和"V+了+他"基本上等值，所以带"了"不带"了"比较随意。这与安陆话里的"把+NP+V+了+他"祈使句或"V+了+他"祈使句中必出现"了"略有不同，但都带虚化的语法成分"他"则是一致的。

这类格式中动词"V"后还可以带结果补语，用"C"表示，结果补语"C"通常是单音节的动词或形容词"完、光、死、断"等，构成"把+NP+V+C+了+他"。例如：

（8）把饭吃光了他。

（9）把猪杀死了他。

（10）把绳子割断了他。

当要否定"把"字祈使句时，用"莫"字表示否定，即禁止受话人不做某事，"他"不出现。如上例的否定祈使句可以这么表达：

（11）莫把鸡子杀了。

（12）莫把猪杀了。

(13) 莫把衣裳收了。

(14) 莫把饭吃光了。

(15) 莫把绳子割断了。

15.1.2 把 + NP + V + 了

(16) 你把衣裳洗了哇？（你把衣服洗了？）

(17) 你把钱存了有？

(18) 他把田里的水下（都）放了。

(19) 他把肉下（都）吃了，不与别个相干。

(20) 我把衣裳洗了。

安陆方言里，这一格式的处置句对第二人称的使用有限制，即第二人称作主语的"把 + NP + V + 了"不能直接像主语为第一人称、第三人称的那样成句，必须后带语气词，而且整个句子为疑问句时才能成句。如果不是疑问句，则句子末尾要出现"他"才能成句，即上面说的第一种格式。而在普通话里，第二人称作主语的"把 + NP + V + 了"可以直接成句，是祈使句。安陆方言里如果要表达祈使语气的处置句，则用下面的三种格式。

15.1.3 把 + NP + V + 倒

(21) 你把米淘倒，菜我择。

(22) 你把屋里的电话安倒，方便些。

(23) 他把吃的东西下（都）收倒，哪个都莫想他的。（他把吃的东西都藏着，谁都别想他的。）

(24) 他把个衣裳反倒穿倒，像个神经病。

(25) 他们把金花选倒当村长，真是选对了人啰！

这一格式里的"倒"相当于普通话里的"着"，整个格式一般不单说，都有后续句出现。当句子的主语为第二人称时，句子为祈使句；当句子的主语为第三人称时，句子为陈述句。

15.1.4 把 + NP + V + 了 + 再 + VP

(26) 你把衣裳洗了再去上班。

（27）你把伢喂了再出去。

这一格式表达的意思是先处置了某事之后再去做另外的某事，通常是要求受话人做某事。因此，句子的主语常常为第二人称。

15.1.5　把 + NP + V（成了）+ NP

这一格式是一个固定格式，其中的动词多为单音节动词，与普通话一致。例如：

（28）他把你说的话当耳旁风，和梗（完全）是个二百五。

（29）他把文林认成了文兵。

（30）他们把刘晓林选为村长。

（31）"文革"期间，不识字的老百姓把"团结紧张，严肃活泼"说成了"坛子紧装，腌菜萝卜"。

从上面的例句可以看出，这些例子不是严格地处置某人或某物，而是表示一种"对待"，即这一类处置句表示施事如何对待某人或某物，这一类处置句的结果并不都是受事的变化或受到的影响，也可以是施事自己的变化或受到的影响。正如吕必松（2010）所概括的这一类处置句的语义结构特点"施动者对受动者怎么样，受动者或施动者自己因此而怎么样（未然）或怎么样了（已然）"。

15.1.6　把 + NP + V + C +（了）

这一格式中的"C"是补语，有处所补语，程度补语，有结果补语，有趋向补语等。

一是格式中的"C"是处所补语。例如：

（32）你把对子贴在门高头。

（33）你把画子贴在壁子高头。（你把画贴在墙上。）

（34）他把豆子下（都）验在地下去了。（他把豆子都撒在地上去了。）

（35）他把挎包掉在学里去了。

（36）他把个钵儿丢在地下跶得一唪［kua24］。（他把一个钵子丢在地上摔得哐啷一响。）

（37）他把个杯子一家伙鏨在冰冰的脑壳高头，鏨得血逗放。（他把杯子一下子砸在闻冰的头上，砸得血直流。)

这一格式的处置句是动词后面出现介宾短语，表示处所。有时，在句子的介宾短语后再出现一个动词，句子则为"把"字连谓句。如例（34）、例（35）、例（36）。有时，这一格式还有后续句出现。如例（37）。

二是格式中的"C"是程度补语，通常动词"死"作程度补语。例如：

（38）乜个伢硬是把人磨死了，动不动就病了。

（39）他把人都笑死了。

三是格式中的"C"是结果补语，由动词或形容词充当，表示动作的处置结果。例如：

（40）他把几个亲戚下（都）走丢了。

（41）他把几个人下（都）得罪干净了。

（42）他把隔壁的狗子一家伙就打死了。

（43）他把帽子戴歪了。

（44）两个人引（照顾）伢还把伢搞病了。

（45）他把我吼痴（呆）了。

四是格式中的"C"是趋向补语或数量补语，通常由趋向动词充当趋向补语，由动量词充当数量补语。例如：

（46）她穿的么衣裳吵？恨不得把妈儿（乳房）都露出来了。

（47）她每天早晨把鸡子放出来，暗点（傍晚）把鸡子唤回去。

（48）你把他屋里的情况了解一下。

15.1.7　把 + NP + V + 得 + C

这一格式中的动词后出现带"得"的补语，补语通常是状态形容词或表示状态的动词性短语。例如：

（49）他把伢们吼得吓死八人的。

（50）他把个衣裳穿得歪七扭八的。

（51）他把个云搞得上不上下不下。

（52）他把屋里的鸡子撵得满天飞。

例（49）的"吓死八人"，例（50）的"歪七扭八"都是状态形容词作补语。而例（51）的"上不上下不下"和例（52）的"满天飞"都是动词性短语作补语，表示某种状态。

15.1.8 把+NP+V+了+得

这一格式是安陆方言里较特别的格式，句末的"得"字必不可少，表示动作的存续。格式中的动词通常都是持续性动词，表示某人或某物处于某种状态。例如：

（53）我把钱存了得。

（54）她的胯子（腿）到如今还跛了得，□［xɛ^{51}］（很）不方便。

（55）他们把乜个强头捆了得。

（56）我把筒子骨头煨在炉子高头得（我把筒子骨头煨在炉子上呢）。

（57）我把电脑打开了得。

15.1.9 把+NP+一+V

这一格式与普通话相同，格式中的"一"是状语，"V"通常都是单音节动词。例如：

（58）他把两个手一摊，说："我么事都冇拿，你看吵。"

（59）他把手一绕（挥），车就停在他的案头（身边、附近）去了。

（60）她把个伢儿扯命一□［ɥɛ^{35}］（使劲一吼），吓得个伢一家伙就哭起来了。

15.1.10 冇+把+NP+V+NP

这一格式是"把"字句的否定式，否定词"冇"位于"把"的前面，这与普通话里的否定词用法一致。例如：

（61）你们冇把妈当个事喔，一点儿都不讲点儿么家（什么）。

（62）他冇把你说的话当回事。

格式中的第一个"NP"是"把"字的宾语，可以是指人，如例（61），也可以指物，如例（62）。有时否定词"冇"的前面还可以出现副词"完全""简直"等。例如：

（63）他完全冇把你说的话当回事嗱。

（64）他简直冇把你说的话放在心上喔。

15.1.11　把 + NP + 不 + V + NP

这一格式也是"把"字句的否定式，否定词"不"位于"把"的后面。"把"后的"NP"可以指人，也可以指物。例如：

（65）他把你不当个人就结了。

（66）他把钱不当个钱，抓一把撒一把的。

（67）他完全不把乜个事放在心上。

15.2　处置句的特点

安陆方言处置句的语义结构特点与普通话一致，即表示施动者有意的行动，施动者行动的目的是对某人或某物进行处置，使其发生某种变化或受到某种影响。下面从处置句的被处置成分、处置句的动词、处置句的否定、处置句的时态、处置句的人称等方面总结安陆方言处置句的特点，这些特点大部分与普通话一致。

15.2.1　被处置成分

一是受事处置成分。

安陆方言处置句的被处置成分指"把"后的成分 NP。从语义的角度来看，安陆方言处置句的被处置成分主要是受事，是处置句动作行为所涉及的对象。这一类处置句里的动词往往表示有结果的动作，动词后有结果补语出现。例如：

（68）他把一大碗粥下（都）吃光了。

（69）我已经把饭煮熟了，你吃了再走。

二是施事处置成分。

被处置成分为受事的是典型的处置句。而广义的处置句的被处置成分并不限于受事处置句，还有施事处置句，即被处置成分在意念上是动作行为的发出者，谓语大多是不及物动词，整个处置句多用来表达不如意的事情，特别强调由于什么原因导致了什么结果、状态。例如：

（70）挖了一天的红薯简直把我累死了。

（71）如今的书包简直把伢们下（都）背成了驼子（驼背）。

（72）他做事慢腾腾的，把人都急死了。

三是处所处置成分。

被处置成分为处所，表示动作行为发生的空间位置。例如：

（73）我把安陆城跑高（遍）了。

（74）他把旮旮旯旯都搜了一遍，还是冇找倒。

四是工具处置成分。

被处置成分是工具，是动作行为所凭借的工具。例如：

（75）匕个伢成天吃糖，把牙齿都吃坏了。

（76）他拿起皮带就抽，把皮带都抽断了。

15.2.2 处置句谓语的特点

处置句的谓语不能只是一个简单的动词，动词前后必须还有其他成分，（刘月华等2003）要么动词后有其他成分，包括动态助词、补语或复指成分；要么动词前有状语；要么动词前有状语，同时后有补语。例如：

（77）他把衣裳洗了。

（78）我把书放在书架高头得。

（79）牛把地里的庄稼啃光了。

（80）你把屋里捡下（收拾一下）吵！来个人都下不了脚。

（81）过年的时候把猪杀了他。

（82）他把衣裳扯命（使劲）一拉，衣裳尽他撕得八丈风。

（83）他把饭下（都）吃光了。

上例（77）动词"洗"带了动态助词"了"。例（78）动词后带介词短语作补语，同时句末带助词"得"。例（79）动词"啃"后带补语"光"。例（80）动词"捡"带数量补语"下"，安陆方言里表达短时、少量意义的补语通常不用动词重叠形式，而是直接在动词后带"下"来表示。这也是安陆方言与普通话相区别的地方。例（81）是安陆方言特有的一种处置句式，动词后带动态助词"了"，同时还必须带复指成分"他"。例（82）是在动词前面出现状语"扯命（使劲）"和状语"一"。例（83）的动词前有状语"下（都）"，后有补语"光"。

这些例子都印证了学者们注意到的处置句的谓语动词不能只是一个孤零零的动词。

15.2.3　否定

普通话里，作为状语的否定副词、助动词等一般只能放在"把"的前面，不能放在"把"的后面动词的前面。而安陆方言则灵活一些，否定副词等状语可以在"把"的前面，也可以在"把"字短语和动词之间。例如：

（84）他把我一家伙就打倒了。/他一家伙就把我打倒了。

（85）他完全不把乜个事放在心上。/他完全把乜个事不放在心上。

（86）你完全冇把人当个事嘿！/你完全把人冇当个事嘿！

（87）他简直把钱不当个钱啰，抓一把撒一把的。/他把钱简直不当个钱啰，抓一把撒一把的。

例（84）—例（87）里的状语都比较灵活，斜线"/"前后的例子都成立。当然，安陆方言里也有少数否定副词"不敢""莫"等必须位于"把"前面的，这说明安陆方言的处置句有与普通话相同的一面，更有与普通话不同的一面，由此显示出方言特色。看下面的例子：

（88）他不敢把新衣裳穿出去。

（89）你莫把人当霉气（傻瓜）盘（糊弄）啰！其实我的心里下（都）晓得。

15.2.4　时态

这里说的时态是借用英语语法里的概念"时（tense）"，主要用来指动词表示的动作发生的时间，分为已然态、进行态和未然态。在传统英语语法里，有过去时、现在时和将来时三种。时态和时间关系密切，但并不总是一一对应。时间是一个普遍的概念，世界各国的人都有"过去""现在"和"将来"的时间概念，但各国语言表达时间概念的语法手段却不尽相同。汉语是通过添加词汇的办法来实现表达不同的时间概念的，没有类似于英语和法语中的动词词尾标志来表达不同的时间概念。前面第二部分描写了安陆方言处置句的十一种格式，这些格式并不是所有的时态都适用的，有的只能是未然态，有的只能是已然态，有的只能是进行态，有的格式还兼属不同的时态。

一是未然态处置句。

未然态处置句表示动作发生在将来，有"把 + NP + V + 了 + 他""把 + NP + V + 倒""把 + NP + V + 了 + 再 + VP"三种格式。下面各举一例：

（90）你把钱交了他。

（91）你把书包背倒。

（92）我把作业做了再来。

二是已然态处置句。

已然态处置句表示动作发生在过去，有"把 + NP + V + 了""把 + NP + V（成了） + NP""把 + NP + V + C + （了）""把 + NP + V + 得 + C""把 + NP + 一 + V""冇 + 把 + NP + V + NP""把 + NP + 不 + V + NP"七种格式。例如：

（93）我把衣裳洗了。

（94）温聪的妈把温聪当成亲儿子来养。

（95）他把鞋穿破了。

（96）他把门口的路挖得稀烂。

（97）他把人扯命（使劲）一吼，吓死人的。

（98）他简直冇把人当个客嘿。

（99）他把你给的东西不当个东西。

三是进行态处置句。

这里所说的"进行态"实际上是一种宽泛的从众的说法，严格说来，安陆方言里的处置句"把 + NP + V + 了 + 得"表示动作已经发生并处于持续状态，这类句子侧重于静态的持续性的动作。例如：

（100）我把门打开了得。

（101）他把灯关了得。

"把 + NP + V + C + （了）"式处置句可以兼属未然态和已然态，这取决于句子的人称和是否带"了"。当主语为第二人称，而且未带"了"时，句子是未然态；当主语为第一人称和第三人称，而且带"了"时，句子是已然态。例如：

（102）你把钉子钉在壁子（墙壁）高头去。（未然态）

（103）他说的话把人都笑死了。（已然态）

（104）我已经把菜择干净了。（已然态）

15.2.5 人称

安陆方言的处置句还牵涉到句子主语的人称问题。在上面所说的三种时态里，并不是所有的人称都适用。具体说来，有以下几个方面：

一是未然态处置句的人称。

"把＋NP＋V＋了＋他"只适用于第二人称，表示命令，第一人称和第三人称都不用这一格式。例如：

（105）你把书包了他。

（106）我把书包了他。（＊）

（107）他把书包了他。（＊）

上例中"＊"号表示该句子不成立。下同。

未然态里的另一格式"把＋NP＋V＋了＋再＋VP"则适用于所有的人称。例如：

（108）我把伢喂了再去上班。

（109）你把伢喂了再去上班。

（120）她把伢喂了再去上班。

二是已然态处置句的人称。

其一，"把＋NP＋V＋了"式处置句的人称。

这一格式的处置句只用于第一人称和第三人称，不用于第二人称。例如：

（121）我把桃子下（都）吃了。

（122）他把桃子下（都）吃了。

（123）你把桃子下（都）吃了。（＊）

例（123）单独不能成句，但如果表示未然，而且作为复句的分句则可以成立，我们可以说"你把桃子下（都）吃了我们吃□［mε^{51}］（什么）嘞？"

其二，"把＋NP＋V（成了）＋NP"式处置句的人称。

这一格式的处置句适用于所有的人称，不过，第二人称不能是陈述句，必须是疑问句，句子才成立。例如：

(124) 我把张老师认成了汪老师。

(125) 他把张老师认成了汪老师。

(126) 你把张老师认成了汪老师。（*）

(127) 你把张老师认成了汪老师啊？

其三，"把+NP+V+C+（了）"式处置句的人称。

这一格式的处置句适用于第一人称和第三人称，不用于第二人称。例如：

(128) 我把旅游鞋穿破了。

(129) 他把旅游鞋穿破了。

(130) 你把旅游鞋穿破了。（*）

其四，"把+NP+V+得+C"式处置句的人称。

这一格式的处置句适用于第一人称和第三人称，用于第二人称时必须有后续句，否则，句子不成立。例如：

(131) 我把乜一课的英语单词背得滚瓜烂熟。

(132) 他把乜一课的英语单词背得滚瓜烂熟。

(133) 你把乜一课的英语单词背得滚瓜烂熟。（*）

(134) 你把乜一课的英语单词背得滚瓜烂熟以后才能回去。

其五，"把+NP+一+V"式处置句的人称。

(135) 我把牛尾巴扯命（使劲）一逮，牛就□[mau^{51}]起来跑。

(136) 他把牛尾巴扯命（使劲）一逮，牛就□[mau^{51}]起来跑。

(137) 你把牛尾巴扯命（使劲）一逮，牛就□[mau^{51}]起来跑。

其六，"冇+把+NP+V+NP"式处置句的人称。

这一格式的处置句适用于所有的人称。例如：

(138) 我冇把你当个客啰。

(139) 他冇把人当个客嘿。

(140) 你冇把人当个客嘿。

其七，"把+NP+不+V+NP"式处置句的人称。

这一格式的处置句只适用于第三人称，用于第一人称和第二人称时，要有后续句，句子才能成立，否则，句子不成立。例如：

(141) 他把你给的东西不当个东西哟！

(142) 我把你给的东西不当个东西，看你有么狠气？

（143）你把他给的东西不当个东西，他不生气呀？

三是进行态处置句的人称。

进行态处置句"把+NP+V+了+得"不适用于第二人称，而适用于第一人称和第三人称。例如：

我把灯开了得。

他把灯开了得。

你把灯开了得。（＊）

从时态和人称的角度探讨安陆方言处置句的特点，一方面说明安陆方言的处置句的各种格式具有互补性，另一方面也说明，有些处置句虽然单独不能成立，但进入复句后句子是成立的，这佐证了邢福义先生（2001）的句管控观点。

第16章 被动句

被动句是用介词"被""叫""让"等引进施事（主动者），同时指明主语是受事（被动者）的句子。一般认为现代汉语被动句有两类：一是标记被动句，用"被、叫、让、给"等介词引进施事。二是无标记被动句，又叫意念被动句。这一类没有形式标志表明被动语态，由语义关系决定句子作被动理解。下面拟在前人研究的基础上，结合安陆方言描写安陆方言标记被动句的类型及其特点。安陆方言的标记被动句有如下几个类型："尽"字被动句、"把得"被动句、"着"字被动句。

16.1 "尽"字被动句

安陆方言里，"尽"字相当于普通话里的"让"，兼动词和介词。作动词用时表示"使役"义，可构成致使句。作介词用时表示"被动"义，引出施事，构成被动句。"尽"字被动句是安陆方言典型的被动句，使用频率非常高。有以下三种格式。

16.1.1 受事+尽+施事+V+了

这一格式的"尽"字作介词，与其引出施事构成介宾短语，修饰句子里的谓语动词。介宾短语前面也可出现范围副词"下（都）"。谓语动词后带助词"了"必须出现，表示动作的完成。例如：

（1）管子尽渣子堵了。
（2）鸡子尽黄鼠狼吃了。
（3）他尽汽车撞了。
（4）他尽蜂子（蜜蜂）把手锥（蜇）了。

(5) 衣裳下（都）尽火烧了。

(6) 田里的谷下（都）尽虫子踩了。

16.1.2 受事+尽+施事+V+C+了

这一格式里的"C"表示补语，补充说明动作行为的结果。补语后面的"了"是这一格式必不可少的。例如：

(7) 他的屋里的狗子尽别个打死了。

(8) 床尽伢们跳塌了。

(9) 碗尽冰冰打破了。

(10) 纸下（都）尽他们用光了。

(11) 屋里的家业下（都）尽他败干净了。

(12) 鱼尽财喜儿（猫）吃干净了。

(13) 煨的排骨下（都）尽他吃干净了。

(14) 河边上田里的白菜尽水沕（淹）死了。

(15) 我的书尽他拿去走了。

(16) 兮（那）件衣裳已经尽别个买去走了。

(17) 军训的教官尽二班的学生请去走了。

(18) 门高头的对子（对联）尽别个撕去跑了。

(19) 电线尽白抄子（小偷）偷去跑了。

上述例子中"尽"字引出的施事大部分指人，小部分指物，如例（12）和例（14）。从补语的角度来看，有动词补语，如例（7）、例（8）、例（9）、例（14），有形容词补语，如例（10）—例（13），还有趋向补语和结果补语同时出现的，如例（15）—例（19）。

16.1.3 受事+尽+施事+V+得+C

这一格式的谓语动词后面出现带"得"的补语，补充说明动作行为的某种状态，可以是状态形容词充当补语，也可以是短语充当补语。补语后面不出现"了"。例如：

(20) 道场高头晒的谷尽雨□[tʂʰua³¹]（淋）得切湿。

(21) 菜园里的菜尽强徒（小偷）偷得一根毛都冇得。

"尽"字被动句的否定用副词"莫"，"莫"在"尽"的前面。

例如：

（22）千万莫尽他听得巧。

（23）你要争一口气，莫尽别个耻笑。

安陆方言表示"被动"义的介词"尽"引出句子的施事，同时指明句子的受事。施事和受事都是"尽"字被动句必须出现的成分。"尽"字表被动来源于它的动词义"致使、容许、任凭"。虚化为被动标记词的过程与普通话里的"叫"相似，在江淮官话和西南官话区域内作被动句的标记非常普遍。（左林霞 2004）

16.2 "把得"被动句

这一格式的被动句主语多为指人的受事，"把得"引出的施事也是指人的，常为不定指的"别个"，不能省略，其格式为：受事+把得+施事+V。与"尽"字被动句不同的是，谓语动词后面不带助词"了"，也不带补语，表面上看谓语动词是光杆动词，实际上这一格式的被动句有一个不可缺少的词"去"，它和另一个谓语动词构成连谓结构，"去"可以在"把得"之前，也可以在"把得"之后。例如：

（24）你去把得别个说，几划不来耶！

（25）你老了老了把得别个去谈讲，你未定舒服啊？

（26）你的媳婆（老婆）把得别个去谈斤估量（议论）的，你不管下啊？

这一格式的被动句通常指人遭受某人的议论，其动词常常是"说""谈讲""谈斤估量"等，这几个动词在安陆方言里是同义词，"说"在这里相当于普通话里的"说三道四"或"谈论""议论"。另外，安陆方言里，"把得"被动句常作为句子的一个分句，即"把得"被动句通常有后续句出现。

与安陆紧邻的孝感方言里，有"把"字被动句，也有"把得"被动句，二者可以互换，它们都是从动词的"给予"义演变而来的。（左林霞 2004）而安陆方言里只有"把得"被动句，没有"把"字被动句，而且"把得"被动句的使用范围不如"尽"字被动句广泛，它只用于施事、受事都指人的被动句里，表示某人遭受某人的议论。当然，与孝感方言一样，"把得"也有动词和介词两种词性。动词"把得"有"给予"义，相当于普通话里的"给"，如："你把钥匙把得他。"介词表示"被动"义，相当于普通话里的"被"，如："他经常把得别人去谈讲，心里真是有得坨坨（没有数）儿！"

安陆方言里，"尽"字被动句比"把得"被动句的使用频率要高，"把得"被动句可以换成"尽"字被动句，但"尽"字被动句不一定全能换成"把得"句，因为如前所述，"把得"被动句有其特殊的使用范围，"把得"被动句的主语一般指人，"尽"字被动句的主语一般指物；"把得"被动句一般不能单独成句，句子的谓语动词后可不带动态助词、补语、宾语等成分，有后续句，其否定式是用"莫"表示否定。例如：

（27）你莫去把得别个说。

16.3 "着"字被动句

这一格式的被动句里受事、施事必须出现，受事可以指人，也可以指物。"着"相当于普通话里的"被"，其后的施事指人，不能省略，格式为：受事+着+施事+V（+C）+了。例如：

（28）他的屋着他卖了。
（29）废报纸着他拿去卖了。
（30）乜（这）把锹着他拿去跑了。
（31）钱着百抄子（小偷）偷去跑了。
（32）山上的树着别个砍光了。
（33）他的家家爹爹（外公）着日人（日本人）杀了。

"着"字被动句通常表示已经完成的遭受意义，所以动词后要出现动态助词"了"。如果要表达否定的意义，则"着"字被动句改成"尽"字被动句，否定词用"有"或"莫"。如上面的例子可以这么否定：

（34）他的屋莫尽他卖了。
（35）废报纸有尽他拿去卖。
（36）乜（这）把锹莫尽他拿去跑了。

（37）钱莫尽百抄子（小偷）偷去跑了。

（38）山上的树莫尽别个砍光了。

（39）他的家家爹爹（外公）冇尽日人（日本人）杀死。

安陆方言的标记被动句除了上述几种格式外，还有"被"字被动句，是普通话影响的结果，往往是读书人或年轻人说。如"张三被别个怀疑偷了李四屋里的鸡子"。

安陆方言的三种常用标记被动句总体上看施事必须出现，这是三种格式的共性，也是安陆方言标记被动句与普通话被动句的差别之一。除此之外，"把得"和"尽"在安陆方言里兼有动词和介词两种用法，表明它们并没有像普通话里的"被"那样完全虚化成一个单纯的表示被动的介词。而"着"则没有动词用法，它的虚化程度很高。

从使用频率上看，这三种标记被动句中"尽"字句使用频率最高，安陆口语性最强，最地道，一旦表示遭受意义，则可用此句式，它完全可以无条件地替换其他两种格式。"着"字被动句可能是邻近方言进入的。"它在孝感方言的几种标志被动句中使用范围最广，可以看作孝感方言标记被动句的代表形式。"（左林霞2004）"把得"被动句也是安陆方言比较地道、使用频率比较高的一种被动句。在湖北江淮官话的鄂东方言里有这种格式，湖北赣语的通山话里有这种现象，湖北西南官话的武汉话里也有这一用法。安陆处在江淮官话和西南官话的毗连带，对江淮官话和西南官话的被动标记采取了兼容的方式。

第 17 章　致使句

致使句是由一类动词的作用而致使、引起、导致另一类动词的出现，并成为其前一类动词的结果，前一类动词具有［+致使］语义特征的句子。（邢欣2004）致使句是由一个动宾短语和一个主谓短语套叠构成的。它包括致使主体、致使客体、致使动作和致使结果四个要素。致使句的基本结构形式是 NP1 + VP1 + NP2 + VP2。NP1 是名词或名词性短语，在致使句中发出 VP1 动作，是句子的主语。NP2 身兼两职，既是 VP1 的宾语，同时又是 VP2 的主语；既是 VP1 的受事，同时又是 VP2 的施事。致使句中 VP1 和 VP2 之间有因果或目的结果关系。对致使句的分类，主要依据 VP1 的语义特征。游汝杰（2002）把语法学界所提到的 V1 总结为 11 类，包括使令、命令、劝令、委托、提供、推举、协同、协助、跟随、喜恶、有无。下面，根据 VP1 的语义特征，兼顾典型的句法结构和意义表达，把安陆方言的致使句分为八大类进行描写。

17.1 "使令"义致使句

"使令"义致使句包括请求、命令、催逼、派遣四个小类。

17.1.1 "请求"类致使句

安陆方言里，这一类致使句的第一个动词常见的有"请""请求""要""求"等，表达强使役的意义。后一个动词表达前一个动词的目的或结果。例如：

（1）我们请他到屋里来做客。
（2）他要我们先走。

（3）张燕求我给她的屋里打个电话。

17.1.2 "命令"类致使句

命令类致使句的第一个动词常见的有"尽（让）""叫""命令""劝"，等等。例如：

（4）尽他吃饱喝足。
（5）尽他先说。
（6）莫尽他占我们的便宜。
（7）他尽他的伢参军去了。

这类致使句有"放任某人做某事"之意。

（8）我要叫他晓得我的狠气（厉害）。
（9）老师叫我们不到河里去玩水。
（10）婆婆劝我放马虎些，莫跟他们一般见识。
（11）上级命令我们马上出发。

这类致使句有强使役的意思。

17.1.3 "催逼"类致使句

这类致使句的第一个动词表示催促、逼迫的意义。安陆方言里常见的这类动词有"催""逼"。例如：

（12）他们催新方快抹点儿（快点儿）攮饭（做饭）吃。
（13）他逼倒托托做作业。

17.1.4 "派遣"类致使句

这类致使句的第一个动词有"派遣"的意义。常见的有"派""动员""鼓励"，等等。例如：

（14）学校派他去参加比赛。
（15）乡政府农闲时动员群众修渠挖塘。
（16）县里派他们来我们喏儿（这儿）检查计划生育工作。
（17）老师鼓励他大胆地讲出自己的心里话。

17.2 "嘱托"类致使句

这类致使句的第一个动词表示"嘱咐""委托"的意义，常见的动词有"嘱咐""托""提醒""号召"，等等。例如：

(18) 妈总是嘱咐我们做事要打心上过（认真）。
(19) 他托我给他买火车票。
(20) 他拜托老师关照下他的小伢儿。
(21) 他的媳婆儿提醒他注意安全。
(22) 党中央号召知识青年上山下乡。

第18章 比较句

比较是一种常见的思维方式，是语言里很重要的一种范畴，汉语里最早研究比较问题的是马建忠先生，他把古代汉语的比较分为平比、差比和极比三类。（马建忠1983；吕叔湘1982）现代汉语比较句是指谓语中含有比较词语或比较格式的句子（车竞2005）。比较句"在语义上由四个方面的五项要素构成：a. 参比项，包括参比甲项（比较主项）和参比乙项（比较客项或称参照项）；b. 比较；c. 比较视点；d. 比较结论"（汪国胜2000；邢福义2002）。安陆方言属于湖北境内的江淮官话。根据汉语比较句的定义和构成要素，考察安陆方言的比较句，在描写安陆方言比较句格式类型的基础上分析安陆方言比较句的特点和各类比较句格式的构成条件，这无疑会丰富普通话比较句的研究，加深对普通话比较句的理解和认识。根据比较的目的，把安陆方言的比较句分为两大类：示差比较和显同比较。每一类各有若干小类。

18.1 示差比较

示差比较是通过比较显示出参比项在某方面的差异。示差比较句主要有不及比较、胜过比较、递进比较、极度比较等。

18.1.1 不及比较

不及比较指参比项的一方不及另一方，在语言形式上出现否定词，不出现"比"，最终显示一方与另一方的差异。不及比较又可以叫否定比较。在安陆方言里有以下几类格式：

一是甲冇得乙 A。这一格式不出现比较词"比"，只出现否定词

"冇得"，"甲"指参比项的比较主项，"乙"指参比项的比较客项，"A"指比较结论，往往是形容词，下同。属于否定比较，相当于普通话里的否定比较"甲不如乙"。例如：

（1）小莲冇得艳艳贼（漂亮）。

（2）猪肉冇得鸡肉香。

（3）火车冇得飞机快。

此格式含有"甲比乙更A"的意思；而且格式中的形容词往往为褒义的。如上两例通常不说：

（4）小莲冇得艳艳丑。

（5）猪肉冇得鸡肉臭。

（6）火车冇得飞机慢。

因此，否定比较往往更强调比较中的"乙项"，说明"乙项"的程度更深，相当于英语里的比较级"更怎么样"。如例（1）说的是"艳艳更贼（漂亮）"，例（2）说的是"鸡肉更香"，例（3）说的是"飞机更快"。另外，"冇得"比较句可以在其形容词前面加"乜（那）"，表示程度。通常在"冇得"比较句里出现"乜"往往比较的是量的程度差异。例如：

（7）我们诺伙冇得他们诺伙乜热闹。（我们这里没有他们那里那么热闹。）

二是甲不如乙A。这一格式是直接比较两个方面，比较的两个对象可以是人、物，也可以是动作行为。这一格式也是否定比较，不及比较。例如：

（8）倩倩不如艳艳巴家（顾家）。

（9）六生不如新林彻趟（敏捷、灵活）。

（10）打工不如读书有出息。

（11）吃肉不如喝汤。

（12）求人不如求己。

从上面的例子可以看出，这一格式可以不出现表示评价的形容词，而是出现动宾格式，如"有出息"。有的还直接表明对象"甲"不及对象"乙"，通常两个比较对象是动作行为，如例（11）的"吃肉""喝汤"等。当然，形容词的出现与否要看说话人所要表达的重点是什么。

当说话人想要强调自己的评价时，形容词当然要出现；当说话人想要强调比较的双方，尤其是两个动作行为的比较时，形容词不出现。

三是甲不像乙 A。这一格式也是否定比较，不及比较。不出现比较词"比"，参比项一般多是人或物，也可以是动作行为。比较结论一般都要出现，可以是性状，也可以是动作行为，同时在性状和动作行为前往往有指示代词"乜么（那么）"或"乜（那）"修饰。例如：

（13）他不像他的兄弟乜么（那么）横紧（蛮不讲理）。

（14）他不像他的妈乜结作（吝啬）。

（15）许辉不像肖金乜么（那么）会做生意。

（16）上班不像在屋里，想么样搞就么样搞。

"冇得"比较句和"不像"比较句都表示一方不及另一方，是否定比较，在性质形容词、心理活动动词、能愿动词构成的动宾短语这几个方面，二者都能成立。但状态形容词和复杂谓词性成分只适用于"不像"比较句。在语用方面，"冇得"比较句重在对"甲"的否定，表明在某一性状中，甲不如乙。"不像"比较句重在对乙的肯定，表明在某一性状上"乙"强于"甲"。比较下面的句子：

（17）我冇得他有板眼。（我没有板眼，他有板眼。）

（18）我不像他有板眼。（我有板眼，但他比我更有板眼。）

四是甲不比乙。这一格式也是否定比较，不及比较。跟前面几类不及比较句不同的是直接在比较词"比"前加否定词"不"构成的否定比较，而且这个"比"是动词。参比项多是时间，比较结论一般不出现，往往有后续句出现。例如：

（19）恁咱儿（现在）不比往常（过去），随么事方便多了。

（20）你恁咱儿（现在）不比年轻的时候，莫动不动就喝拆了（喝醉了）。

（21）今朝（今天）不比昨儿（昨天），来了乜多人，你莫乱瞎搞。

五是甲比不上乙。这一格式也是否定比较，不及比较。格式中的"比"不是介词，而是动词，其否定比较是通过动词"比"的可能补语实现的，它的肯定可能的"比得上"。而且，比较结论不是直接跟在参比项后面，而是有一个后续句表达比较结论，而且这个表达比较结论的后续句是一个肯定的比较句，往往是否定、肯定并存，以强调比较的差异。例如：

（22）秦镇林比不上黎光胜，黎光胜忠厚些。

（23）今年的糯米比不上去年的，去年的产量高一些。

（24）他做的新屋比不上徐国强的，徐国强的看起来大样（气派）些。

六是甲抵不倒乙。这一格式不出现比较词"比"，通常不出现比较结论，或者说比较结论隐含在句中。就参比项来说，比较甲项在整体数量上要多于比较乙项，但"抵不倒"比较乙项，强调的是甲乙两个参比项数量上或质量上的不等同。例如：

（25）我们两个人的收入加起来还抵不倒文林一个人的。

（26）他们三个人的力气加起来还抵不倒他一个人的。

（27）恁咱儿（现在）的高中生还抵不倒往常的高小生。

（28）三个臭皮匠抵不倒一个诸葛亮。

七是甲跟不倒乙。这一格式也是否定比较，不及比较。格式里不出现比较词"比"，而是用"跟不倒"，表示"比不上"的意思。参比项往往是人或动作行为。比较结论可以紧随比较项出现，也可以不紧随比较项不出现，不紧随比较项出现时，需在下文出现，既有后续句补充比较的结论，出现的比较结论可以是性质，也可以是动作行为。例如：

（29）前头走的跟不倒后头爬的。

（30）在外头做事随么样（不管怎么样）跟不倒屋里舒服。

（31）江安的媳婆儿跟不倒木安的媳婆儿，木安的媳婆儿懂事儿些。

（32）学木匠跟不倒学砌匠，学砌匠赚钱些。

八是甲不及如乙。这一格式也是否定比较，不及比较。格式里不出现比较词"比"，而是用"不及如"，表示"比不上"的意思。比较的往往是甲乙双方在技术、水平、能力等方面的差异。参比项多是人或事，往往不是动作行为。比较结论不出现。例如：

（33）我混得差些，总是觉得不及如人。

（34）周晓兵的技术不及如陈东晖的技术。

（35）乜件衣裳的式样还不及如你身上穿的乜一件。

18.1.2 胜过比较

胜过比较字面上都是肯定比较，通过比较，显示出一方在某方面胜过另一方，体现出比较双方的差异。包括以下几个格式：

一是跟甲相比，乙 A 一些。这一格式出现比较词"比"，引出比较的对象，相当于普通话里的典型比较句式"乙比甲 A 一些"。例如：

（36）跟小莲相比，艳艳贼（漂亮）一些。

（37）跟小平比，大平矮一些。

（38）跟坐汽车比，坐火车舒服一些。

这些比较句跟普通话里典型的比较句式相比，甲、乙两项的顺序正好相反。如果用普通话表达，上例表述为：

（39）艳艳比小莲贼。

（40）大平比小平矮。

（41）坐火车比坐汽车舒服。

当然，这一格式普通话里也常见。是普通话和方言里都有的比较句式。

二是在 X 范围中，其中某一项 A 一些。这一格式不出现比较词"比"，但要求有一个特定的范围，通常由一个介词结构引出这个比较的范围。整个比较句强调的是这个范围里的某一个个体更怎么样。例如：

（42）在他们几个当中，刘林要差一些。

（43）在我的几个初中同学中，就是他的屋里条件好一些。

（44）托托的语数外三门课中，外语差一些。

上面的例子里都有一个介词结构引出的范围，这个介词结构作整个句子的状语。另外，这一格式里的形容词跟其他比较格式里的形容词一样都有反义词，像"差""强"等形容词有其反义词形容词"好""弱"，这些形容词本身含有等级的比较，即"差""强"含有两个或两个以上的比较而显示出的等级特性。

这一格式里还有一个不可缺少的成分"一些"，用以补充说明形容词的程度。上面例子里的"一些"都不能省略。如果省略，则句子表达不完整。这一格式也是普通话和安陆方言都有的比较句式。

三是甲＋A＋乙＋数量。这一格式不用比较词"比",直接把形容词放在需要比较的两者之间,其后必带比较的数量。例如：

(45) 他小我三岁。

(46) 托托高冰冰一个脑壳。

(47) 他矮我一大截。

这一格式相当于普通话里的"乙＋比＋甲＋A＋数量"。上面的例子都可以用普通话表达为：

(48) 他比我小三岁。

(49) 托托比冰冰高一个脑壳。

(50) 他比我矮一大截。

这一格式也可以调换"甲"和"乙"的位置,调换以后必须用句中形容词的反义词,这样表达的意思和调换前是一样的,比较句格式表面看也一样。如上例都可以这么说：

(51) 我大他三岁。

(52) 冰冰矮托托一个脑壳。

(53) 我高他一大截。

这一变化格式用普通话这么说：

(54) 我比他大三岁。

(55) 冰冰比托托矮一个脑壳。

(56) 我比他高一大截。

这一比较格式里所用的数量往往显示出比较的具体方面,给人明确具体的比较程度,如"三岁""一个脑壳"。也可以是模糊数量,如"一大截"。当句子里用具体数量时,形容词前面可以出现"至少""最多"之类的副词,当句子里用模糊数量时,形容词前面不能出现副词。如上面的例(48)、例(49)两例可以用"至少""最多"来修饰句中的形容词,而例(50)则不能用"至少""最多"修饰句中的形容词。

四是甲比乙A一些。这一格式用了比较词"比"。普通话里也常见这一格式。例如：

(57) 梨子比苹果水分足一些。

(58) 女伢比儿伢乖一些。(女孩比男孩乖一些。)

（59）语文比数学好学一些。

这一格式里也出现了补充说明的数量"一些"，不过跟其他格式里出现的"一些"略有不同，那就是这一格式里的"一些"可以去掉而不影响比较句意思的表达。加上"一些"，使表达显得舒缓、自然，口语意味更浓一些。如上例都可以这么说：

（60）梨子比苹果水分足。

（61）女伢比儿伢乖。（女孩比男孩乖。）

（62）语文比数学好学。

五是甲跟乙 A 些。这一格式中的"跟"相当于普通话里的"比"，整个格式等于普通话的"甲比乙 A 一些"。例如：

（63）我的饭量跟他的饭量大些。

（64）冬天南上屋里跟北上屋里热和些。

（65）今朝跟昨儿热些。（今天比昨天热一些。）

这一格式里的形容词后面直接加"些"表示补充，使表达舒缓，同时表明说话者的主观感受。如果省略这个"些"，则使表达显得武断、生硬，表达一种客观的评价。试比较下面的例句：

（66）小林的衣裳跟小琴的衣裳贵些。

（67）小林的衣裳跟小琴的衣裳贵。

因此，安陆人用这一格式表示比较的时候一般不会省略"些"。而普通话里"一些"的省略与否不影响句子意思的表达。如上面的例子在普通话里都这么说：

（68）我的饭量比他的饭量大一些。/我的饭量比他的饭量大。

（69）冬天南边屋里比北边屋里暖和一些。/冬天南边屋里比北边屋里暖和。

（70）今天比昨天热一些。/今天比昨天热。

（71）小林的衣裳比小琴的衣裳贵一些。/小林的衣裳比小琴的衣裳贵。

六是甲跟乙哪个 A 些嘞？这一格式是疑问句里的比较，其中的"跟"是连词，不是介词，相当于连词"和"。特点是直接用连词"跟"连接两个比较的对象，其后用疑问代词"哪个"表示疑问，"形容词 + 些"表示比较。例如：

（72）麦子跟谷哪个贵些嘞？

（73）他跟你哪个大些嘞？

（74）豆豆跟丁丁哪个高些嘞？

与肯定比较句不同的是，疑问比较只是提出比较的疑问，并没有得出比较的结论，比较的结论要在其后的答话中给出。跟普通话疑问比较不同的是，这一格式的比较句不出现比较词"比"，而普通话的疑问比较要出现比较词"比"或"相比"。如上面的例子可以这么说：

（75）麦子跟谷相比哪一个贵一些？

（76）他跟你相比哪一个大一些？

（77）豆豆跟丁丁相比哪一个高一些？

普通话里的这类疑问比较句句末一般没有语气词，这跟安陆方言疑问句的表达特点有关，详细情况可参见安陆方言疑问句。

18.1.3　递进比较

递进比较是比较数量上的递增或递减，格式是"时间数量 + A + 时间数量"。这一格式不用比较词"比"，而是在比较的对象后面直接用两个表示时间的数量结构，而且在两个数量结构中间用一个形容词。在内容上不断递进，即所谓的递比句。例如：

（78）爹爹一年老一年，要好生儿地招呼。

（79）伢们一年大一年，要好生儿地教他们。

（80）猪儿一天大一天，要加一点儿粥吃。

这一结构相当于普通话的"时间数量 + 比 + 时间数量 + A"，也就是说普通话里这一类比较格式里形容词的位置跟安陆方言的这一类比较句不同。上面的例子普通话这么说：

（81）爷爷一年比一年老，要好好地照顾。

（82）孩子们一年比一年大，要好好地教育他们。

（83）猪崽一天比一天大，要加一点儿粥吃。

这一格式的否定不是在形容词前加否定词"不"，而是跟递比的形容词的意义有关，当说话人表达递增的比较意义时，比较句没有否定形式。如上面的例子都不能这么说：

（84）爹爹一年不老一年，要好生儿地招呼。（＊）

（85）伢们一年不大一年，要好生儿地教他们。（*）

（86）猪儿一天不大一天，要加一点儿粥吃。（*）

当说话人表达消极的递进比较意义时，用"不如"表示否定。例如：

（87）他的身体一年不如一年。

（88）生意不好做，恁咱儿（现在）的收入一天不如一天。

（89）他的徒弟一届不如一届。

18.2 显同比较

显同比较是通过比较显示出参比项的同一，包括精确显同比较和模糊显同比较两类。

18.2.1 精确显同比较

精确显同比较格式是"甲跟乙一样 A"。这一格式不用比较词"比"，而是用"一样"表示两个比较的对象同等。虽然两个对象具有相同的性质，但整个句子还是含有比较的意味。说两个对象性质同等，是在比较之后得出的结论。所以这一格式可以说是隐性比较，这种隐性比较是说话者得出结论之前的心理比较。看下面的例子：

（90）苹果跟香蕉一样贵。

（91）晶晶跟星星一样高。

（92）萝卜跟白菜一样相因（便宜）。

这一格式里比较的视点，即参比两项进行比较的方面，隐含在形容词里，也就是说例（90）的比较视点是"价钱"，而这个"价钱"并没有在字面上出现，而是附着在其后的形容词"贵"上，指价钱的贵。同样，例（91）的比较视点是身高，例（92）的比较视点是价钱。如果出现比较的视点，则句子里的形容词不出现。上面的例子我们可以这样说：

（93）苹果的价钱跟香蕉一样。

（94）晶晶的身高跟星星一样。

（95）萝卜的价钱跟白菜一样。

只不过这样的表达仅仅是一种客观的评价，着重强调比较对象的同一性。所以，一般情况下还是出现形容词，来表示说话者的主观感受。普通话和方言都有这一格式。

18.2.2　模糊显同比较

模糊显同比较指比较后比较双方不完全等同，而是大致等同。格式是"甲跟乙差不多A"或"他们差不多A"。这一格式不用比较词"比"，而是用"差不多"，表示两个比较的对象大致等同。这一格式也属于隐性比较，即说话者在得出这一大致同等结论之前的心理比较。例如：

（96）他们两个人的个子差不多大。

（97）琪琪跟月月的鞋码子差不多大。

（98）他的老人跟你的老人年纪差不多大。

这一格式跟精确显同比较一样是隐性比较，显同比较格式用"一样"，表示完全等同，这一格式用"差不多"，表示大致等同。除此之外，二者最大的差别是这一格式里比较视点都出现了，而且其中的形容词完全可以省去不说，这样并不影响意思的表达。如上面的例子都可以这么说：

（99）他们两个人的个子差不多。

（100）琪琪跟月月的鞋码子差不多。

（101）他的老人跟你的老人年纪差不多。

安陆方言比较句跟普通话相比有同有异，同的是小部分，异的是大部分。从整体表示比较的句子格式来看，安陆话比普通话丰富。从比较的目的来看，安陆方言的比较句分为两大类：示差比较和显同比较，其中包括平级比较和非平级比较，肯定比较和否定比较，疑问比较和陈述比较，标记比较和非标记比较等。这些都是从不同的角度分的类别。有安陆方言特色的比较句有自己的构成条件：一是有的比较句必须带数量，如胜过比较句；有的比较句必须带不定量"一些"，而有的可带可不带"一些"，带上，只是表达缓和的语气；时间数量结构只有在表达顺序义，且程度差别随时间而变时才能构成比较句，而且前后两个数量结构的数量相同，如递进比较。二是比较必须有范围，包括显性的和隐性的。大部分比较是显性的比较，如示差比较；小部分是隐性比较，如显同比较。三是形容词本身含比较意味，即形容词一般是性质形容词，有褒义和贬义，选择其中的一个意义，就意味着舍弃它相对的另一个意义，说话人在表达的时候是经过比较才作出的选择。四是比较句多为不带标记词"比"的格式，语序跟普通话相比多有不同，而且大部分比较句里的比较项有两项，但有的比较句只在字面上出现一项。就比较句格式的使用频率来看，安陆方言也有带"比"字的比较句，但多数是不带"比"的比较句。不带"比"的比较句使用频率高一些。

第19章 疑问句

对于汉语的疑问句，吕叔湘先生分为两类，一是特指问，二是是非问。在《语法学习》中，吕先生将疑问句分为三类：特指问、是非问、选择问。在《现代汉语语法提纲》中，他将疑问句分为四类：特指问、是非问、正反问、选择问。（吕叔湘 1976，转引自林裕文 1985）1985年朱德熙先生在《中国语文》上发表《汉语方言的两种反复问句》以后，汉语的反复问句逐渐成为人们关注的热点，对反复问句的定义、结构、生成以及在汉语各方言中的分布，国内外的学者都进行了较为深入的探讨（贺巍 1991；陈妹金 1995；陈泽平 1998；徐杰 1999；徐烈炯、邵敬敏 1999；闭思明 2002），初步达成了一些共识，但仍存有一些分歧意见：一是"K-VP"句型是不是反复问句；二是"K-VP"与"VP-neg-VP"两种句式能否共存于同一种方言。朱德熙（1985）、刘丹青（1991）、李小凡（1998）等先生对"K-VP"句型进行了深入的探讨。对于第二点，朱德熙（1985）曾审慎地指出，这两种句式互相排斥，不能在同一个方言里并存。但随后王世华（1985）、施其生（1990）发现，在扬州和汕头方言里，两种句式是并存的。

安陆方言的疑问句系统与普通话相比有同有异，尤其是是非问和正反问[①]与北京话的差异较大，这主要表现为疑问句的格式及语气词的运用有差别。本章将对安陆方言的疑问句系统进行描写，并在此基础上将安陆方言疑问句与北京话疑问句进行比较，进一步分析安陆方言疑问语气词在疑问句中的地位，最后探讨安陆方言正反问句的历史层次及安陆方言正反问发达的原因。

---

① 对疑问句的小类名称，我们采用吕叔湘先生的分类术语：特指问、是非问、正反问、选择问。

19.1 特指问

特指问是用疑问代词提问的疑问句。安陆方言的特指问主要有两种类型，句末都要用语气词。

19.1.1 "IP+欵"式

格式里的"IP"是疑问代词 interrogative pronoun 的缩写，语气词"欵"相当于普通话里的语气词"呢"，但在句子里会随其前音节的尾音变化而发生变化。（详见第 2 章的语气词）这种问句的词序跟陈述句一样，提问句子的哪个成分，就把疑问代词放在哪个成分的位置上。在这一点上，安陆方言与普通话是一致的，只不过安陆方言的疑问代词与普通话的疑问代词在词形上略有区别：安陆方言的"哪个"相当于普通话里的"谁"，"么事"或"母事"或"嘜［mε^{51}］"相当于普通话里的"什么"，"几多"相当于普通话里的"多少"，"几"相当于普通话里的"多"，"做么事"相当于普通话里的"为什么"，"怎么儿"相当于普通话里的"怎么"或"怎么样"，"几昝儿"相当于普通话里的"什么时候"，"哪哈儿"或"哪儿"相当于普通话里的"哪里"。例如：

（1）乜（那）群学生里头哪个是你的儿子欵？

（2）你们班上有几多学生嘞？

（3）你一天到黑在屋里搞嘜嘞？总是看不倒你的人影。

（4）你来做么事欵？

（5）你乜埋儿（这次）出去打工赚了几多钱嘞？

（6）你的屋里离倒城里有几远嘞？

（7）你做么事要打我嘞？我又冇惹请你。（你为什么要打我呢？我又没有惹你。）

（8）落乜（这）大的雨，他是怎么儿来的耶？

（9）他的屋里人对于你怎么样欵？

（10）怎么儿欵？你今朝（今天）不能去送他啦？

（11）他们昨儿晚行（晚上）几咱儿到的屋欵？

（12）他乜（这）几天到哪哈儿去了欤？老看不倒他。

19.1.2 "NP+欤"式

格式里的"NP"可以是名词、代词或名词性短语，语气词"欤"相当于普通话里的语气词"呢"。这一格式的特指问用来询问处所，表示"……在哪儿"的意思。例如：

（13）托托，你的英语书欤？

（14）肖遥欤？

（15）你的行李耶？

这一格式的特指问往往作为始发句，有时后面再接一个特指问句，表示说话人的强调疑问。如上面的例子后面都可以根据说话人的需要再加一个特指问：

（16）托托，你的英语书欤？你放到哪哈儿去了欤？

（17）肖遥欤？怎么儿眨个眼睛就不见了欤？

（18）你的行李耶？放在哪哈儿去了欤？

19.1.3 "S+欤"式

格式里的"S"是一个陈述句，语气词"欤"同样会因其前音节尾音的不同而发生变化，相当于普通话里的语气词"呢"，它附在陈述句的后面构成特指问，表示"如果……，那么应该怎么办或做什么？"的意思。例如：

（19）到了喏儿以后欤？（到了那里以后做什么呢？）

（20）他不跟我说唰？（他如果不跟我说，那该怎么办呢？）

（21）学校不出钱唰？（学校如果不出钱，那我们该怎么办呢？）

19.2 是非问

是非问是提出一个问题，要求作出肯定或否定回答的问句。安陆方言的是非问，从形式上看，有以下三类：

19.2.1 语调式

这一格式的在语表形式上，不出现任何疑问词或疑问语气词，只是用上扬的语调（零形式）来表示疑问，如果句末不用问号，说话时不用上扬的语调，则是一个陈述句。例如：

(22) 你吃了的？（见面打招呼）

(23) 我们下（都）去？那你的屋里怎么住得下呢？

(24) 你硬是要走？我们怎么就留不住你啦？

这种语调型是非问完全靠语调的上扬来表达疑问的语气。书面上如果不用问号而用句号，则是一个陈述句，口头表达的时候语调如果不上扬就是肯定的陈述句。在语用价值上，这种类型的是非问句疑问度很低，几乎是明知故问。如第一例，是见面打招呼的用语，虽然是疑问的形式，但这种疑问几乎并不问什么，只是把自己有把握或已认识到的事实用疑问的形式说出来，要求交际对方的附和或是诱导对方作出更明确的解释回答。

安陆方言里不带语气词的是非问需要在一定的语境中使用，而且说话人往往用这一格式表达惊讶、怀疑等情绪，有时候语气显得比较生硬。

19.2.2 "哨"字式

"哨"字是非问相当于北京话里的"吧"字是非问。安陆方言里，疑问度很低的是非问句末尾通常用语气词"哨"，有时也直接用语气词"吧"，不过这样的用法比较少，不如用"哨"地道。例如：

(25) 今朝（今天）蛮冷哨？看你的脸冻得通红哦。

(26) 我好像听哪个说了乜（这）个事儿的，是他又尽（让）公安局里抓去走了哨？

(27) 你老儿身体还扎实哨？

(28) 他下（都）晓得了，是你跟他说的哨？

(29) 今朝（今天）要考试，大家下（都）到齐了吧？

从上面的例子我们可以看出，安陆方言的"哨"字是非问的疑问度很低。如最后一例表达的甚至只是问话人的一种愿望，疑问度甚至为零。这一类问句表示揣度语气，问话人有很强的心理倾向，只是还没有十分的把握，发问的目的只是想证实自己的想法或征询对方的看法，期待肯定的回答，而且在表达上，这类问句显得客气、委婉。

19.2.3 "啊"字式

安陆方言里，这一格式里的"啊"相当于北京话里表达是非问的语气词"吗"，它因前一音节尾音的不同而变化，这和安陆方言语气词具有音变性的特点分不开，也是安陆方言这一类型是非问的特点之一。例如：

A. (30) 乜（这）个电影你们下（都）看了的呀？几咱儿去看的耶？

(31) 他还睡了得啦？怎么冇得哪个去喊下他嘞？

(32) 他们还在开会呀？到了恁咱儿（现在）来了还不晓得回来吃饭。

B. (33) 他一个人来呀？

(34) 他就是乜（那）个□［xɛ51］（很）有名的演员啊？

(35) 你就是小王介绍来的清洁工啊？

(36) 我们今朝（今天）下（都）去吃饭啦？

A组的语气词是语气词"啊"受前一音节尾音的影响而变来的，相当于普通话里的是非问语气词"吗"。从上面的例子我们可以看出，安陆方言的这一类是非问的疑问度比语调型是非问稍高，但总起来看它的疑问度不如特指问高，它是有所推测、有所探询的疑问。问话人一般已知或已推知某事，只是用这样的问句来证实自己的推测。如A组的第二个例子，问话人这样发问，实际上问话人估计他还睡着，只是用这样的一个问句希望得到对方的证实。所以问话人接着又问"怎么冇得哪个去喊下他嘞？（怎么没有谁去喊一下他呢？）"这一类问句的疑问度非常低。B组是为了证实某种情况，表示追问的是非问。这种追问式是非问往往是在原先不知道或不愿如此的事实成为现实的情况下，为了进一步证实，同时表现出不满、惊讶甚至反对等感情的时候运用。仔细体会，我们还可发现，追问式是非问除了疑问的语气之外，还有一种反问的意味。当然，它毕竟又不同于一般的反问句，因为一般的反问句是不必回答的，而这里既然要证实，自然是要听话人作出回答的。

"啊"字是非问里的B组是追问式的是非问，它与A组和"唦"字是非问的区别在于：如果用正反问的形式来表达，就只能用"是不是+

VP+语气词"的格式，用来强调追问。而 A 组和"吵"字是非问既可以用"VP 了冇"式正反问来表达，也可以用"V 不 VP+语气词"式正反问来表达，还可以用"是不是 VP 语气词"式正反问来表达。如"啊"字是非问里的 A 组和 B 组及"吵"是非问都可以用正反问的形式来表达：

"啊"字是非问用正反问的形式表达为：

A.（37）乜（这）个电影你们下（都）看了冇？几眷儿去看的耶？

（38）他是不是还睡了得嘞？怎么冇得哪个去喊下他嘞？

（39）他们是不是还在开会耶？到了恁咱儿（现在）来了还不晓得回来吃饭。

B.（40）他是不是一个人来耶？

（41）他是不是就是乜（那）个□［xɛ51］（很）有名的演员欸？

（42）你是不是就是小王介绍的清洁工欸？

（43）我们今朝（今天）是不是下（都）去吃饭嘞？

"吵"字是非问用正反问的形式表达为：

（44）今朝（今天）是不是蛮冷嘞？看你的脸冻得通红哦。

（45）我好像听哪个说了乜（这）个事儿的，是不是他又尽（让）公安局里抓去走了欸？

（46）你老儿身体还扎不扎实欸？

（47）他下（都）晓得了，是不是你跟他说的耶？

（48）今朝（今天）要考试，大家下（都）到齐了冇？

从上面的例子可以看出，无论是"吵"字是非问还是"啊"字是非问，用正反问的形式表达以后，语气词也有相应的变化。这说明安陆方言里，对于疑问句的构成来说，语气词起着非常重要的作用。关于语气词对疑问句的成句作用，我们还将在后面的章节里专门讨论。

19.2.4 "冇/不+VP+语气词"式

格式里的"冇"是相当于北京话里的否定副词"没有"。安陆方言里，这一格式的是非问是带语气词的是非问的否定形式，因为否定词不同，表达的疑问意思也有细微的差别，所以单独作为一个部分来讨论。

安陆方言里的否定式是非问一般要出现语气词。例如：

(49) 他还冇来呀？

(50) 你今朝（今天）冇去看展览啦？昨儿不是说好了要去的呗？

(51) 你冇到深圳去打工啊？

(52) 他们两个人冇离婚啦？怎么又在一路（一起）欤？

从这些例子我们不难看出，问话人在发问时带有明显的倾向性，根据某一事实或经验他有自己的看法。如：例（49），"他"按理是早就该来了。例（50）里"你"事先说过今天要去看展览，说话人理所当然地认为"你"今天要去。例（51）中按经验或已经了解的事实，"你"应该已经到深圳去打工了。例（52）里说话人看到的事实与他以往所知的信息不相符合，所以对他们已经离婚的事感到怀疑。

安陆方言还可以用"不"表达否定性的是非问。例如上面的例子有的能用"不"表达，有的用"不"时句子里有的成分要调整：

(53) 他不来呀？

(54) 你今朝（今天）不去看展览啦？昨儿不是说好了要去的呗？

(55) 你不到深圳去打工啊？

(56) 他们两个人不离婚啦？

例（53）里用"不"则要去掉"还"；例（56）里用"不"则后续句取消，也就是说，"不"不用于有后续句"怎么又在一路（一起）欤？"这样的语言环境中。这说明，在安陆方言里，否定词"不"和"冇"用来表示否定性的是非问时有区别：一是二者与"体"有很大的关联，"冇"否定"已然"的事实，而"不"否定"未然"的情况。二是"不"和"冇"在语用方面还表现出已然的评定性与客观叙述性的差异，"冇"表示客观的评定性的否定，而"不"则表示主观意愿的叙述，即表达句子里主语的意愿性否定。

"不"否定句子里的主语的主观意愿性，同时表明，否定的动作行为还没有实现；而"冇"表达的否定具有客观性，同时表明，它否定的动作行为一般已经实现。

安陆方言里，语调型是非问和"S＋语气词"式是非问都可以用正反问来表达，只有"冇＋VP＋语气词"式是非问不能用正反问的形式来表达。如果我们进一步对这类带否定词的是非问作分析，就会发现，这一类是非问的语义表达，对问话人来说，已经具有了某种"反问"的意味。但这种"反问"又与问而不答的反问句有区别，尤其是对听话人来说，仍然觉得问话人是有疑而问，所以理应有问必答，有时，答话的内容可能跟问话人所想的情况相反。

19.3 正反问[①]

正反问是并列正反两个方面的问题，要求选择其中一个方面的问题作出回答的问句。安陆方言的正反问句复杂多样，与现代汉语正反问多有不同。（邵敬敏 1996）根据否定词的不同及其位置的不同，安陆方言的正反问分两大类别："V 不 VP + 语气词"式和"VP 了冇[②]"。这两类格式有各自的使用范围："VP 了冇"用于已然态的正反问，即所问的动作行为或事实性质已经实现；而"V 不 VP + 语气词"用于未然态的正反问，即所问的动作行为或事实性质即将实现。其中有五种比较特殊的正反问，它们是由"V 不 VP + 语气词"格式变化而来的正反问格式："在不在 VP + 语气词"式正反问、"是不是 VP"式正反问、"S，吵?""VVP + 语气词"式正反问和"有不有"式正反问。安陆方言里，已然态的正反问和未然态的正反问正好互补，共同组成正反问句系统。下面从形式的角度对这两类格式及其变化形式进行描写。

19.3.1 "VP 了冇"式

格式中的"V"可以是单音节或双音节的动词，也可以是单音节或双音节的形容词。安陆方言里，这一格式不用语气词即可形成问句形式，和"V 不 VP + 语气词"式正反问相对，用于询问已经发生的动作或事件，也可以用来询问某一性状是否产生或变化。它的具体格式有三种：

其一，"V 了冇"式正反问。

[①] "正反问"即朱德熙先生所说的"反复问"。早在 1976 年，吕叔湘先生就把现代汉语的疑问句分为四类：特指问、是非问、正反问、选择问。我们从吕先生的分类，认为"正反问"这一概念更切合安陆方言的正反问特点。

[②] "冇"是安陆方言里的否定词，相当于普通话里的"没有"。

格式里的"V"既可以指动词，也可以指形容词，包括单音节和双音节，但以单音节的动词或形容词居多，用于询问已经发生的动作或事件，或者是用来询问某一性状是否产生或变化。例如：

（57）他们走了冇？
（58）老师布置的作文你写了冇？
（59）等下归你发言，你准备了冇？
（60）你的腰高头的伤好了冇？
（61）等下要炒的菜你择了冇？
（62）明朝（明天）就要走，东西下（都）清（整理）了冇？

其二，"V了O冇"式正反问。

当动词带宾语时，"VP了冇"式正反问具体表现为"V了O冇"式正反问。例如：

（63）外头在落雨，你带了伞冇？
（64）乜（这么）冷的天道（天），你戴了袖笼（手套）冇？
（65）今朝（今天）下半天你打了球冇？
（66）昨儿晚行（晚上）你喝了酒冇？
（67）你上了闹钟冇？

"V了O冇"式正反问句的主语都是施事主语，而"V了冇"式正反问的主语往往是受事主语。这两种格式可以互相转换，"V了冇"式正反问里的受事主语移到宾语的位置则变成"V了O冇"式正反问。不过，两种格式的主语不同，表达的疑问对象也有细微的区别：用"V了冇"式正反问表达疑问时，疑问的重心在句子里的受事主语，即"物"上，是问对方对这个"物"如何处置的。用"V了O冇"式正反问时，则句子的疑问重心在施事主语"你"上，即问"你"怎么样了。

其三，"VC了冇"式正反问。

格式中的"C"表示句子的补语。当句子的谓语中心语动词或形容词带补语时，安陆方言里的"VP了冇"式正反问的"了"处于补语之后，形成"VC了冇"式正反问。例如：

（68）价钱你谈妥了冇？
（69）老师讲的内容你听清楚了冇？
（70）我的皮鞋你修好了冇？

（71）上回跟你说的乜（那）个事儿你想起来了冇？

（72）你到北京去了一埋儿（次）冇？

（73）你到你的姑娘喏儿（那儿）去了回把冇？

格式里的补语多数为形容词，少量为趋向动词或数量结构，数量结构补语里的数词往往为"一"或大约的量词，如"回把"，而不能是大于"一"的数。因为安陆方言里这一格式往往表达的是说话人的一种推测或试探，心里没有底，只能从最小的量去推测。

以上三种"VP 了冇"式正反问一般情况下都没有带语气词。事实上，在安陆方言中，正反问格式"VP 了冇"的后面可以带语气词"哦"或"吵"。例如：

（74）老师布置的作业你写了冇哦？

（75）你的东西下（都）准备了冇哦？

（76）你到丈母娘的屋里去带了礼物冇哦？

（77）你的卷子高头写了你的名字冇哦？

（78）你们两个人要结婚商量好了冇哦？

（79）我说的话你听清楚了冇哦？

带上语气词"哦"有加强疑问的作用，同时表示说话人的怀疑和担心。带语气词"吵"使疑问句具有反问的性质，同时表达说话人质疑或不耐烦的情绪。但它同一般的反问句还是有区别，即需要听话人回答问话。一般的反问句是答在问中。上面的例子都可以带"吵"：

（80）老师布置的作业你写了冇吵？紧在喏儿玩。（一直在那儿玩。）

（81）你的东西下（都）准备了冇吵？莫到时候乜冇得乜冇得。（别到时候这也没有那也没有。）

（82）你到丈母娘的屋里去带了礼物冇吵？冇带礼物好意思进门？

（83）你的卷子高头写了你的名字冇吵？总是丢三丢四的尽（让）人担心。

（84）你们两个人要结婚商量好了冇吵？莫到时候扯皮拉筋的闹意见。

（85）我说的话你听清楚了冇吵？冇听清楚就好生儿地坐倒听。

其四，"V 了冇"式正反问的否定式。

安陆方言里,"V了冇"式正反问是已然态的正反问,这一格式不能直接加否定词"冇",不说"冇V了冇",解决的办法是在句中加"是不是",同时去掉句子的已然态助词"了",而且句子末尾表示正反问的否定词移到"是不是"的后面,构成"是不是+冇+V+语气词"的格式表示否定式的正反问或者用否定式的是非问"冇VP啊"格式表示。例如:

(86)他们是不是冇走欤?

(87)老师布置的作文你是不是冇写耶?

(88)外头在落雨,你是不是冇带伞嘞?

(89)乜(这么)冷的天道(天),你是不是冇戴袖笼(手套)欤?

(90)老师讲的内容你是不是冇听清楚欤?

(91)我的皮鞋你是不是冇修好欤?

用"是不是+冇+V+语气词"的否定式正反问往往表示说话人的一种怀疑性的疑问,说话人往往根据已有的事实或现象对听话人提出一种质疑,其实答案已在说话人心中。这一格式的疑问效果有点类似于反问句,不过在形式上同反问句还是有区别,那就是反问句不需要听话人答话,而这一格式的正反问还是需要听话人的答话,答话人可以回答"是冇VP"或着"VP了"。

安陆方言的否定式正反问也可以用否定式的是非问"冇VP啊"格式表示。如上面的例子都可以这样表达:

(92)他们冇走哇?

(93)老师布置的作文你冇写呀?

(94)外头在落雨,你冇带伞啦?

(95)乜(这么)冷的天道(天),你冇戴袖笼(手套)啊?

(96)老师讲的内容你冇听清楚哇?

(97)我的皮鞋你冇修好哇?

只不过用否定式的是非问格式表示的时候,语气词要变成"啊",并且"啊"在句中随其前一音节的尾音发生音变。这一格式的疑问度要比否定式正反问"是不是+冇+V+语气词"格式高,问话人需要听话人确切地回答"是VP"还是"冇VP"。

19.3.2 "V 不 VP + 语气词"式

这是安陆方言典型的正反问格式之一，根据动词短语"VP"的构成情况及其在句法结构中的不同分布，"V 不 VP + 语气词"式正反问有十种具体的问句格式：

其一，"V 不 V + 语气词"式。

当句子的谓语中心是单音节的动词或形容词时，安陆方言的正反问句用"V 不 V"格式，用来询问未发生、即将发生的动作行为或事物的性状，或者用来询问人的意愿。例如：

（98）今朝（今天）妈要来的，你来不来耶？

（99）乜（这）个盒子还要不要欸？不要就把它丢了它。

（100）作业还写不写吵？不写就把书包清好。

（101）乜（这）个挑子（担子）重不重欸？重就尽（让）他去挑。

（102）五号字小不小欸？小就用四号字。

（103）壁子高头的挂历高不高欸？高就往下挪下。（墙壁上的挂历高不高呢？高了就往下移一下。）

这一格式的句子末尾都可以带上不同的语气词，有加强疑问的作用。

其二，"V 不 VO + 语气词"式。

当动词"V"带宾语时，"V 不 VP + 语气词"在句法结构中的形式具体表现为"V 不 VO + 语气词"，其中的动词"V"一般为单音节形式，安陆方言的双音节动词用于正反问时一般要拆开，下面将会讨论这一格式。单音节动词的肯否并列构成正反问是安陆方言正反问的常见格式。例如：

（104）到了十一点钟了，写不写作业嘞？

（105）看天道（天气）只怕要落雨哦！带不带把伞嘞？

（106）今朝（今天）到城里去搭不搭车嘞？

其三，"A 不 AB + 语气词"式。

当句子的谓语中心为双音节动词或形容词时，安陆方言的正反问形式是"A 不 AB + 语气词"。其中，"AB"代表两个音节。例如：

（107）你跟他谈朋友你的屋里同不同意耶？
（108）今朝（今天）讨不讨论他的入党问题耶？
（109）小王晓不晓得他的媳婆儿（老婆）今朝（今天）要来耶？
（110）老师不在的时候，教室里头安不安静嘞？
（111）我穿的乜（这）件衣裳漂不漂亮欸？
（112）她的小伢聪不聪明嘞？

安陆方言里的正反问格式"V 不 VP + 语气词"是一种强势格式，具有极强的类推性。这表现在它不仅用于句子谓语中心的正反重叠构成正反问，而且还可以用于状语、补语位置里的构成成分的重叠，形成正反问句。下面描写的几类格式都是"V 不 VP + 语气词"式类推而来的变化格式。

其四，"aux 不 aux + VP + 语气词"式。

格式中的"aux"代表助动词，即汉语中的能愿动词"能、会、可以、该、肯、愿意"等，在句子中作状语，双音节的能愿动词仍拆开构成正反问。这种格式用来询问动作行为或性状的可能性、必要性和意愿性等。例如：

（113）我们能不能晚一点儿来耶？我还有点儿事冇做完。
（114）他会不会出么事儿欸？到凭咱儿（现在）还冇见到人影儿。
（115）他该不该打嘞？把米验（撒）得到处是的。
（116）你愿不愿意来吵？冇得哪个勉强你的。
（117）乜（这）件衣裳可不可以耶？可以我就把它买倒。

其五，"A 不 A + VP + 语气词"式。

格式里的"A"表示句子状语位置的形容词，它们也可以正反重叠构成正反问句。例如：

（118）昨儿落了雨的，路上好不好走欸？
（119）今朝（今天）要来客了，多不多炒点儿菜耶？
（120）你快不快点儿走吵？他们下（都）走了的。

这一格式与"aux 不 aux + VP + 语气词"式正反问相同，它们都是状语位置词语的正反重叠构成的问句，只是充当状语的词一个是能愿动词，另一个是形容词。之所以分成两种格式来描写，是因为这两种格式所询问的内容不同，尤其是"aux 不 aux + VP + 语气词"式正反问牵涉下面要描写的补语位置的正反问格式。

其六,"V不V+得+语气词"和"V不V+的得+语气词"式。

安陆方言里,这两种格式可以自由转换,表达的意义相同。它们都用来询问可否,即询问主客观条件是否允许实现某种动作行为,意为"能不能VP"。例如:

(121)乜(这)杯水我喝不喝得嘞?
(122)你说乜(这)些话我说不说得嘞?
(123)乜(这)床被窝(被子)我盖不盖得嘞?
(124)乜(这)碗菜我搛不搛得嘞?

以上这些句子,都可以自由地转换为以下各句,表达的意义完全相同。

(125)乜(这)杯水我喝不喝的得嘞?
(126)你说乜(这)些话我说不说的得嘞?
(127)乜(这)床被窝(被子)我盖不盖的得嘞?
(128)乜(这)碗菜我搛不搛的得嘞?

这一格式是可能补语的疑问形式,对这一疑问的回答有两种可能:一是"V得"(能V);二是"V不得"(不能V)。因而"V不V+得+语气词"式正反问可以转换成"A不A+VP+语气词"式正反问里的"能不能+VP+语气词"。上面的例子可以这样说:

(129)乜(这)杯水我能不能喝嘞?
(130)你说乜(这)些话我能不能说嘞?
(131)乜(这)床被窝(被子)我能不能盖耶?
(132)乜(这)碗菜我能不能搛嘞?

回答"能不能+VP+语气词"正反问的时候,也是两种可能:"能V"和"不能V"。

其七,"V不V+得+了+语气词"和"V不V+得+下+语气词"式。

安陆方言里,这两种格式可以自由转换,表达的意义相同。它们是询问可能性的正反问,表示主客观条件是否容许实现某种动作的结果或趋向。例如:

(133)乜(这么)多米一个袋子装不装得了欸?

(134) 乜大个饼子你一个人吃不吃得了哦？

(135) 有五包东西，你一个人拿不拿得了唦？

上述"V不V+得+了+语气词"式正反问例句都可以自由转换为以下的句子，意义完全相同。不过，转换以后有的语气词也会相应地变化，因为安陆方言里的语气词具有音变性的特点，它会随其前一音节的尾音的不同而发生变化。

(136) 乜（这么）多米一个袋子装不装得下嘞？

(137) 乜（这么）大个饼子你一个人吃不吃得下啰？

(138) 有五包东西，你一个人拿不拿得下唦？

这类格式的句子是询问某件事完成或成功的可能性，在安陆方言中一般都不用能愿状语的正反问格式表达。

其八，"V不V+得+倒+语气词"式。

这是安陆方言中询问能力的一种正反问格式，往往用来询问是否会做某事，是否具备某种能力。例如：

(139) 乜（这）道题你做不做得倒欸？我硬是想不出来。

(140) 医生写的乜（这）个处方你认不认得倒欸？我看他简直是鬼画桃符。

(141) 你开不开得倒车嘞？明朝（明天）下了班以后来接下我。

(142) 你打不打得倒拖拉机耶？我们来玩下。

因为这种正反问格式是用来询问能力，所以可以用"H不H+VP+语气词"式正反问里的"会不会+VP+语气词"格式替换。只不过问话人用"会不会VP语气词"这样的格式来询问的时候显示出他的疑虑，担心对方是不是具备做某事的能力。上面的例子都可以这样说：

(143) 乜（这）道题你会不会做欸？我硬是想不出来。

(144) 医生写的乜（这）个处方你会不会认嘞？我看他简直是鬼画桃符。

(145) 你会不会开车嘞？明朝（明天）下了班以后来接下我。

(146) 你会不会打拖拉机耶？我们来玩下。

其九，"V不V+得+C+语气词"式。

这一格式用来询问可能性或结果。例如：

(147) 一早晨就走起，走到恁咱儿（现在）还走不走得动欸？

（148）菜高头的农药洗不洗得掉欸？

（149）不戴眼镜看不看得清黑板高头的字欸？

（150）你晚行睡得乜晏法，早晨起不起得来耶？（你晚上睡得那么晚，早晨起不起得来呢？）

这一格式一般是用来询问某种可能性，因而可以用"aux 不 aux + VP + 语气词"式正反问里"能不能 + VP + 语气词"格式来替换：

（151）一早晨就走起，走到恁咱儿（现在）还能不能走欸？

（152）菜高头的农药能不能洗掉欸？

（153）不戴眼镜你能不能看清黑板高头的字欸？

（154）你晚行睡得乜晏法，早晨能不能起来耶？（你晚上睡得那么晚，早晨能不能起来呢？）

不过，替换格式"能不能 + VP + 语气词"在安陆方言里显得文雅，一般人用得比较少。

其十，"V 得 A 不 A + 语气词"式正反问。

格式里的"A"是补语位置的形容词。这一格式的正反问用来询问事件的情况。例如：

（155）她的字写得好不好看嘞？好看就跟倒学。

（156）你打字打得快不快耶？

（157）她们寝室的卫生做得干不干净嘞？

（158）她长得漂不漂亮欸？

这一格式的疑问焦点在补语的位置上，它在安陆方言里没有其他的替换格式。

19.3.3 特殊正反问

安陆方言里，有五种比较特殊的正反问，它们是由"V 不 VP"格式变化而来的，用于表达特定疑问的正反问，即"在不在 VP"式、"是不是 VP"式、"S，吵？"、"VVP + 语气词"式和"有不有"式。

其一，"在不在 VP + 语气词"式。

安陆方言里，进行态多用是非问形式表示，少用"V 不 VP"式正反问形式表示。除非表示强调，进行态通过副词"在"的肯否并列构成特殊正反问格式"在不在 VP + 语气词"，或者用"是不是 + 在 +

VP+语气词"的正反问格式表示。事实上，进行态在某种意义上来说也表示动作行为已经实现，也属于已然态，与未然态的正反问"V不VP+语气词"相对。例如：

（159）他<u>在</u>不<u>在</u>打牌耶？

（160）我简直口都说干了，你<u>在</u>不<u>在</u>听吵？

进行态的正反问格式"<u>在</u>不<u>在</u>VP"因为询问的是现在的事实，所以安陆方言里多用"是不是在VP"的格式来强调询问现在进行的动作行为。上面的例子多数情况下这样表达：

（161）他是不是<u>在</u>打牌耶？

（162）我简直口都说干了，你是不是<u>在</u>听吵？

其二，"是不是+VP+语气词"式。

这一格式是安陆方言里唯一能通用的一种格式。也就是说，"VP冇"式正反问只用于已然态，"V不VP+语气词"式正反问只用于未然态，而"是不是VP"式正反问既可以用于表示未然态的正反问，也可以用来表示进行态的正反问，还可以用来表示已然态的正反问。这一格式是"V不VP+语气词"式正反问类推的结果，也可以说是它的一个变化格式。

第一，"是不是（要）+VP+语气词"式。

这是一种强调式的正反问，它强调的是"VP"所表示的动作行为。表示未然态时加能愿动词"要""该"等则未然的时态更明显，不加"要""该"等能愿动词，在一定的语境中也可以用于未然态，这要靠交际双方在一定的语境中领会。例如：

（163）你是不是要喝水耶？

（164）你是不是该睡瞌睡欸？

（165）你是不是把场捡下欸？（是不是该清理清理了？）

（166）你是不是吃饭唠？（语境：说话人本来在干别的事，想起该吃饭了，突然去问听话人。）

第二，"是不是+在+VP+语气词"式。

这一格式安陆方言里表示进行态的强调式，在强调的同时带有试探性，问话人用这种格式来询问是希望自己的猜测得到证实。

（167）他们是不是下（都）<u>在</u>看电视欸？

（168）小明是不是在做作业嘞？

（169）妈妈是不是在烧火（做饭）嘞？

（170）托托是不是在玩电脑欸？

第三，"是不是＋VP了＋语气词"式。

（171）你是不是吃了吵？有吃就再找一点儿。

（172）他是不是发了财耶？乜呕法。（这么大手大脚的样子。）

（173）你是不是做了卫生的耶？看屋里乜干净法。（看家里这么干净的样子）

（174）他是不是吃了枪子的耶？火气乜大法。（火气这么大的样子。）

这一格式往往是说话人强调性或试探性的询问。如例（171），是在听对方告诉说话人已经吃过了以后，说话人再强调一遍，问是不是真的吃过了；而例（172）、例（173）和例（174）则表达说话人就眼前的事实试探性地询问，以求得周围人的证实或认同。

"是不是＋VP＋语气词"式正反问的特殊性除了它适用于一切时态以外，还在于它在句子中的位置相当灵活，可以出现在句子里任何需要强调的词语之前。例如：

（175）前儿（前天）是不是小明来了的耶？

（176）小明是不是前儿（前天）来了的耶？

（177）小明前儿（前天）是不是来了的耶？

（178）小明前儿（前天）来了的，是不是欸？

这一格式只有"V不V"一种形式，并无其他变化。"是不是"能在主语之前，如例（175）；也能在状语之前，如例（176）；也能在动词之前，如例（177）；也能在句末，如例（178）。但句子的疑问点却不像一般的"V不VP"上，即疑问点不在"是不是"本身，例（175）到例（178）中的疑问点都在"是不是"后头最靠近的成分上。例（175）的疑问点是"小明"，例（176）的疑问点是"前儿（前天）"，例（177）的疑问点是"来了的"。只有例（178）没有疑问点，如果一定要突出疑问点，那就用句中的重音来表示。所以从疑问点的角度来看，用"是不是"的正反问句同是非问句非常接近。从答问的情况来看，"是不是VP"与一般的正反问也不完全一样。句子里没有疑问点的，回答用"是"或"不是"，句子里有疑问点的，还要回答疑问点，如"是小明""不是，是张林"。

其三，"S，吵？"

格式里的"S"表示句子，是一个陈述句形式，之后有一个停顿，书面上用逗号。语气词"吵"具有正反问的功能，去掉"吵"，则句子只是一个陈述句。可见，安陆方言里，"吵"是构成这一种正反问的必不可少的条件，相当于"是不是的耶"，只出现在句子末尾。"吵"读得比较重，它的重读是在本调的基础上增加音强来完成的。例如：

A.（179）我不管伢你就也不过问，吵？

（180）妈不在喏儿（这儿）你们就做不成事，吵？

（181）我不在屋里你就放心大胆地玩电脑，吵？

B.（182）他在抹汗（洗澡），吵？

（183）小李在打牌，吵？

（184）他昨儿（昨天）回了的，吵？

（185）你的学费交了的，吵？

（186）是他叫你来说情的，吵？

A组的"吵"字正反问带有一定的推断性，并且带有假设的性质，从时态上看表示未然的动作行为。"吵"前的句子形式上是一个紧缩复句，用"不……就"这一对关联词语连接，最后用"吵"进行强调，表达说话人的不满情绪，并带有质问的语气。B组的"吵"字正反问表示的是已然态的疑问，而且往往表达说话人的据实性的疑问。也就是说，说话人先说出某个事实，然后用"吵"询问，只是要听话人证实自己的判断。所以这一类正反问的疑问度比一般的正反问要低。

"吵"字正反问与"是不是+VP+语气词"式正反问相比有相同的一面，也有不同的一面。说它们相同，是指这两种正反问都属于特殊的正反问格式，都是用来表达强调的正反问，都可以表示未然态和已然态的正反问。但是二者也有区别：一是二者的句法位置不同，"吵"字正反问只用在句末，而"是不是+VP+语气词"式正反问里的"是不是"则可以出现在句子的任何一个需要强调的句法位置。二是二者表达疑问意义的同时所表达的附加意义有区别，虽然二者表达的疑问都具有推测性或推断性，但"吵"字正反问的推断里带有假设的性质，并表达说话人的不满情绪。"是不是 + VP + 语气词"式正反问的推测里带有试探的性质，往往是希望听话人证实自己的猜测。

其四，"VVP + 语气词"式。

这一格式的正反问是因为说话人在口语表达中快速说话造成"V 不 VP + 语气词"中"不"的脱落而形成的。其中的"V"一般是单音节的动词或形容词，极少数为双音节的动词或形容词。它是安陆方言里非常特殊的一类正反问格式，几乎适用于"V 不 VP + 语气词"式正反问的所有变化格式。

第一，"V 不 V + 语气词"式正反问变成"VVP + 语气词"式。

（187）乜（这）个盒子还要要欸？不要就丢了它。

（188）五号字小小欸？小就用四号字。

第二，"V 不 VO + 语气词"式正反问变成"VVP + 语气词"式。

（189）到了十一点钟了，还写写作业嘞？

（190）今朝（今天）到城里去搭搭车嘞？

第三，"A 不 AB + 语气词"式正反问变成"VVP + 语气词"式。

（191）小王晓晓得他的媳婆儿（老婆）今朝（今天）要来耶？

（192）老师不在的时候，教室里头安安静嘞？

第四，"aux 不 aux + VP + 语气词"式正反问变成"VVP + 语气词"式。

（193）我们能能晚一点儿来耶？我还有点儿事冇做完。

（194）他该该打嘞？把米验（撒）得到处是的。

第五，"V 不 V + 得 + 语气词"式正反问变成"VVP + 语气词"式。

（195）乜（这）杯水我喝喝得嘞？

（196）你说乜（这）些话我说说得嘞？

（197）乜（这）床被窝（被子）我盖盖得嘞？

但是与这一格式同义的"V 不 V + 的得 + 语气词"式正反问却不能变成"VVP + 语气词"式正反问。如安陆方言不说：

（198）乜（这）杯水我喝喝的得嘞？（*）

（199）你说乜（这）些话我说说的得嘞？（*）

（200）乜（这）床被窝（被子）我盖盖的得嘞？（*）

第六，"V 不 V + 得 + 倒 + 语气词"式。

这一格式变成"VVP+语气词"式时有变化，即省略"不"的同时也省掉了"得"，变成"VV+倒+语气词"式正反问：

（201）乜（这）道题你做做倒欸？我硬是想不出来。

（202）医生写的乜（这）个处方你认认倒欸？我看他简直是鬼画桃符。

（203）你开开倒车嘞？明朝（明天）下了班以后来接下我。

（204）你打打倒拖拉机耶？我们来玩下。

安陆方言里的"VV+倒+语气词"式正反问格式用来询问能力，相当于"会不会+VP+语气词"的格式，而这一格式同样可以省略"不"，同时也省掉助词"倒"，变成"会会+VP+语气词"的格式。上例都可以这样说：

（205）乜（这）道题你会会做欸？我硬是想不出来。

（206）医生写的乜（这）个处方你会会认欸？我看他简直是鬼画桃符。

（207）你会会开车嘞？明朝（明天）下了班以后来接下我。

（208）你会会打拖拉机耶？我们来玩下。

第七，"V得A不A语气词"式变成"VVP+语气词"式。

（209）她的字写得好好看嘞？好看就跟他学。

（210）你打字打得快快耶？

（211）她们寝室的卫生做得干干净嘞？

（212）她长得漂漂亮欸？

第八，"是不是+VP+语气词"式变成"是是+VP+语气词"式。

（213）你是是要喝水耶？

（214）你是是该睡瞌睡欸？

（215）他们是是下（都）在看电视欸？

（216）小明是是在做作业嘞？

（217）你是是吃了吵？冇吃就再找一点儿。

（218）他是是发了财耶？乜呛法。（这么大手大脚的样子。）

以上的"是是+VP+语气词"式正反问表达说话人的强调疑问，既强调未然态的正反问，如例（213）和例（214）；又强调进行态的正反问，如例（215）和例（216）；也强调已然态的正反问，如例（217）

和例（218）。

上述"VV+语气词"式正反问格式是由"V不V+语气词"式正反问格式省略"不"构成的，它是说话人在口语表达中快速说话造成"不"脱落的结果，不是"两个动词或形容词'重叠'构成的。"（项梦冰 1997）而是一种语法格式的简化省略，表意功能完全等同于上述三种格式。二者的区别主要表现在语用方面，即用"V不V+语气词"式正反问反映说话人慢条斯理的性格特征，有时带有强调的语气，而用"VV+语气词"式正反问则反映说话人急躁的性格特征。

其五，安陆方言的特殊正反问格式"有不有NP"。

安陆方言中，与"有"相对的否定词是"冇得"，相当于普通话里的"没有"。普通话里，"有"和"没有"可以构成正反问"有没有NP"的格式。而安陆方言里，构成正反问相当于普通话"有没有"格式的是"有不有"，用来询问有无。①

第一，"有不有"及其相关格式。

安陆方言里，"有"构成的正反问格式最典型的是"有不有NP+语气词？"格式中的"NP"代表名词或名词性短语，作"有不有"的宾语。下同。例如：

（219）你有不有乜（这）本书欸？

（220）喏儿（这儿）有不有人嘞？

"有不有NP+语气词？"这一格式在口语表达中经常省略"不"，形成第二种格式"有有NP+语气词？"例如：

（221）你有有乜（这）本书欸？

（222）喏儿（这儿）有有人嘞？

第二种格式"有有NP+语气词？"是一种语法格式的简化省略，表意功能完全等同于第一种格式。这两种格式的差别主要表现在语用方面，即用第一种格式反映了说话人慢条斯理的性格特征，有时带有强调的口气，而用第二种格式则反映了说话人急躁的性格特征。第二种格式

---

① 本章只讨论"有没有NP"这一种格式，即邢福义先生（1990）划分的四种格式里的第一种。这四种格式是：1. 有没有+NP。如：教室里有没有暖气？2. 有没有+AP。如：他的水平有没有这么高？3. 有没有+NV。如：有没有人找你？4. 有没有+VP。如：我有没有告诉你？安陆方言没有第四种格式。

进一步弱化，在口语表达中简省两个相同音节的一部分，再垫上一个音节"啊"构成第三种格式"有啊 NP + 语气词？"例如上面的例子都可以这样说：

（223）你有啊乜（这）本书欤？

（224）喏儿（这儿）有啊人嘞？

前面的这三种格式还可以用"是不是"来强调，构成第四种格式"是不是有 NP + 语气词？"例如：

（225）厨房里是不是有一股怪味儿欤？

（226）包里是不是有一支笔耶？

第四种格式在口语表达中可以简省"不"，构成第五种格式"是是有 NP + 语气词？"例如上面的例子都可以这样说：

（227）厨房里是是有一股怪味儿欤？

（228）包里是是有一支笔耶？

第四、第五两种格式同第一、第二、第三种格式相比略有区别，即这一类正反问是对有无加以试探性的反复询问，带有希望交际的对方确认或认同的意味。而且"是不是"在句子里位置灵活，不仅可以居于句首，而且还可以处在句子的末尾表示询问。例如：

（229）是不是他的屋里有钱尽他紧读书欤？（是不是他家里有钱让他一直读书呢？）

（230）他的屋里有钱尽他紧读书，是不是的耶？（他家有钱让他一直读书，是不是？）

第二，"有不有"与一般单音节动词构成的正反问的联系与区别。安陆方言里，一般的单音节动词构成的正反问格式是：

① "V 不 VP + 语气词"式。例如：

（231）你喝不喝嘞？

（232）乜（这）本书你还看不看嘞？

（233）你吃不吃饭嘞？（你吃不吃饭？）

② "VV + 语气词"式正反问或者"VVP + 语气词"式。例如：

（234）你喝喝嘞？

（235）你吃吃饭嘞？

（236）乜（这）本书你还看看嘞？

③"是不是 VP + 语气词"式。例如：

(237) 你是不是吃饭吵？

(238) 他是不是今朝（今天）回来吵？

④"是是 VP + 语气词"式。例如：

(239) 你是是吃饭吵？

(240) 他是是今朝（今天）回来吵？

"有不有 NP"与一般单音节动词构成的正反问的相同点。

与正反问格式"有不有 NP"相比，一般单音节动词构成的正反问也有几个变化格式，即第（2）种格式"VV + 语气词"实际上是第（1）种格式"V 不 V + 语气词"省略了"不"，它是说话人在口语表达中快速说话造成"不"脱落的结果，不是"两个动词或形容词'重叠'构成的"（项梦冰 1997），而是一种语法格式的简化省略，表意功能完全等同于第（1）种格式。这两种格式的区别跟"有不有"格式一样，主要表现在语用方面，即用第（1）种格式反映说话人慢条斯理的性格特征，有时带有强调的语气，而用第（2）种格式则反映说话人急躁的性格特征。同样，第（3）、第（4）种格式是用"是不是"或"是是"来试探性地反复强调询问动作行为。因为"有"也属于动词，所以它构成正反问格式时与一般动词构成的正反问格式有相同的一面。

"有不有 NP"与一般单音节动词构成的正反问的区别。

其一，变化格式不完全相同。"有"构成的正反问有五种变化形式，这五种格式如前所述。而一般单音节动词构成的正反问只有四种，即"有不有 NP"这种格式有一种变化式是"有啊 NP"，一般单音节动词构成的正反问里没有这一变化格式。"有啊 NP"是"有有 NP"进一步弱化的结果，在口语中简省两个相同音节的一部分，再垫上一个音节"啊"构成。

其二，语义不同。"有不有 NP"是询问有无。而一般的单音节动词是询问动作行为。例如：

(241) 你有不有笔耶？

(242) 他走不走欸？

这种语义的不同与动词本身的语义有关，动词"有"表示一种有无的存在状态，而一般的单音节动词如"走"表示"走路"这种动作行为。

其三，否定回答不同。"有不有 NP"的否定回答不是"不有"，而是"冇得"。而一般单音节动词构成的正反问"V 不 V"或"V 不 VO"的否定回答是"不 V"。例如：

(243) 你的屋里有不有冰糖欸？——冇得。

(244) 你吃不吃饭嘞？——不吃。

否定回答的不同跟安陆方言的否定词有关。安陆方言有四个否定词"冇""冇得""不"和"莫"。大致说来，"冇"相当于普通话的"没"或"没有"，是副词，"冇得"相当于普通话的"没有"（动词），"莫"相当于普通话的"不要"和"别"。"莫"跟安陆方言的正反问没有关系，这里不涉及。在安陆方言中，"冇"和"冇得"的区别首先表现在从词性上，"冇"是个否定副词，修饰大部分动词或动宾短语，像系动词、能愿动词等就不能用"冇"修饰，只能用"不"修饰。"冇得"是表示否定意义的动词，与动词"有"相对。其次表现在句法分布方面，"冇"可以出现在"经历体"结构中，而"冇得"不能；"冇"还可以用于句末，形成正反叠用的正反问格式，而"冇得"不能用于句末。而"不"与"冇"的区别表现在："冇"用于疑问句末，构成"VP 了冇"式正反问，"不"用于疑问句中，构成"VP 不 VP"式正反问；"冇"用于询问已然的动作行为，"不"用于询问未然的动作行为。当"冇"和"不"用于回答特指问时，它们的区别是：用"冇"仅仅是对"说"作否定回答，或仅仅表达出第三者对这个特指问的主语"他"的否定性述说。而用"不"时，除了对"说"作出否定外，还传递出主语"他""态度坚决"之类的信息。（详见第六章的"否定词"部分）

19.4 选择问

选择问是用复句的形式把要选择的两种或几种可能用"是……还是……语气词"连接起来，要求答话人选择其中之一最为答案的疑问句。安陆方言的选择问与普通话基本相同，只在句子末尾用一个问号，前面的每个分句末尾都用逗号。只是安陆方言的选择一般要用语气词，除非是特别强调或语气特别重的地方，就不用语气词。根据选择问所问的句法成分，安陆方言的选择问有以下几个小类：

19.4.1 "是 S……还是 S……欤"式

格式中的"S"是句子的主语 subject 是简称。这一格式是问主语的选择问，"是"和"还是"位于分句之前。例如：

（245）是我先走，还是你先走欤？

（246）是他去邮局，还是你去邮局欤？

19.4.2 "是 P……还是 P……欤"式

格式中的"P"是谓语 predicate 的省略字母。这一格式是问句子谓语的选择问，"是"和"还是"都放在谓语的前面。例如：

（247）你是去学校，还是留在屋里耶？

（248）你是睡瞌睡，还是看电视欤？

19.4.3 "是 O……还是 O……欤"式

格式里的"O"表示句子里的宾语 object 的简称形式。这一格式是问宾语的选择问，"是"和"还是"都放在谓语的前面。例如：

（249）你是去苏州，还是去杭州，还是去上海耶？

（250）你是回来拿吃的，还是回来拿用的耶？

19.4.4 "是 FS……还是 FS……欤"式

格式里的"FS"表示分句。这一格式是问全句的选择问，"是"和"还是"都用在两个分句之前。例如：

（251）是你来接我，还是我自己搭车回去耶？

（252）是你通过邮局寄过来，还是托别个带过来耶？

19.5 反问句

反问句是不是问句，曾经引起过讨论。一般认为，反问句是无疑而问，它在语言形式上表现为询问。因此站在听话人的立场上看，反问句也有二重性。既可理解为说话人在传信，也可理解为说话人在传疑。就功能来说，反问句的作用是通过反问来表示强调，吕叔湘先生（1982：290）则认为反问是一种否定的方式。当我们把反问句和其他类型的问句进行一番比较之后发现，反问句和疑问句有着根本的区别。使用反问句，一般有一显一隐两个目的，隐藏着的那个目的才是说话人真正的目的；而使用疑问句，一般就只有一个目的，即希望得到一个明确的回答。运用反问句可以有效地表达说话人的主观感情。因为反问句与特指问、是非问、正反问和选择问都有联系，也有显著的不同，所以尽管安陆方言的反问句与北京话里的反问句差别不大，我们还是在这里对安陆方言的反问句作形式化的描写，以从某种程度上反映安陆方言疑问句的某些特征。

陈述句和各种疑问句都可以加上反问语气构成反问句（刘月华 2003）。反问句是用反问的语气来肯定或否定一个明显的道理或事实，能够达到加强语势的目的。反问句的特点是以否定的形式出现的句子用来加强肯定的表达，以肯定的形式出现的句子用来加强否定的表达。这与普通话里的反问句是一致的。反问的语气重的时候句末多用问号，包含感叹意味的时候多用感叹号。

19.5.1　特指问形式的反问句

一是"一般特指问+反问语气"构成的反问句。

这一格式的反问句需要语境，句中的疑问代词是它的原义，只是全句并不表示疑问，而是表示反问。例如：

（253）他狠得很，哪个能说他吵？（他厉害得很，谁都不能说他。）

（254）我怎么儿不认得他嘞？他化成灰我都认得。（我认得他。）

（255）我几咱儿（什么时候）跟他说了的耶？（我从来都没有跟他说。）

（256）他到处戳别个的拐（说别人的坏话），哪个不说他啰？（谁都说他。）

二是"怎么儿"类反问句。

"怎么儿"用在谓语中，并不表示方式、原因，而是表示反问的语气，通常后面有能愿动词"会""敢"等。例如：

（257）我看到他走的，他怎么儿会还在喏儿（这儿）呢？（不会还在这儿）

（258）既然你有难处，我们怎么儿会不帮你呢？（会帮你的）

（259）看他抓一把撒一把的，怎么儿能存得倒个钱唦？

三是"V/A + 么事"类反问句。

这一格式的反问句往往是答话人用来表示对某一性状或某种判断的否定。其中的"V"只能是心理活动动词，"A"是形容词。例如：

（260）他是不是对你□［xɛ51］（很）好欸？好么事欸？成天板倒个脸。

（261）乜（这）个题目是不是□［xɛ51］（很）难嘞？难么事欸？初中生都会做。

（262）你是不是□［xɛ51］（很）喜欢你的孙儿欸？喜欢么事哦？他太调皮了。

（263）你是不是□［xɛ51］（很）欠（想念）你的外孙儿欸？欠（想念）么事哦？还不是痴家家（外婆）痛外孙儿，有么事用呢？

四是复句"不VP……+疑问代词……"构成的反问句。

复句（包括紧缩复句）的前一分句用"不"否定，后一分句为特指问，整个复句表达的是肯定的意思，反问的语气比较强烈。例如：

（264）我是你的妈，你不养我，哪个养我嘞？（你应当养我）

（265）乜（这）个事我不问你问哪个嘞？（只能问你）

（266）我到了乜（这）个年纪，不搞乜（这）搞噻（什么）嘞？

五是"V/A + 么事 + 语气词"式反问句。

A.（267）哭么事欸？你的妈又还有死！

（268）吵么事欸？别个在做作业！

（259）钱下（都）用光了，还要买么事欸？

（270）电影散都散了场，你还去搞么事欸？

B.（271）乜₁（这）双皮鞋好么事欸？苑子（鞋跟）乜₂（那么）高，穿倒未定舒服啊？（这双皮鞋好什么呀？鞋跟那么高，穿着会舒服吗？）

（272）乜₁（这）个手机贵么事欸？一点儿都不贵！

（273）他的屋宽么事欸？还冇得（没有）我的屋宽。

（274）欠（想念）么事欸？我欠（想念）得再很也不能叫他们不做事回来陪我吵！

A组是在一般动词的后面加"么事"，表示"没有必要"或"不应该""不能实现"等意思。如例（268）表示"不应该哭"，例（269）表示"不应该吵"，例（270）表示不能实现买别的东西的愿望，例（271）表示"没有必要再去了"。这种反问句往往带有某种不满意、不赞成或责备的语气。B组是在形容词或某些心理活动动词的后面加"么事"，表示对某一性状或某种判断的否定，带有不同意或反驳的语气。

这一格式的反问句有一个特殊的格式，那就是动词"有"带上"么事"构成的"有么事"形式，放在形容词前面，表示反问。如果句子以肯定的形式出现，全句表示否定的意思，如果句子以否定的形式出现，则全句表示肯定的意思。例如：

（275）他有么事好欸？屋里穷得叮当响。

（276）乜（那）有么事远嘞？坐车眨个眼睛就到了！

（277）你还有么事不满意耶？吃又尽（让）你吃了，喝又尽（让）你喝了。

（278）恁咱儿（现在）割谷有么事难嘞？请个车子一下就搞就（完）了。

这类反问语气比较强烈，说话人的态度也很坚决。

六是"哪个说（的）+S+语气词"式反问句。

这一格式的反问句是在句首用"哪个说"或"哪个说的"表示否认对方或某人的判断，带有反驳的意味。格式中的"S"表示句子。例如：

（279）哪个说的我有做清洁嘞？我明明做了的。

（280）哪个说你是个苕欸？

（281）哪个说他不好欸？他好得很！

19.5.2 是非问形式的反问句

一是"不是+VP+呗？"式的反问句。

这一格式强调肯定，提醒注意某种明显的事实，有时句子略带不满的语气。例如：

（282）我不是早就跟你说了的呗？叫你莫跟他们敲伙儿（合伙）做生意。（意即：我早就跟你说过了。）

（283）你不是跟他说好了的呗？他怎么还不来耶？（意即：你跟他说好了）

（284）他不是来的呗？怎么儿有见到他的人影儿欸？（意即：他来了）

二是"有+VP+啊"式反问句。

这一格式形式上是否定，但内容上是强调肯定，提醒对方事实已经如此或确实曾经如此，含有责备、不满的语气。例如：

（285）我有跟你说啦？他乜（这）个人□［xε⁵¹］（很）不是个东西，千万莫上他的当！

（286）你有看出来呀？他们三个人是一伙儿的，专门抬轿子（设骗局）赢你的钱。

（287）你有看电视啊？天气预报说是今朝（今天）要落大雨。

19.5.3　正反问形式的反问句

一是用"是不是的耶"强调肯定。

表示所提到的事实是在意料之中。表示反问的"是不是的耶"往往用在句子的末尾或句子的开头，不用在句子中间。例如：

（288）我一来，他们就下（都）来了，是不是的耶？

（289）老师一说你就晓得了，是不是的耶？

（290）是不是的耶？我有说错吧，他乜（这）个人□［xε⁵¹］（很）客气。

（291）是不是的耶？他肯定要来的。

二是用副词"还"表示反问，强调否定。

例如：

（292）他们紧在喏儿吵，还尽不尽别个睡瞌睡的耶？（他们一直在那儿吵，还让不让人睡觉？）（意即：他们这是不让人睡觉）

（293）你天天逼倒我要钱，还要不要我多活两年儿欸？（意即你这是不要我多活两年）

（294）要是尽你的老婆晓得了，你还想不想活命嘞？（意即你这是

不想活命了）

三是句首用插入语表示反问。

句首用插入语"你看下""你说""你想下"之类，有说服对方或希望对方也能有同感的意思。整个句子表示反问，意思是肯定的，强调确实如此或一定如此。例如：

（295）你看下乜个强头恨不恨人嘞？把我的鸡子下偷去走了。（你看看这个小偷可恨不可恨？不我的鸡都偷走了。）

（296）他对我的伢拳打脚踢，你想下我气不气耶？

（297）他们下（都）有，就是我冇得，你说我伤不伤心嘞？

（298）我一直是起五更睡半夜地做，你说我恁咱儿（现在）应不应该歇下欸？

19.5.4 选择问形式的反问句

用选择问的形式列举出两种或几种情况，用反问的语气表达说话者的不满情绪。例如：

（299）你们是来讲理的，还是来讲口（吵架）的耶？

（300）他是来当官的，还是来作老爷的耶？

（301）我是你的佣人嘞，还是你的丫鬟嘞？

上述例子表达的是说话人根据对某些现象的观察和了解，认为听话人的行为不对，因而在话语中带有质问或责备的语气。例（299）的说话人由于看到某些现象表明"你们"并没有讲理，而是气势汹汹的，觉得"你们"是在吵架，所以提出这样的质问。例（300）的说话人看到"他"并不像个当官的样子，而是讲派头，讲排场，讲享受，所以提出质问甚至是谴责。例（301）列举了两种情况，用反问的语气全部否定，表达了说话人的主要意思，即我既不是你的佣人，也不是你的丫鬟。

第 20 章 否定句

否定是语言中一个重要的语义范畴，它的基本意义是否认，否认事物、性质、动作、关系、状态等概念的存在，或者否认有关命题的真实性。各种语言都有自己的表现方式，汉语中常用"不""没（有）""别"等词进行否定。叶斯帕森（1988）认为，否定的本质是"less than"，就是"少于、不及"的意思。否定既涉及否定词，也牵涉否定词所在的句法结构，还涉及否定词所管辖的范围。这些对我们准确地理解句子的意义很有帮助。

安陆方言用否定词"冇""冇得""不"和"莫"表示否定，这是标记否定，它们有各自的用法。下面对这些否定词的用法和特点加以描写，并讨论学界较少讨论的无标记否定及否定的度量和辖域，以期对汉语的否定范畴有进一步的认识。

20.1 标记否定

20.1.1 否定词

安陆方言属于湖北境内的江淮官话——黄孝片[①]，其否定词有四个：冇[②]、冇得、不、莫。大致说来，"冇"相当于普通话的"没"或

[①] 中国社会科学院和澳大利亚人文科学院合编的《中国语言地图集》（1987 年，香港朗文）把安陆方言划入江淮官话。

[②] 湖北境内相当于普通话"没"或"没有"的否定词，赵元任先生记为"冒"。我们在这里记为"冇"，一方面，从语音的角度来看，湖北方言分属三个不同的次方言，即西南官话区、江淮官话区、湘赣方言区。而安陆方言属于江淮官话，有六个声调，"冒"和"冇"分别属于阴去和阳去两个声调，"冒"读 [mau^{35}]，而"冇"念 [mau^{55}]；另一方面，"冇"是一个俗字，是"有"字去掉里面的两横而来的，表示"没有"。

"没有","冇得"相当于普通话的"没有"(动词),"莫"相当于普通话的"不要"和"别"。

一是"冇"和"冇得"的区别。

其一,从词性上看,"冇"是个否定副词,修饰大部分动词或动宾短语,不修饰判断动词和能愿动词。"冇得"是表示否定意义的动词,与动词"有"相对,可以后接名词或名词性短语;也可以后接形容词性短语。例如:

(1) 他一直坐在喏儿得,冇说话。(他一直坐在那儿,没有说话。)

(2) 他们下(都)来了,就是张进冇来。

(3) 我早晨冇读书。

(4) 他昨儿晚行(昨天晚上)冇咳嗽。

(5) 我忙得一天到黑冇得空。

(6) 他跟他的堂客(老婆)冇得话说,像两个外人一样。

(7) 乜(这)个伢儿简直冇得大小,紧在喏儿鬼欵。(一直在那儿胡说八道。)

(8) 她做事真是冇得深浅。

其二,在句法分布方面,首先,"冇"可以出现在"经历体"句法结构中,而"冇得"不能。例如:

(9) 我冇到街上去。

(10) 我冇到街上去过。

(11) 他们冇商量这个事。

(12) 他们根本就冇商量过这个事。

(13) 桌子高头冇得书。

(14) 教室里冇得学生上课。

(15) 他们在一起冇得话说。

在这些句法结构当中,"冇"和"冇得"都相当于普通话的"没有",但是在安陆方言中却不能互换。"冇得"作为一个表示否定意义的动词,它后接名词,而"冇"是否定副词,修饰动词或动词性短语,而绝大部分动词可以表示"经历过某事"的语法意义。

其次,"冇"可用于句末,形成正反叠用的疑问句格式,而"冇得"则不能用于句末。例如:

(16) 你剃了头冇？（你理发了没有？）

(17) 他的弟弟考上了大学冇？

由此可以看出，安陆方言的否定词"冇"和"冇得"有严格的区分，表意及句法分布非常明确，不像普通话的"没有"是个兼类词，既可以作动词，也可以作副词。这也是安陆方言否定词与普通话否定词的最大差别之一。

二是"不"与"莫""冇"的区别。

其一，用于陈述句中的区别。

我冇说。（√）（已然的）　我不说。（√）（将来的）　我莫说。（*）

你冇说。（?）　你不说。（√）（阻止）　你莫说。（√）（劝阻）

他冇说。（√）（已然、评定性）　他不说。（√）（客观叙述）他莫说。（*）

当这三个否定词用于陈述句中时，第一，表现为"莫"和"冇"这两个否定词对其主语有人称上的选择，"冇"用于第一人称和第三人称，用于第二人称时"你冇说"单独不能成句，但与"他冇说"一起表示对举时可用于复句之中。如"你冇说，他冇说，那是哪个说的耶？""莫"用于第二人称，表示劝阻（它既能否定自主动词，也能否定非自主动词，在鄂东所有的方言中用得较普遍）；而"不"没有人称上的选择，三种人称都能用。第二，是否定词的运用与"体"有很大的关联：在第一人称中，"冇"与"不"虽然都能说，但是"冇"否定"已然"的事实，而"不"否定"将来"的情况。这一点与普通话中的"不"和"没有"同哪些体貌成分相容同哪些体貌成分不相容是一致的。第三，三个否定词表现出否定程度的差异：在第二人称中使用否定词"不"和"莫"时，"不"表示"阻止"，程度重；而"莫"表示"劝阻"，没有那么重的强制性。第四，否定词的运用在语用方面还表现出已然的评定性与客观叙述性的差异，同样用于第三人称，"冇"表示已然的评定性的否定，而"不"则表示客观的叙述。

其二，用于回答疑问句的区别。

"莫"不用于回答疑问句，"冇""不"用于回答疑问句时有"体"和语用上的区别。

（18）他说了冇？　　　　回答：他冇说。
（19）他说不说叻？　　　回答：他不说。
（20）他去了学校冇？　　回答：冇。/冇去。
（21）他去不去学校欸？　回答：不去。
（22）他去冇去学校？（＊）

"冇"和"不"都用于疑问句，"冇"用于疑问句句末，"不"用于疑问句句中；"冇"用于询问已然的动作行为，"不"用于询问未然的动作行为。当"冇"和"不"用于回答特指问时，它们的区别是：用"冇"仅仅是对"说"作否定回答，或仅仅表达出第三者对这个特指问的主语"他"的否定性述说；而用"不"时，除了对"说"作出否定外，还传递出主语"他""态度坚决"之类的信息。

20.1.2　否定词的来源

安陆方言的否定副词"不"古已有之，从古代汉语到近代汉语到现代汉语，"不"都是表示单纯的否定。

表示禁止否定的副词"莫"产生于西汉，《史记》中已见使用。近代汉语中，"莫"已经成为一个很常见的表示禁止的否定副词。据杨荣祥（1999）研究，《敦煌变文》中表示禁止否定的"莫"有316例，在近代汉语早期，"莫"与同期的表示禁止的否定副词"休""别"相比处于绝对的优势，到元明时期，"休"处于绝对的优势，"莫"在北方方言中开始衰落。到了现代汉语，"莫"为"别"所取代，只保留在一些方言当中。安陆方言里表示禁止否定不用"别"而用"莫"，正是古汉语的遗留用法在方言中的反映。

安陆方言的否定副词"冇"来源于古代汉语的"无"。"冇"与"无"在词义方面是相通的。据徐时仪（2003）研究，"无"的上古音为明母平声鱼部，《广韵》中的音韵地位为微母平声虞韵。《后汉书·冯衍传》记载："饥者毛食。"唐代的李贤注所加的案语云："《衍集》'毛'字作'无'，今俗语犹然者，或古亦通乎？"《冯衍传》中的"毛"即"冇"。明人方以智《通雅》说："江楚广东呼'无'为'毛'。"今安陆方言表示"没有"义的"无"读 [mau^{55}]，字作

"冇",由此我们可以说"无"与"冇"的替换应始于唐代。①

至于安陆方言的否定动词"冇得",最初应该是一个偏正性的短语,副词"冇"修饰动词"得",最终成为一个固定的词。这就像普通话里的否定词"没"和"没有"。据吴福祥(1997)研究,"没有"原本是动词"有"的否定形式,它的出现可能是受古汉语"无有"形式的类化影响。香坂顺一(1997)指出:"'无'不是作为跟'有'相对的一个概念,而是意味着是跟'有'相对的否定词。可以解释成具有综合性的'无',也用作分析式的'无有'。""无有"最初应是一个偏正词组,随着"无"为"没"所取代,出现了"没有"与"无有"平行的现象,"没有"亦逐渐取代了"无有"。我们也可以这样推测,随着"无"为"冇"所取代,"冇得"经常作为与动词"有"相对的否定性动词短语使用,再加上汉语词汇双音节化的影响,最终固定为一个否定动词。

20.1.3 否定式

一是"冇"字式否定式。

其一,"冇+V"或"冇+V+宾语"。例如:

(23)他冇做作业。

(24)他冇出去。

(25)我冇睡瞌睡。(我没有睡觉。)

"冇"只能修饰大部分动词,系动词、能愿动词等就不能受"冇"的修饰。

其二,"V+了+冇"或"V+了+宾语+冇"。例如:

(26)罐子窭里肉烂了冇?(罐子里的肉烂了没有?)

(27)乜(这)本书嗯你看了冇?(这本书你看过了没有?)

(28)你吃了饭冇?(你吃过饭没有?)

---

① 罗杰瑞《建阳方言否定词探源》一文认为闽北方言里相当于普通话"没有"的mau3(建瓯)、mɔ9(石陂)、mo2(镇前)等,"都可以看作是'无有'的合音:ma+wu→maw"。潘悟云先生也认为温州方言里相当于普通话"没有"的否定副词"毛"是"无"和"有"合音的结果。我们认为,安陆方言的"无"和"有"的读音与闽方言有区别,因而不采纳否定副词"冇"为"无"和"有"合音的说法。(一家之言!)

(29) 今朝（今天）开了会冇？（今天开过会没有？）

安陆方言里，"不"和"冇"都可以构成正反疑问句，但格式不同，在句中出现的位置不同，所用的时态不同，询问的目的不同。"冇"出现在正反问句的末尾，形成"V+了+冇"的格式，往往用来询问动作是否已经发生，相当于普通话的"V+过+没有"，不用于询问未发生的事。而询问未发生的事用"不"构成的正反问格式"V+不+V+语气词"（"VV+语气词"）或"V+不+V+宾语+语气词"（"VV+宾语+语气词"）来表达（见下文"不"字式否定式）。

二是"冇得"式否定式。

"冇得"是表示否定意义的动词，与动词"有"相对，一般带名词或名词性短语作宾语。安陆方言里有六种具体的表达式。

其一，"冇得 NP"。例如：

(30) 书库里头冇得书。

(31) 今朝（今天）我们冇得课。

(32) 今朝晚行（今天晚上）冇得电影。

(33) 灶里头冇得火。

(34) 他乜个家伙冇得翻正。（他这个家伙没有主见。）

(35) 搜人袋，冇得伴。[《孝感地区歌谣集（下）》第282页，中国民间文艺出版社1989年版]

(36) ……花果山，水帘洞，变了猴子冇得用。（同上 第271页）

其二，"N 都冇得"。例如：

(37) 书都冇得了，还上个么事学吵？（书都没有了，还上什么学呢？）

(38) 话都冇得说的，还坐在喏儿搞嘌？（话都没有说的，还坐在那儿干什么？）

"N 都冇得"这一格式不能单独成句，它往往用于复句的前一个分句中，而且还预示着有后续成分，这个后续成分往往是一个反问句。这个复句"N 都冇得了，还……？"的意思是"冇得 N，就不（别）VP"。

其三，"冇得 AP"，其中的"AP"指的是反义形容词并列短语作宾语，表示"不知道……"。而一般的形容词只能用"不"修饰。例如：

(39) 乜（这）个伢哟冇得一点儿大小。

（40）他真是冇得深浅。

"冇得"后接形容词作宾语的时候，往往不是直接带单个的形容词，而是通过后接反义形容词构成的并列短语来表示某种状态。如上例"冇得大小"指不分长幼尊卑的状态，不能直接说"冇得大"或者"冇得小"。"冇得深浅"是说处于一种无知的状态。

其四，"甲冇得乙怎么样"构成的比较句。例如：

（41）我弟弟冇得我高。（我比我弟弟高。）

（42）小王蛮会下象棋，我冇得他狠。（小王很会下棋，他比我厉害。）

（43）我的哥哥冇得我喜欢看书。（我比我哥哥更喜欢看书。）

（44）王林读书冇得张雨狠。（张雨读书比王林厉害。）

（45）李丽冇得刘艳贼。（李丽没有刘艳漂亮。）

这种否定式往往表达"甲比不上乙"或"甲不如乙"的意思，相当于普通话里的"比"字句"乙比甲更怎么样"。当然，安陆方言里也用"乙比甲更怎么样"的格式，因为这两种格式都是"显示比较双方的差异"（邢福义 2002）。但二者表达的语义重点不同：通常"甲冇得乙怎么样"从反面强调"甲不如乙"，而"比"字句用肯定的形式强调"乙"与"甲"之间的差异。

其五，"冇得 N + 动词"构成连谓结构。例如：

（46）今朝（今天）早晨冇得饭吃，我们吃馒头。

（47）六月间在畈里做事冇得水喝，把人都渴死了哦！（六月间在野外做事没有水喝，把人都渴死了！）

（48）他每埋儿（每次）下乡都冇得车坐。

（49）今朝（今天）是星期六，冇得学上。

这一类连谓结构中，第二个动词是及物动词，"冇得"的宾语在意念上是第二个动词的受事。

其六，"有啊冇得"构成的复句。

安陆方言的否定动词"冇得"与动词"有"相对，相当于普通话里的"没有"和"有"相对。普通话里，"没有"和"有"可以直接构成"有没有 + 宾语"的格式，询问有无。而安陆话里，"冇得"和"有"不能直接构成"有冇得 + 宾语"的格式来询问有无，只能构成

"有不有+宾语"的格式（这一格式在"不"字式否定式中讨论）。但是，"冇得"与"有"可以构成"有啊冇得"的格式。这一格式不能单独使用，只能出现在复句之中，预示着有后续分句出现。例如：

（50）不管有啊冇得菜，你老儿将就着吃一点吧。（不管有没有菜，您就将就着吃一点吧。）

（51）不管教室里有啊冇得学生上课，你都要把它打扫干净。（不管教室里有没有学生上课，你都要把它打扫干净。）

（52）不管有啊冇得人来，我们都要做好准备。（不管有没有人来，我们都要做好准备。）

（53）不管有啊冇得车，我今朝都要回去。（不管有没有车，我今天都要回去。）

这里，"啊"实际上是表示"还是"义的连接词，连接在肯定否定两部分之间，① 不能省略。而武汉方言里同样用否定动词"冇得"，却可以直接和"有"构成"有冇得N"的格式。例如：

（54）停顿了一下，电话那边又传来一句话，蛮平静的声音："喂，你觉得像我刚才那样说，到底有冇得效果吵？"（《午夜电话》载《楚天都市报》2005年8月31日）

三是"不"字式否定式。

安陆方言里，否定副词"不"修饰动词、形容词，这一点和普通话一样。不同的是，"不"构成的正反疑问句比较特别。下面加以描写和说明。

其一，单音节动词、形容词构成的正反问格式是："V+不+V+语气词"（"V+不+V+宾语+语气词"）和"VV+语气词"（"VV+宾语+语气词"）

第一，它们往往用来询问动作、性质等。例如：

（55）你喝不喝嘞？（你喝吗？/你喝不喝？）

（56）你喝喝嘞？（你喝吗？/你喝不喝？）

---

① 李如龙先生（2001）在其著作《汉语方言学》里也谈到这一现象，他说"闽南一带在连接肯定与否定部分时会加个表'还是'义的连接词'阿'。如：厦门：汝有读册阿无？（你有没有念书？）潮州：汝爱去阿无？（你要去吗？）有时候这个'阿'也可以省去。如：厦门：汝有看见无？（你看见了吗？）"

（57）乜本书你还看不看唦？（这本书你还看吗？）

（58）乜本书你还看看唦？（这本书你还看吗？）

（59）屋里头的东西多不多唦？

（60）屋里头的东西多多唦？

安陆话里，第（2）种格式"VV+语气词"实际上是第（1）种格式"V+不+V+语气词"省略了"不"，它是说话人在口语表达中快速说话造成"不"脱落的结果，不是"两个动词或形容词'重叠'构成的"①，而是一种语法格式的简化省略，表意功能完全等同于第（1）式"V+不+V+语气词"。这两种格式的区别主要表现在语用方面，即用第（1）种格式反映说话人慢条斯理的性格特征，有时带有强调的语气，而用第（2）种格式则反映说话人急躁的性格特征。

第二，安陆方言正反问格式"VV+语气词"里的"VV"绝不是动词重叠表示尝试的意思。安陆方言用这种格式表示正反问不会让人发生误会，因为用这种格式表示正反问时还要加上语气词，正反问否定句才能成立，同时"VV"随时可以还原为"V+不+V"，两者使用的概率差不多。

第三，安陆方言正反问格式"VV+语气词"里的"VV"也不同于紧缩句里两个动词的表面重叠。在紧缩句里，往往两个表面上重叠的动词之间有明显的语音停顿。例如：

（61）说说不得，打打不得，你几狠啰！（说又说不得，打又打不得，你好厉害呀！）

第四，单音节动词构成正反问在安陆方言里有一种比较特殊的格式，即由动词"有"构成的正反问，用来询问有无。在普通话中，"有"往往和"没有"相对，二者构成正反问格式"有没有"。而安陆方言中由"有"构成的正反问格式有三种：

（1）"有不有+宾语+语气词"。（2）"有有+宾语+语气词"。（3）"有啊+宾语+语气词"。例如：

---

① 项梦冰先生（1997）认为连城客家话反复问最常见的形式是"VV"或"AA"，这种格式是由两个动词或形容词"重叠"构成的，前一个音节的声调必须是35调。项先生认为这种"重叠"是由合音造成的，即在两个重叠的音节之间加上否定词"唔"构成。我们认为，严格说来，这种现象应该是一种格式的简化省略。

（62）你有不有乜本书欸？你有没有这本书？

（63）喏儿有有人嘞？（这儿有没有人？）

（64）房里有啊么事欸？（房里有没有什么事啊？）

安陆方言中，用动词"有"来询问有无构成的三种正反问格式，否定回答时不用"不有"来单独回答，而是用否定动词"冇得"来回答。上面三例都可以这样回答。例如：

（65）你有不有乜本书欸？（你有没有这本书？）回答：冇得。

（66）喏儿有有人嘞？（这儿有没有人？）回答：冇得。

（67）房里有啊么事欸？（房里有没有什么事啊？）回答：么家都冇得。（什么都没有。）

安陆话的"有有＋宾语＋语气词"这种格式江苏淮阴话里也有。江苏淮阴话也属于江淮官话，王开扬在论文《淮阴市方言语法》① 中说"有有 N"格式相当于普通话的"有没有 N"。王先生认为，普通话和方言的各种格式在淮阴方言是并存关系，而不仅仅是对换关系。甄尚灵（1981）在《遂宁方言里的"有"和"没有"》中说"四川遂宁话中有这样的格式'有不有 N'"。而且，"'有'和'不有'构成反复问时，'不有'不能单独用来回答问题"。

安陆方言的正反问格式和四川话、江苏淮阴话有相同的一面，这是因为安陆话处在江淮官话的西端，和西南官话交界，而遂宁话属于西南官话。可以这样说，安陆方言兼有西南官话和江淮官话的语法现象。

（2）由双音节词（设双音节词为 AB）构成的正反问格式有如下四种：

第一，"A 不 AB＋语气词"。例如：

（68）你认不认得他嘞？

（69）王为一做了乜（这么）多拐事，你说他下不下作嘞？（王为一做了这么多坏事，你说他可耻不可耻？）

（70）你恁咱儿（现在）回不回去耶？

（71）他晓不晓得你到武汉来耶？

第二，"AAB＋语气词"。例如：

---

① 此章的主要内容收录在《汉语方言语法类编》中。

（72）你认认得他嘞？（你认得不认得他？）

（73）你今朝回回去耶？（你今天回去不回去？）

（74）他喏儿看看到铁路欸？（他那儿看得到铁路吗？）

第三，"是不是＋AB＋语气词"。

（75）你是不是晓得他从北京回来了喂？

（76）你是不是恁咱儿（现在）回去耶？

（77）他们是不是商量了乜（这）个事儿欸？

第四，"是是＋AB＋语气词"。例如：

（78）你是是认得他嘞？（你是不是认得他？）

（79）李言做了乜（这）多拐事，你说他是是□［xɛ⁵¹］（很）下作嘞？（李言做了这么多坏事，你说他是不是很可耻？）

（80）你是是恁咱儿（现在）回去耶？

第二种格式"AAB＋语气词"是第一种格式"A 不 AB＋语气词"的简省形式，在口语表达中省略了否定词"不"。而第四种格式"是是＋AB＋语气词"是第三种格式"是不是＋AB＋语气词"省略"不"的结果。同第一式、第二式相比略有区别，即这一类正反问是对动作行为加以试探性的反复询问，带有求证的意味，而且"是不是"在句子结构里位置灵活，不仅可以居于句中，而且还可以居于句子的末尾表示询问。例如：

（81）他们下（都）抹了汗，是不是的耶？（他们是不是都洗过澡了？）

安陆方言里也有"AB 不 AB"这样一种结构，但它不是双音节词的正反问格式，而是一种表示转折的紧缩句。例如：

（82）叫她烧火不烧火，拿着火钳打婆婆。叫她挑水不挑水，拿着扁担打乌龟。

（83）叫她扫地不扫地，拿着扫帚玩把戏。叫她穿伢不穿伢，拿着衣裳做蛤蚂。（《孝感地区歌谣集（下）》第284页，中国民间文艺出版社1989年版）

四是"莫"字式否定式。

安陆方言里，"莫"往往用在祈使句中，相当于普通话的"别"，表示禁止性或劝阻性否定。例如：

(84) 百么事有人做，你就莫管。（什么事都有人负责，你就别管了。）

(85) 乜（这）个事儿已经□［xɛ⁵¹］（很）清楚了，莫紧在喏儿（那儿）说。（这个事情已经很清楚，别一直在那儿说了。）

(86) 莫吵莫吵！尽我去看下到底是么样回事儿。（别吵别吵，让我去看一下到底是怎么回事。）

(87) 莫慌着！我分开来把得你们吃。（先别慌！我分开来给你们吃。）

安陆方言中表示劝阻的否定祈使句主要有以下两种格式：

其一，莫+动词性词语。例如：

(88) 天道快黑了，你莫走。（天快黑了，你别走。）

(89) 你莫买，乜个东西一点儿都不好。（你别买，这个东西一点都不好。）

(90) 你莫说得他听，他受不起乜（这）个打击。

(91) 雷在天上烧，莫把粮食糟。（《孝感地区歌谣集（下）》第283页，中国民间文艺出版社1989年版）

(92) 好哭佬，卖灯草，卖到河边狗娃咬，狗娃狗娃你莫咬，我的灯草卖完了。（《孝感地区歌谣集（下）》第284页，中国民间文艺出版社1989年版）

其二，莫+形容词性词语。例如：

(93) 莫恼火，恼火有么事用呢？别生气，生气有什么用呢？

(94) 莫在喏儿（那儿）假嘎马嘎（虚情假意）的，我早就晓得你想的是么事。（别在那儿虚情假意的，我早就知道你想的是什么事。）

上面两种格式都可以在句末加上语气词"啊"。例如：

(95) 莫尽小伢在塘边上玩啊！（别让小孩在塘边上玩！）

(96) 莫尽他跑了啊！（别让他跑了！）

(97) 莫马马虎虎的啊！（别马马虎虎的！）

(98) 莫能的能气啊！（别逞能！）

语气词"啊"要重读，语调上升。这种祈使句劝阻口气比不加语气词"啊"更为强烈。这种劝阻性否定祈使句在湖北省各地方言中都有。

20.1.4 否定式的成活条件

邢福义先生（2001）说："小句的组词与表意，语句的联结与相依，规律的形成与生效，方言的语法差异，都依存于特定的句法机制，都或大或小，或多或少，或直接或间接地取决于特定的句法机制。"的确，在安陆方言里，某些否定说法单独说站不住，但在一定的句法环境中却可以说。有两个因素影响安陆方言否定句的成活：

一是语气或语气词是构成否定疑问句的必要条件，不同的语气词所表示的附加意义不同。

其一，安陆方言里，有些否定格式受主语人称的制约单独不能说，但加上疑问语气或疑问语气词后就可以成活。例如：

我冇说。(＋)　　我不说。(＋)　　我莫说。(＊)
你冇说。(＊)　　你不说。(＋)　　你莫说。(＋)
他冇说。(＋)　　他不说。(＋)　　他莫说。(＊)

"你冇说"作陈述句一般不能成立，但加上疑问语气或语气词后句子就能成立。可以这样说：

(99) 你冇说？（言外之意是"我还以为你已经说了呢！"）

(100) 你冇说吵？（你没有说吧？）

(101) 你冇说啊？（你没有说吗？）

(102) 你冇去上课？（你怎么没有去上课呢？）

这些疑问句之所以能成立，是因为说话人选择的是疑问的语气，表示说话人预设交谈的对象应该做什么而事实上没有做的疑问。可见，说话语气或语气词对否定表达式有促使其成活的作用。再比如：

(103)《毛主席语录》你有有欸？→你有有《毛主席语录》欸？
　　　　　　　　　　　　　　　　　　　　　　　回答：冇得。

(104)《毛主席语录》你有不有欸？→你有不有《毛主席语录》欸？　　　　　　　　　　　　　　　　　　　　　　　回答：冇得。

(105)《毛主席语录》你有啊欸？→你有啊《毛主席语录》欸？
回答：冇得。

上面的三个句子都是安陆方言正反问的三种格式。在这三种格式当中，语气词是这三种格式成活的重要条件之一，没有语气词，这三种格式在安陆方言中是很难站得住的。而且，同样意思的问句，成分调换以后语气词也跟着变化。这说明安陆方言的语气词非常丰富，语气词随句子末尾音节的不同而发生变化，这给学习理解带来了一定的困难。

其二，语气词不同，疑问意义不同。例如：

（106）你冇说吵？（你没有说吧？）

（107）你冇说啊？（你没有说吗？）

在这两个相同的句法结构中，使用了不同的语气词，其附加的疑问意义也不相同，主要表现为语用意义不同，即不同的语气词反映了不同的心理期待：用语气词"吵"表明说话人不希望对方说，但不能确定对方是说了还是没有说，所以用的是一个否定疑问句的形式来表达说话人的心理期待。而用语气词"啊"时则表明说话人希望对方说，同样不能确定对方是说了还是没有说，所以也用一个否定疑问句来表达说话人的心理期待。再看一组不同的语气词：

（108）你相不相信嘞？

（109）你相相信嘞？

（110）你相不相信吵？

（111）你相相信吵？

上例中，格式 A1 是格式 A 的省略形式，格式 B1 是格式 B 的省略形式，二者虽然表面形式不同，但疑问意义完全相同。而格式 A 与格式 B、格式 A1 与格式 B1 之间虽然结构形式完全相同，但由于二者的语气词不同，所表达的语用信息就有一定的差别。具体表现在：用语气词"嘞"仅仅表示一种纯客观的疑问，表示事实毋庸置疑的，有时候还意味着有后续成分。例如："你相不相信嘞？他还活了得。"（你相信吗？他还活着。）而用语气词"吵"时，则含有话题事实值得怀疑，问话人不能肯定对方是"相信"还是"不相信"，所以，问话人除了一正一反并列询问以外，再加一个语气词"吵"来表达附加的隐含意义。另外，用语气词"吵"往往反映了说话人一种不耐烦情绪或者不友好的态度。同样的例句还有：

（112）你有啊工夫跟我说嘞？

（113）你有啊工夫跟我说吵？

（114）你有不有工夫跟我说嘞？

（115）你有不有工夫跟我说吵？

以上四个句子都是"你有没有空跟我说？"的意思，但用语气词"吵"的句子往往表达说话人一种不耐烦的情绪。

二是"有啊冇得"只能用在复句当中

否定动词"冇得"与动词"有"相对，相当于普通话里的"没有"和"有"相对。普通话里，"没有"可以和"有"直接构成"有没有N"的格式来询问有无。而安陆话里，"冇得"和"有"不能直接构成"有冇得N"的格式来询问有无，只能在中间用一个语气词，构成"有啊冇得"的格式。值得注意的是，说安陆方言里"有啊冇得"格式不能单独使用，只能出现在复句之中，起后边有有后续分句出现。如：

（116）不管有啊冇得人来，我们都要做好准备。（不管有没有人来，我们都要做好准备。）

（117）不管有啊冇得车，我今朝都要回去。（不管有没有车，我今天都要回去。）

20.2　无标记否定

20.2.1　无标记否定的含义

电视剧《还珠格格》里有这样一个情节：皇上令太监杖打容嬷嬷，容嬷嬷被打得疼痛无比，大喊大叫，皇后求情都没有用。皇上盛怒之下说谁要是再说"不打"为容嬷嬷求情就连他一起处罚。这时聪明的紫薇作了一首诗并念给皇上听：月移西楼更鼓罢/渔夫收网转回家/雨过天晴何须伞/铁匠熄灯正喝茶/樵夫担柴早下山/猎户唤狗收猎叉/美人下了秋千架/油郎改行谋生涯/人老不堪棒槌苦/请求皇上饶恕她。这首诗通篇没有一个"不打"，却句句都含"不打"，皇上只好饶恕了容嬷嬷。紫薇作的诗隐含的"不打"是用近似谜底、谜面的形式，这种语言表达很有魅力，也可以说是一种无否定词的否定。我们下面要讨论的无标记否定是相对于有标记否定而言的。有标记否定是指用否定词"不""冇""冇得"或"莫"等表示的否定。而无标记否定是指不用否定词却仍然表示否定意义的语言现象。例如：

(118) 肖遥他妈妈气得了（气得不得了），说："你从深圳回来了乜（这）些时，天天在屋里玩，也不想下将来该怎么搞……"肖遥气鼓鼓地说："哪个在玩嗫？我天天在屋里做事……"

例（118）中"哪个在玩了？"意思是"我没玩"。它所表示的意思都是否定的，但又没有用否定副词，我们称为无标记否定。所谓的"无标记否定"指的是这样一种语言现象：在特定的交际情境下，出于一定的交际需要，答话人不用否定词"不""冇""冇得""莫"等却表达出了否定的含义，使发话人的话语和答话人的话语形成对立。

很显然，无标记否定意义的形成有其语言环境，明显地划分为两个部分：一是前提部分，即说话人已经说出的某个观点的部分（记作 A 部分），如例（118）中的"你从深圳回来了乜（这）些时，天天在屋里玩，也不想下将来该怎么搞……"；二是答话部分，即听话人用来否定说话人某观点的后续句部分（记作 B 部分），如例（118）中的"哪个在玩嗫？"因而整个无标记否定意义的形成过程就可以描写为："A。——B。"（"——"表示说话人话语和答话人话语之间的界限或另起一行。）无标记否定意义一般出现在对话中的后续句部分，是对说话人观点的否定或否定性评价。

对于汉语答话中的无标记否定现象，吕叔湘先生（1982）早在《中国文法要略》里就论述过反问形式的否定作用："反诘实在是一种否定的方式，反诘里没有否定词，这句话的用意在否定；反诘句里有否定词，这句话的用意在肯定。"他还在《现代汉语八百词》中提到疑问代词表示否定。王力先生也认为："反诘语可以作否定语用，这是很自然的道理，不过反诘语的语意更重罢了。"尹世超先生（2004）在讨论否定性答句否定的隐显与程度的问题时，对否定性答句进行了分类，其中的隐性否定答句，即无标记否定。邱莉芹（2000）谈了"哪里"的否定用法，李一平（1996）谈到了"什么"表示否定和贬斥的用法，寿永明（2002）分析了疑问代词的否定用法。我们将在前贤有关论述的基础上结合安陆方言探讨无标记否定的类型、无标记否定的语法意义、无标记否定的特征等问题。

20.2.2　无标记否定的类型

无标记否定的类型结合 A 部分（说话人）和 B 部分（答话人）的

话语分为两大类。

一是 A 部分是肯定句。

其一，A 部分是肯定句，往往表达说话人的某种赞美性或倾向性的评价。而 B 部分往往是用反问句对发话人的肯定性赞美进行评价，含义是否定的。格式是：肯定性的感叹句——反问句，即 X——X 个什么？或 X——X？例如：

（119）他的媳妇儿几好哦！见人就笑。——好个么事（什么）吵？一肚子坏水。

（120）我们会尽快地解决这些问题的，大家莫着急！——尽快呀？到么时候才算尽快耶？

（121）老柴压低嗓门、气急败坏地说："够了！够了！莫在喏儿（这儿）瞎扯蛋哈！"——"么事欤？够了啊？乜（这）一点儿钱儿就想打发我啦？"

例（119）中，答话者用反问句"好个么事（什么）吵？"表示"他的媳妇儿不好。"例（120）中用"尽快呀？"表示对对方的怀疑，认为是不会尽快的。例（121）用"够了啊？"表示反问，意思是"不够"，表达的语气非常强烈。

其二，A 部分是肯定句，而 B 部分用疑问代词"怎么""么事（什么）"之类来反问质疑表示否定性的意义。格式是：一般肯定句——"么事"类反问句，即 X——么事 X。例如：

（122）张小劲为难地说："当然……当然……"——李大力打断他说："么事当然当然嘞？快抹点儿（赶快）把钱拿来！"

（123）乜（这）是你的爸爸。——么事（什么）爸爸嘞？乜多年数（这么些年）他到哪儿去了欤？我从来就冇看到他。

（124）他们说在深圳□［xɛ51］（很）好赚钱，是不是真的耶？是不是他们瞎说嘞？——怎么是瞎说嘞？深圳的机会是蛮多，只要肯出力做事，赚一点儿小钱还是蛮容易的。

其三，A 部分是肯定句，B 部分用疑问代词"哪儿"之类表示谦虚礼貌意义的否定。格式是：肯定句——哪儿欤？即 X——哪儿欤？……例如：

（125）听你的口音，像是大悟人。——哪儿欤？我是花园人。

（126）乜埋儿你搞住了个作，真有点儿板眼儿哦！（这一次你做对了，真有本事啊！）——哪儿欸？我乜埋儿是瞎猫子逮得巧个死老鼠，过碰的。（哪里哪里？我这次是瞎猫逮到个死老鼠，碰巧而已。）

例（125）中，用"哪儿欸"表示在对方对说话人产生误解时，或同时因此推辞某事时委婉地表示不同意对方的话，进而进行解释，请对方不要误解、推辞。例（126）用"哪儿欸"表示谦虚的否定。

其四，A 部分为肯定的陈述句，B 部分由"鬼""屁"等词表示否定意义。格式是：X——X 个鬼（屁）。例如：

（127）我明明看见了他在屋里的。——看见了个屁，你就在喏儿光着他打马虎眼儿（你就在那儿帮着他打马虎眼儿），以为我不晓得。

（128）小华交了电费的呗。——交了个鬼，就是数他欠的最多。

二是 A 部分是疑问句。

其一，A 部分是疑问句，B 部分的否定意义往往由含贬义或虚幻的词"鬼""屁"等承担。其格式是：X 不 X？——X 个屁/鬼。例如：

（129）你吃不吃欸？——吃个鬼！你一天到黑只晓得吃，也不怕吃成个胖子。

（130）他的屋里有不有钱嘞？——有个屁的钱，他在外头摆浪子屋里啃酱子。

这类句子经常出现单个量词"个"作修饰成分，用词俚俗。

其二，A 部分是疑问句，B 部分的否定意义用疑问代词反问质疑来表示。其格式是：X 不 X？——"么事"类反问句。例如：

（131）伢们儿一年到头不在屋里，你欠不欠（想不想）他们嘞？——有么事好欠的耶？我一个人在屋里还自在一些。

（132）他出了事你晓不晓得嘞？——我天天在屋里拽倒（待着）怎么晓得他的事儿哦？

其三，A 部分为疑问句，B 部分是汉语或方言里一些特定的词，在答话中表示否定的意义。例如：

（133）他的屋里是不是□［xε^{51}］（很）有欸？（他家里是不是很富裕？）——八啰！就是三间瓦屋娃儿，百么事冇得，穷死烂爷。

（134）你的伢儿读书是不是□［xε^{51}］（很）聪明嘞？——鬼哟！他只晓得跟我要钱去玩。

其四，A 部分为疑问句，B 部分是一个肯定性的陈述句，也就是答话人不正面否定问话人的问题，而是从另一个角度来说，委婉地表示不同意问话人的意见。它的格式是：疑问句——肯定性的陈述句。例如：

（135）他是不是<u>在</u>打球欸？——他在看书。

（136）小林是不是看他去了欸？——她买种子去了。

这一格式的无标记否定的 A 部分一般是正反疑问句，回答形式有肯定和否定两种。而答话人在回答的时候既不选择肯定，也不选择否定词直接否定，而是用陈述句的形式选择第三种情况作为回答。从表达效果上来看，这种回答方式显得含蓄、委婉而又明确地表明了自己的意见，很有表现力。

20.2.3 无标记否定的语用意义

无标记否定和标记否定是等值的。曾毅平、杜宝莲（2004）认为，反问句的否定功能可以通过语气转换和表层结构与深层结构的转化显示出来。例如：

（137）我跟<u>你</u>的妈就该累死。

（138）难道我跟<u>你</u>的妈就该累死？

（139）我跟<u>你</u>的妈就不该累死。

上述例子中，例（137）与例（138）矛盾对立，例（138）与例（139）基本意义等值。三者之间具有转换关系：例（137）是肯定陈述句，附加上反问语气成为例（138），而例（138）的深层结构是例（139）。例（138）这样的句子在反问语气的作用下，意思与例（137）相反；反问句例（138）去掉反问语气要加否定词成为例（139）后才能保持例（138）的意思。例（139）与例（137）在意义上二元对立，其差别在于有无否定词。可见反问语气与否定词在促使句子发生二元对立的转化方面具有相同的功能。

无标记否定是一种语用否定，它的语用意义大致有以下几个方面：

一是无标记否定表示质疑、不以为然的意思。例如：

（140）等下护士打针的时候，<u>你</u>要忍倒欸，莫哭，哈？——我会哭啊？也（那）是不可能的。

（141）武汉真好！——好个么事哟！热得要死。

二是无标记否定表示愤怒的情绪。

表示愤怒情绪的时候，语气强烈，情绪激动或感情激扬。例如：

（142）交警也来了气，说："那我就教你一回。你超了车。"——王跃跃说："我哪儿超了车嘞？明明是你冇得事找事做，我一直注意了得嚜。"

（143）徐天云说："几多钱嘞？"——小李说："我们弟兄伙里还讲么事钱嘞，用完你再还得来了就行了。"

三是无标记否定表示答话人自谦或客气的寒暄。例如：

（144）恭喜哟！你的伢今年高考考得乜（那）好法。——哪儿欸，也就是一般般。别个的伢考得还好些啰！

（145）今年很赚了一些钱吵？——哪儿欸，赚的两个钱刚刚够糊住嘴儿，冇剩几个。

（146）你乜（这么）忙，我还老尽（让）你操心，真是不好意思哦！——又说见外的话，还你们我们的。

四是无标记否定表示不满或斥责。例如：

（147）听说你乜埋儿（这次）买股票又赚了。——赚你个头哦！又套进去了。

（148）你的儿乜（这）个月又给你寄了钱的呀？——鬼的妈打架嘞！他不跟我要钱就是好的！

五是无标记否定表示不相信或根据不可靠的否定。例如：

（149）高广汉昨儿（昨天）死了，你晓啊得嘞？——鬼款（瞎说八道）！我前儿（前天）还看见了他的，身体看起来还蛮扎实嚜。

（150）听说你把别个的女朋友抢过来了，是不是真的耶？——瞎说，我是乜（那）样的人啦？你还不了解我？

六是无标记否定表示答话人不喜欢的否定。例如：

（151）他这个人为人像么样欸？——马屁精一个，一天到黑只晓得拍马屁。

（152）你乜埋儿（这次）请的一个人蛮会做事吧？——和梗（完全）是个饭桶，百么事不会做，你说下她就动下。

七是无标记否定表示答话人回避的态度或不同意对方意见的辩解。例如：

（153）他去城里买肥去了哇？——他到医院去看病去了。

（154）小小到上海打工去了哇？——小小到武汉读书去了。

（155）那就只好又建立一个"维持会"哟！——哪儿欸？要一直调解到他们不愿意离婚为止。既然不离了，就说明还是有感情基础的，家庭就还是幸福的。

这是一种闪避性的无标记否定，即不正面否定，但又必须表明自己的态度。同一时间内一个人不可能做两件事，做了其中一件就意味着没做其他的，从而达到否定的目的。如例（153），不说"他没有去城里买肥"，而是说"他去医院看病"，实际上否定了"他去城里买肥"的说法。同样，例（154）中用"小小到武汉读书去了"否定"小小到上海打工去了"的说法。例（155）里答话人用"哪儿欸"表示不同意"建立'维持会'"的说法，并进一步进行辩解为什么不是另一个"维持会"。

20.2.4　无标记否定的特征

无标记否定与标记否定等值，又表达其他的附加意义，有表白、有客气、有谦虚、有拒绝、有制止，等等，这些附加意义的产生跟无标记否定的特征有关。无标记否定的特征主要表现在：

一是无标记否定具有句管控性。

也就是说，无标记否定必须有上下文语境，在答话中产生否定意义。其格式为"肯定句或疑问句＋答语无标记否定"，它构成一个言语举动，出自两个人之口共同完成。单独的反问句或某个特定的词不表示否定的意义。例如：

（156）老丁哭笑不得地小声说："莫太过分哈！别个看到几难为情嘞！"——难为情啦？有么事（什么）难为情的耶？他们冇看到别个亲热的呀？

（157）小关慌慌张张地四处找电视遥控器："么事新闻嘞？是不是厂里的改制方案今朝（今天）出台了欸？"——"鬼哟！你不是说你自己冇得问题的呗？怎么恁咱儿（现在）乜（这么）紧张欸？"

例（156）中的"难为情啦？"如果单独作为一个问句，则仅仅表示疑问"是不是难为情？"但如果用在例（156）中这样一个特定的语境，则表示"没有难为情"的意思。同样，例（157）中的"鬼哟！"单独只是表示感慨或惊讶，但结合例句中的上下文则分明表示"今天没有出台出厂里的改制方案"。

从篇章关联来看，所有的无标记否定句都是后续句，而且绝大多数都是信息传递过程中的承接句。换句话说，从语义连贯的角度看，无标记否定句所表达的内容是承接前面的表述而来的否定性叙述，有时还在无标记否定的后面再加一个标记否定句，进一步强调。例如：

（158）刘老师海量吧？——哪儿欸，我不会喝酒。

二是答话否定。

无标记否定总是否定从发话人话语中推断出来的内容，它的语义必须以它所推断的话语的语义为基础。因此无标记否定的出现就必然要受上下文语境的限制，很少单独成句。它们所在的句子一般都不是始发句，而是后续句，也就是答语。前面说到一些句子如反问句表达否定的意义。除此之外，在句管控下，一些特定词语在答语中表示否定意义，往往是"鬼、八、么事、哪儿"之类的词语。这些词要么意义比较虚，如"鬼、八"等；要么含贬义，如"屁"等；要么是代词，如"么事、哪儿"等。因为虚幻的意义或者贬义本身就含有"不真实"的意义，在一定的语境中自然产生了否定的意义，而代词的最大特点是它的游移泛代性，所以在答语中与上文意思形成对立，因而产生否定的意义。

一方面，句管控下的疑问代词在答语中表示否定的意义。例如：

（159）他到深圳去了五六年，很赚了几个钱吧？——哪儿赚得倒钱啰？能自己养活自己就不错了！

（160）乜（这）种饼干还是许晴作的广告欸，肯定□［xε^{51}］（很）好吃！——有个么事吃头哦？一点儿味儿都有得。

例（159）的意思是"没有赚钱"，疑问代词"哪儿"不表示疑问，在这个语境中，答话人的意思刚好与问话人的意思对立，它是通过疑问代词的反问显示出来的。同样，例（160）中的"有个么事吃头哦"表示"没有什么吃头"。

另一方面，句管控下的"鬼"之类意义较虚的词或贬义词在答语中表示否定的意义。大致说来有这样一些：

其一，在答话中常用"差得远、胡说八道"等词语表示不相信的否定。例如：

（161）我打断他的话说："你老儿兕（这么）大的年纪，病病歪歪，还兕样儿（这样）关心国家大事，真是不多见啰！""差得远啰！你千万不要误解哈，后半辈子我么事都不关心，只是看看、听听、想想，连讲都不愿意讲，也有得哪个听我讲，欸！"

其二，在答话中常用"瞎说、造谣"等词语表示无来由、无根据或根据不可靠的否定。例如：

（162）听说你把丈夫气跑了，有不有兕（这）回事欸？——瞎说，我是那样的人啦？你还不了解我啦？

（163）他的老二尽（让）公安局里抓去跑了，是不是有兕（这）个事儿欸？——完全是造谣，我刚刚还在他的屋里看见了他的。

其三，在答话中常用"鬼、马屁精、倒胃口"等词表示答话人不喜欢的否定。例如：

（164）她兕埋儿（这次）穿的兕（那）件衣裳是不是囗［xε^{51}］（很）好看嘞？——鬼哟！她兕（那）个水桶身材穿么事（什么）都不好看。

（165）他的屋里兕埋儿（这次）请客的酒席蛮好吃吧？——倒胃口得很啰，厨子的手艺一点儿都不强，还不如在屋里吃。

三是无标记否定是非预期性的否定。

无标记否定的结构形式是：发话人和答话人有一个话轮，无标记否定意义隐含在答话中，而且始发句信息是发话人的预期状态，而现实状态令答话人不满，故答话人在答语中隐含对发话人的预期状态的否定，通常还有一个否定标记的后续句进一步否定，往往表达答话人的评价意义。

无标记否定是在句管控下形成的，通常在答话中与发话人的信息形成对立，构成否定关系，而发话人的信息对答话人来说是非预期性的，是答话人所没有料想到的。在言语交际过程中，人们所说的话语常常隐含着一些意思，有时表达了某中心理期待，希望答话人有如意的感觉，有时对答话人进行肯定性的褒扬，而听话人对所接受的预期性信息进行推断与联想。如果这些推断和联想与听话人所具有的已知信息一致，则不需要否定。否则答话人就要对发话人的预设信息进行否定。无标记否定在表达功能上的特点就是：它们所在的否定性结构一般不去直接否定某一特定的话语，而是否定从发话人的话语中推断出来的内容，通过这种对推断的否定来反驳某种说法、看法或说明事实真相或道理。这种否定往往附加了答话人的某种情绪，在表达效果上往往要比直接否定某一话语更为鲜明有力。例如：

（166）你还说呗！你的媳婆儿（老婆）看了你的信以后，乱骂了半夜，……一边骂一边哭……——她还会哭啊？我还从来冇见过她掉过一滴眼泪。

在这个例子中，发话人给了答话人一条信息"他的老婆哭了"。答话人从这条信息中推断出"老婆哭"是一种非预期性信息，因此他对此表示不相信，在怀疑之后又用反问的形式否定了这种非预期性信息，以此说明这种怀疑是有道理的。

四是情绪性否定。

无标记否定是一种语用否定，它与一般的标记否定句句意表达虽基本一致，却有较大的语用差别。试比较下面的两个句子：

（167）听说你对她的兄弟有点儿意思，吵？——"屁哟！你有么事证据欸？我就是托他买了两本书你就在喏儿（那儿）瞎说啦？看我不撕烂你的嘴。"

（168）听说你对她的兄弟有点儿意思……——我对她的兄弟冇得意思……

从否定的语义强度来看，例（167）的否定强度远远高于例（168）。此外，从句式所体现的感情色彩看，例（167）往往表现说话者"极度不满"的主观感情，语气强烈。而例（168）往往是以客观事实作为评价标准的，客观性强，表达的语气平淡。

无标记否定反映的是答话人的某种情绪，多表示答话人的主观态度，往往是说话人在愤怒、激动、生气等情绪较为激烈时作出的语言反应，主观色彩相当浓厚，感情倾向十分明显，常带有贬斥的词语或句子与之配合。

无标记否定的语气有强弱之分，有自谦和埋怨之别，其核心语气或说它的语义基础主要是表示不满，包括斥骂、责难、嘲弄、鄙夷、讨厌、不屑一顾、自谦、自嘲等。一般可以分为两种情形：一是言他，表示完全不同意对方的观点，否定的语气较强，常含有一种"不满或不屑"等感情色彩。二是曰己，否定的语气极弱，它其实是一种客气的说法，即当别人对己或与己有关的人或事作出褒扬时，说话者用无标记否定来表达自己的谦虚。

通过上述分析，我们不难发现，无标记否定与相应的标记否定比较，语义值相等，但表达效果却有明显不同。无标记否定在语用效果上具有委婉作用或强调作用，它不仅达到了否定的目的，而且还可以使否定变得礼貌得体，或者使否定的意义显得更加强烈。因此，在交际活动中，我们既要深刻体会无标记否定的会话含义，领会其"言外之意、弦外之音"，从话语的表层意义深入到深层去理解其真实的含义，也应注意无标记否定的灵活运用。

20.3 否定的度量与否定的辖域

无论是普通话还是方言里的否定，都有否定的度量和辖域的问题。否定的度量是指否定程度的高低或大小，有的否定形式表示全然否定，有的否定形式表示有保留的否定，表现出否定度量的相对性。而否定的辖域则指否定在句子中所管辖的范围，它牵涉句类中否定的作用及句法结构中否定的焦点等问题。

20.3.1 否定的度量

一是相对否定。

否定形式所表达的有时是全然否定，有时是相对否定。例如：

（169）你去不去看电影欸？——不去。

（170）他们来了冇？——冇来。

（171）你想不想买钻戒欸？——我冇得钱！

（172）你想不想买条围巾嘞？——我冇得钱！

（173）买一双袜子吧？——我冇得钱！

例（169）和例（170）的否定答话都是全然否定，不留余地。但并不是所有的否定形式都表达全然否定，例（171）和例（172）中的"冇得钱"都是钱少、钱不够，但在程度上有差异：例（171）是说钱不够用来买钻戒，但买一条围巾肯定绰绰有余；例（172）是说钱不够用来买一条围巾，但买一双袜子肯定是够的；例（173）说钱不够买袜子，相对于例（171）、例（172）来说就极少极少了，有可能答话人是真的一文不名，这时的否定可能就是"零"了。这说明否定的度量具有一定的相对性，在特定的语境当中，否定往往意味着"不够"，正如叶斯帕森（1988）在其《语言哲学》中所说的，否定的本质是"less than"，就是"少于、不及"的意思。那么，是什么原因导致否定度量具有相对性的特点呢？邢福义先生（1995）认为，使用否定形式，否定的度量要受到语境的规约，包括显性的规约和隐性的规约两个方面，显性的规约指出现在上下文中的相关词语或句子，隐性的规约指心理预设、情绪氛围和势态夸张等。

　　无标记否定在某种程度上来说也是一种相对的否定，尤其是当别人对自己或与自己有关的人或事作出褒扬时，说话者往往用无标记否定来表达自己的谦虚，这时否定的语气极弱，它其实是一种客气的说法。

　　二是一重否定表达肯定。

　　从否定的语用信息来看，理解否定句时，我们往往最先抓住的是否定词，这是初级过程。然后看否定词否定的动词还是形容词，考虑是动词或形容词框架起作用还是它们和否定词一起起作用。一重否定表达肯定跟否定词所否定的词语有关，往往是否定词与形容词组合形成，即否定词与反义形容词的下限组合，表达肯定的含义。例如：

　　（174）我找老婆的标准是不能太丑、不能太笨、不能太穷。

　　我们最先对上例的初步理解是"不"和"能"组合，而进一步理解说话人的表达意图则是："不能"否定后面的形容词，表达肯定的含义。这是深层理解。同时，上例所表达的否定含义和格赖斯的会话合作原则的关系十分密切。"不能太丑"包括除了"丑"以外的一切情况，也包括了"漂亮"。这给听话人传递的信息一般是"不很丑"的意思。交际双方一般情况下都遵守一个基本的交际原则，即"向对方提供足量的信息"，也就是格赖斯所讲的"量的原则"。而否定所提供的信息量是很低的，"漂亮"准确地告诉别人一件事，信息量很高，"不能太丑"包括"长相不太丑""长相一般""长相很漂亮"等信息，传达的信息很模糊，信息量很低。在交际过程中，说话双方都认为对方遵守着"量的原则"，所以当一方用否定来传达信息的时候，受话人会从否定的多种可能中选择一种信息量最大的解释加以接受，这个信息量最大的解释往往表达肯定的内容。

三是双重否定表达肯定。

双重否定等于肯定，但在日常语言中，有些双重否定和肯定式的含义是很不相同的。吕叔湘先生（1986）曾指出双重否定得到的肯定，并不是除去两个否定后剩下的东西。例如：

（175）我不能不来。

（176）我不敢不去。

（177）他不能不去。

例（175）是"我必须来"的意思，而不是"我能来"的意思；例（176）是"我只好去"的意思，并不是"我敢去"的意思；例（177）是"他必须去"的意思，不是"他能去"的意思。这说明日常语言中的否定不单纯是一种逻辑现象，同时还是一种语用现象。

20.3.2 否定的辖域

我们这里要讨论的否定的辖域（scope）是指否定词在句子中所管辖的范围，它具体指两个方面，一方面是指否定在句类中的辖域，另一方面是指否定在句法结构中的否定焦点。这两个方面不仅适用于安陆方言，而且适用于普通话。下面我们就这两个问题展开讨论。

一是否定在句类中的辖域。

否定在不同的句类中所管辖的范围不一样，表达的意思有区别。

其一，否定与疑问句。

第一，在正反问句中，否定词的辖域有着非此即彼的意义，是事物性质的两端，被否定的一项不是"少于、不及"的意思。例如：

（178）乜（这）件衣裳贵不贵耶？

（179）他出的主意好不好欸？

例（178）中的"不贵"就是"便宜"的意思，没有"不太贵"的意思；例（179）中的"不好"就是"差"的意思，没有"不太好"的意思。

第二，在选择问句中，有时否定的辖域和正反问句一致，有时不一致。例如：

(180) 乜（这）件衣裳究竟是质量不好欸还是不太好？

(181) 乜（这）件衣裳你究竟是不喜欢还是不太喜欢嘞？

例（180）中的"质量不好"就是"质量差"的意思；例（181）中的"不喜欢"就是"讨厌"的意思，否则就不能和"不太好""不太喜欢"构成选择问。

正反问的正反两项和选择问的两个选项本质上都是为了确定一个求取信息的范围，不同的是正反问确定范围的方式是"举其两端"，所以正反问句中正反两项各自代表事物性质的一极。而选择问确定范围的方式是列举语义相关的选项，它所列举的相关语义选项可以包括正反问的两极，因而其中的否定项既可以理解为"少于、不及"的意思，也可以理解为事物性质否定的一端。

第三，否定在是非问句中表面上是否定某一个成分，有其管辖范围，实际上是提供一个预设，从而表达说话人的观点和看法，往往含有"（按常理）应该"，"我认为会"之类的意思。"例如：

(182) 你出去了几年，不欠（想）屋里呀？（按常理应该欠（想））

(183) 蹦蹦跳跳了一大天（一整天），不累人啦？（我认为应该累了。）

是非问句的结构主体是一个否定的命题，表示一个否定性的事实，这个事实往往是某种预设的结果。如例（182），当说话人问听话人"嗯（你）出去了几年，不欠（想）屋里呀？"时，这个问话是"按常理应该欠（想）屋里"这个预设结果。同样，例（183）里当说话人问听话人"不累人啦？"时，这个问话是"我认为或者我觉得嗯（你）应该是累了"这个预设的结果。

第四，在特指问句中，否定用在特指疑问中的位置不同，所管辖的范围也不同，导致所起是作用也不同。否定用在特指问中的疑问代词前，它否定的是这个疑问代词，使疑问代词不表示疑问，整个句子成为陈述句。例如：

(184) 学习有得么事窍门。（学习没有什么诀窍。）

(185) 我冇注意他们还做了么事（什么）。

上述例子中，否定词"冇得"和"冇"用在疑问代词的前面，否定了句子中的疑问代词，使特指问句变成了陈述句。石毓智（2001）认为，"没/不＋动＋疑问代词＋其他"是否定性结构，其中的疑问代词丧失了疑问功能。如例（184）去掉否定词后就是一个特指疑问句"学习有么事窍门儿欸？"例（185）去掉否定词后也是一个特指疑问句"他们还做了么事？"

否定用在特指疑问句中的疑问代词之后，它否定的是整个句子，使这个特指疑问句变成反问句，表达肯定的意思。例如：

（186）他天天在屋里摔摔打打的，哪个不说他啰？

（187）他么事拐（坏）事冇做尽啰？

在这样的否定结构中，表面上否定词否定的是其后的动词，实际上它否定的是整个句子，形成了反诘式整体否定，句子表达肯定的意思。例（186）的意思是说"人人都说他"，如果去掉否定词，则句子为特指问"哪个说他嘞？"例（187）的意思是说"他做尽了所有的坏事"，如果去掉否定词，句子也是一个特指问"他做了么事拐（坏）事欸？"可见，否定在特指问句中的管辖范围比较特别，所起的作用也很大，能够取消疑问代词的疑问功能，使疑问句变为陈述句。

其二，否定与祈使句。

祈使句表达命令或禁止等语气，否定在祈使句里管辖的是它后面的成分。一般认为，肯定式表示命令，否定式表示禁止，但有时祈使语气的否定式不仅表示禁止，还表示请求。例如：

（188）过来！（表示命令）

（189）莫过来！（表示禁止）

（190）莫过来，好不好欸？（既表示禁止又表示请求）

例（188）的祈使句表示命令的语气，例（189）的祈使句表示禁止的语气，例（190）的祈使句既表示禁止又表示请求。这说明否定在祈使句中影响了祈使句的语气发生变异。以上说的是祈使句里的一重否定。祈使句里的双重否定与祈使句一重否定所表示的语气又有区别。例如：

（191）莫吃药！

（192）莫不吃药！

例（191）是一重否定的祈使句，它是由一般的祈使句和否定词"莫"构成的，其中，"吃药"是表示命令的祈使句。例（192）是双重否定的祈使句，它是在否定一个陈述句的基础上，加上否定词"莫"构成的。我们可以看出，一重否定祈使句和双重否定祈使句在结构上是不同的。另外，一重否定的祈使句和双重否定的祈使句否定的对象不同。一重否定的祈使句里否定的是具体行动，双重否定否定的是主观意愿。如"莫吃药"是禁止"吃药"这种行为，在要求某人不吃药的时候说明某人已经吃药了；"莫不吃药"不表示禁止某种行为，因为"吃药"这一动作还没有实行，不能被否定，它所否定的是结束听话人不愿意吃药这种状态，让听话人开始吃药。

其三，否定与感叹句。

在感叹句中，否定可以用标记否定来实现，也可以通过无标记的形式来实现的，感叹句中的无标记否定更多地表现为极性反义词的否定。例如：

（193）他的女婿几高哦！

（194）他的女婿几矮哟！

（195）他的女婿几不高哦！（*）

（196）几贼（漂亮）的女伢儿（女孩）哦！

（197）几丑的女伢儿（女孩）哦！

（198）几不贼（漂亮）的女伢（女孩）哦！（*）

例（193）和例（194）中的"高"和"矮"是一对极性反义词，"矮"是对"高"的否定，但没有用否定词，属于无标记否定，这种无标记否定反而不能用否定标记，如例（195）用"不"来否定"高"句子却不能成立。同样，例（196）和例（197）中的"贼"和"丑"是一对极性反义词，"丑"是对"贼"的否定，同样不能用否定标记来否定。但是，一些表示主观可控的形容词却可以用"不"来否定。例如：

（199）几勤快哟！

（200）几不勤快哟！

这类感叹句不能充当定语，一般情况下只能充当谓语。例如：

（201）小华几勤快哟！

（202）几不勤快的小华哟！（*）

二是否定与句法结构中的否定焦点。

在句法结构的线形序列中,否定词常常位于谓词性成分的前面,一般情况下其否定语义的作用范围是其后面的部分。否定词否定语义的作用范围是否定范围。否定词与否定范围内成分的语义关系有两种可能性,一种是否定了谓语动词,以及否定范围内的所有成分同主语的关系;另一种是仅仅否定了否定范围内的某些成分,谓语动词本身并没有被否定,仍然可以作为肯定语义来理解。例如:

(203) 小林不去学校。

(204) 他冇看这本书。

(205) 我冇天天上班。

例(203)、例(204)否定了谓语动词,也否定了整个命题;例(205)中的否定词只是否定了否定范围内的个别成分"天天",整个句子的肯定语义并没有被否定。

否定范围内实际被否定的成分是否定焦点,它处于否定范围内的中心位置,只属于句子的某个成分而不属于全句。例如:

(206) 我冇一直工作,有时中途休息一下。

(207) 我一直冇工作,就在屋里当家庭妇女。

例(206)中的否定焦点是"一直工作";例(207)中的否定焦点是"工作"。否定的焦点不同,所表达的意义不同,这从两个例子的后续句看得出来,例(206)的意思是有时工作,有时休息,例(207)的意思是从来就没有工作,就在家里。当否定范围内只有一个成分时,这个成分无疑就是否定焦点。当否定范围内不止一个成分时,否定焦点与句子的预设有关。一般情况下,预设是不被否定的,因为句子的预设意义属于旧信息,它是一个句子得以成立的前提条件,不是说话人关注的表达重点。因此,如果否定范围内的某个成分属于句子的预设,它就不是句子的焦点,否则,就有可能成为句子的焦点。例如:

(208) 昨儿晚行(昨天晚上),小华冇在屋里吃饭。(吃饭了,但没在家吃。)

(209) 小王不是个聪明人。(小王是人,但不聪明。)

(210) 他冇弄坏电脑。(弄电脑了,但没坏。)

这些例句的否定范围内不止一个成分,只有加点部分才是否定焦点，它们是句子所传递的新信息，其余部分是句子的预设，预设不能成为否定焦点。（袁毓林 2000）就汉语的句子来看，否定范围大都在谓语部分，谓语部分中的状语、定语和补语经常会充当否定焦点。如上面的例（208）、例（209）和例（210）。因为这些成分一般不是构成句子谓语所必需的句法成分，它们一旦在否定句谓语中出现就成为语义重点。

吕叔湘（1985）先生认为，否定的焦点是指"不"或"没"以后的全部词语。一个词在不在否定范围之内，有时候会产生重大的意义差别。在有对比重音存在的情况下，句子全部的重点信息都有集中到对比焦点上了，而否定的焦点成了很不显眼的成分。例如：

（211）他冇泄露我们的秘密。（是别人泄露了我们的秘密。）

（212）他冇泄露我们的秘密。（他隐藏了我们的秘密。）

（213）他冇泄露我们的秘密。（他泄露的是别人的秘密。）

上述例子中的加点部分为句子的对比焦点，上面的否定焦点都被对比焦点"抢了镜头"，但否定焦点仍然是"冇"后的成分，只是跟新出现的对比焦点相比不显眼罢了。对比焦点跟否定焦点的关系比较复杂，对比焦点的出现，可以无视否定焦点的存在。它可以出现在否定范围之外，如例（211）。也可以出现在否定范围之内，如例（213）。还可能直接把否定词作为对比焦点，如例（212）。当对比焦点出现在否定范围之内，对比焦点就跟否定焦点合一，如例（213）。此外，否定焦点的出现，必须跟着对比焦点转。杨鲜灵（2002）认为，在一个包含对比焦点的句子里，想要再出现否定焦点，这个否定焦点必须跟对比焦点一致，也就是把对比焦点变成否定的焦点。所以，否定词一定得出现在对比焦点之前，否则句子就不合格。例如：

（214）我是回答了老师的问题。

（215）我不是回答了老师的问题。

（216）我是不回答了老师的问题。（＊）

例（216）不合格的原因就在于否定词"不"出现在对比焦点之后，造成否定焦点与对比焦点不一致。

第 21 章　可能句

可能句是表达动作可能性的句子。普通话里表达动作的可能性有两种方式：一是在动词前面加能愿动词"能""会"等；二是格式"V+得+C"或"V+不+C"表示肯定的可能性或否定的可能性。其中，"V"是动词符号，"C"是补语符号。可能补语补充说明动词谓语表达的动作行为产生某种结果的可能性，而事实上是否产生这种结果则不一定，通常有肯定的可能性，也有否定的可能性。（刘月华 1980）安陆方言里表达动作的可能性有两大类四种方式：第一类是在动词前面加能愿动词"能""会"等，这与普通话一致；第二类有三种具体格式：一是肯定式"V+得"，否定式"V+不+得"；二是肯定式"V+的+得"，否定式"V+不+得"；三是肯定式"V+得+C"，否定式"V+不+C"。下面对安陆方言的可能句作具体的描写和分析。

21.1　能愿动词可能句

安陆方言里，由能愿动词表示的可能句与普通话相同。常用"能""能够""可以""会""可能"等表示可能的意义，包括五个小类（吴福祥 2002）：

一是能愿动词表示具备实现某种动作或结果的主观能力。例如：

（1）我可以帮他，但是一条，他必须听我们的安排。

（2）你莫搞错了胯子，他其实会说武汉话。

二是能愿动词表示具备实现某种动作或结果的客观条件。例如：

（3）我能挑一百斤重的担子。

（4）乜（这）个宿舍能住六个学生。

三是能愿动词表示对某一命题的或然性的肯定。例如：

（5）下乜（这）大的雨，他们还能不能来哟？

（6）看样子，乜个雨会落一阵子。

四是能愿动词表示情理上的可能的许可。例如：

（7）他可以去，你也可以去。

五是能愿动词表示一种准许。例如：

（8）我可不可以吃饭嘞？

能愿动词可能句通常用来回答能愿动词构成的正反问"能不能＋V"。

21.2 "V＋得/不得"可能句

安陆方言里这一格式的可能句与普通话在结构形式上是相同的，但所表达的语法意义不一致。孙利萍（2007）认为，普通话里"V 得/V 不得"可能句表示说话人对动作的适当性的判断，表示"禁止、许可""应该/不应该"之类的意义。而安陆方言的"V 得/V 不得"可能句则表示"能不能 V"的语法意义。充当谓语中心的动词通常是"吃、喝、做、动、看"，等等。例如：

（9）乜（这）个面包吃得，还有坏。/乜（这）个面包吃不得，已经坏了。

（10）你吃得就多吃一点，吃不得就少吃一点。

（11）井里的水喝得呢。/生水喝不得。小心得病！

（12）我做得就做，做不得就不做。

例（9）和例（10）中的"吃得/吃不得"是"能吃/不能吃"的意思。例（11）中的"喝得/喝不得"是"能喝/不能喝"的意思。例（12）中的"做得/做不得"是"能做/不能做"的意思。安陆方言的"V＋得/不得"可能句常用来回答正反问"V 不 V 得"或"VV 得嘞"。另外，安陆方言"V＋得/不得"可能句的肯定式在一定的语境中，"得"后还经常加"下"，表示少量的可能性。例如：

（13）我乜（这）个身体还动得下，不要紧的。/他的爹爹中了风，半边文身（身子）动不得。

(14) 乜（这）个瓜莫看样子不好看，吃还吃得下。
(15) 他的伢已经长到了九岁，做事还做得下。
(16) 乜（这）个电影还看得下。
上述四个例子中的可能句具体的语法意义为"能V一下"。

21.3 "V+的+得"可能句

这一格式的可能句与"V得"可能句表达的语法意义相同，即表示"能V"。"V的得"是肯定式可能句，表示肯定的可能性。用来回答正反问"V不V得"或"VV得嘞"。其否定式是"V不得"。充当谓语中心的动词通常是"做、去、穿、吃、喝"，等等。例如：
(17) 你老做的得就帮倒做下，做不得就好生儿地休息。
(18) 他们喏儿（那里）发大水（涨水），去不得啰。
(19) 乜（这）件衣裳大小正合适，穿的得。
(20) 乜（这）件衣裳太小了，穿不得。
(21) 桔子已经熟了，吃的得。
(22) 桔子还有熟，吃不得。
(23) 乜（这）个汤还有点儿热气，喝的得。

21.4 "V得了/V不了"可能句

这一格式的可能句与普通话相同，补语"了"表示有能力足以完成或全部实现，同时表示一种主观断定。例如：
(24) 乜（这）碗饭我吃得了/吃不了。
(25) 他们来得了/来不了的。
(26) 今朝（今天）买的东西我一个人拿得了/拿不了。
(27) 空调温度打得太低，人受不了。
(28) 时间充足得很，我们完成得了。
(29) 事太多了，我们今朝（今天）只怕完成不了。
上述例子里的动词有单音节，也有双音节。"V得了/V不了"可能句用来回答正反问"V不V得了"。

21.5 "V+得+C/V+不+C"可能句

安陆方言的"V+得+C/V+不+C"可能句与普通话相同，通常表示是否具有实现某种结果或位移的可能性。下面根据这一格式补语的不同构成成分及所表达的语法意义分四个类别加以描写。

21.5.1 趋向动词充当可能补语

趋向补语多为单音节的趋向动词"下、上、起、来、进、去"等等，也有双音节趋向动词"出来"，表示中心语具有实现某种位移的可能性。句子的谓语中心多是动词"住、坐、跟、起、评、进、吃、听、猜、取"，等等。例如：

（30）乜（这）间屋住得下三个人。/乜（这）间屋住不下乜（这）么多人。

（31）1202教室坐得下60个学生。/1202教室坐不下60个学生。

（32）托托在班上学习还跟得上。/学习跟不上就要仔细找原因，要继续努力。

（33）早上六点半起床跑步，我们寝室的同学都起得来/起不来。

（34）评得上模范当然更好，评不上模范也不要有思想包袱。

（35）乜（这）个场儿（地方）进得去/进不去。

（36）吃得进是吃，吃不进也是吃。

（37）我说的话他听得进/听不进的。

（38）乜（这）个奰子（谜语）我们猜得出来/猜不出来。

（39）存在银行的钱取得出来/取不出来。

（40）他爬得起来/爬不起来。

21.5.2 行为动词充当可能补语

一是动词"倒"和"起"充当可能补语。

可能补语"倒"和"起"表示由于主观条件的作用，施事能否实现某种动作位移或变化。其前面的中心语有"看、读、吃、打、说、够、找、开、做、穿、买、卖、住、输、惹、躲、养、赔"，等等。

例如：

(41) 乜（这）个灯底下我看得倒/看不倒。

(42) 乜（这）个英语单词我读得倒/读不倒。

(43) 他用乜（这）个受伤的手吃得倒/吃不倒饭。

(44) 我打得倒/打不倒斗地主。

(45) 我说得倒/说不倒英语。

(46) 他够得倒/够不倒篮球框。

(47) 我找得倒/找不倒钥匙。

(48) 我开得倒/开不倒车。

(49) 老师布置的作业我做得倒/做不倒。

(50) 凭他的条件，他穿得起/穿不起名牌衣裳。

(51) 乜（这）件大衣他买得起/买不起。

(52) 他住得起乜（这）好的房子啊？凭他的收入他住不起乜（这）样的房子。

(53) 卖得起就卖，卖不起就不卖。

(54) 他乜（这）个人打牌又输不起，又喜欢打。

(55) 他□ [xɛ⁵¹]（很）拐（坏），有哪个惹得起他。

(56) 我们惹不起躲得起吵。

(57) 在城市里乜（这）一点儿工资养得起一个伢啊？/养不起伢就不生吵。

(58) 我赔得起/赔不起你的车子。

"V得倒"和"V得起"表示施事做得了某事，即"会V"，"有能力V"。而"V不倒"和"V不起"则表示施事做不了某事，即"不会V"，"没有能力V"。

二是动词"动"充当可能补语。

"动"作可能补语表示施事或受事能否通过某种动作实现自身的位移或变化。其前的中心语动词通常有"走、跑、爬、抱、拉、抬、拿、提、挑、搬、叫、啃、转、切、挖、咬、请、撬"，等等。例如：

(59) 我走得动/走不动。

(60) 我跑得动/跑不动。

(61) 我爬得动/爬不动。

（62）我抱得动/抱不动乜（这）捆书。

（63）我拉得动/拉不动乜（这）个板车。

（64）我抬得动/抬不动乜（这）一箩筐谷。

（65）我拿得动/拿不动我的行李。

（66）我提得动/提不动乜（这）桶水。

（67）我挑得动/挑不动乜（这）担柴火。

（68）我搬得动/搬不动乜（这）个水缸。

（69）我叫得动/叫不动他。

（70）乜（这）个事你要请得动他才能办成，请不动他就办不成。

（71）我啃得动/啃不动乜（这）个梨子。

（72）我切得动/切不动牛肉。

（73）乜（这）块地我挖得动/挖不动。

（74）我咬得动/咬不动乜（这）块肉。

（75）乜（这）个门我转得动/转不动。

（76）我撬得动/撬不动他的嘴巴。

例（59）—例（61）中的可能补语"动"的语义指向施事，"V得/不动"可能句的语法意义是施事能否通过某种动作使自身实现位移。例（59）的"走得动"指的是"我"通过"走"使自身实现位移，"走不动"则指"我"不能通过"走"使自身实现位移，因而这类可能补语句没有宾语。能实现自身位移或不能实现自身位移这两种可能性取决于主观条件的作用。

例（62）—例（68）中的可能补语"动"的语义指向施受事，"V得/不动"可能句的语法意义是施事能否通过某种动作使受事实现位移。例（62）的"抱得动"指的是"我"通过"抱"使受事"乜（这）捆书"实现位移，"抱不动"则指"我"不能通过"抱"使受事"乜（这）捆书"实现位移，因而这一类可能补语句都有受事宾语。能实现受事位移或不能实现受事位移这两种可能性既取决于主观条件的作用，也取决于客观条件的作用。

例（69）—例（76）中的可能补语"动"的语义指向受事，"V得/不动"可能句的语法意义是施事能否通过某种动作使受事发生变化。如例（69）的"叫"和例（70）的"请"与"动"构成的可能补语句，"动"的受事是人，表示施事能否通过某种动作使人在思想、态度或行为方面发生变化。而例（71）—例（76）中可能补语"动"的受事是物，表示施事能否通过某种动作使受事改变形状。如"啃得动"，指"我"可以通过"啃"使"梨子"改变形状。能实现受事发生变化或不能使受事发生变化这两种可能性既取决于主观条件的作用，也取决于客观条件的作用。

三是动词"开""住""过""掉""赢""完""会""活""见""拢"等充当可能补语。

这一类"V得/不C"的语法意义是施事能否通过某种动作使施事或受事达到某种结果。例如：

（77）四桌酒席在屋里摆得开/摆不开。
（78）乜（这）个水龙头我殷（拧）得开/殷救（拧）不开。
（79）我听得见/听不见他说话的声音。
（80）哪个都留得住/留不住他。
（81）他管得住/管不住他的媳婆（媳妇）。
（82）他乜（这）个人靠得住/靠不住。
（83）冇得哪个留得住/留不住他。
（84）乜（这）些树种得活/种不活。
（85）乜（这）个场儿（地方）的房子卖得掉/卖不掉。
（86）衣裳高头的油洗得掉/洗不掉。
（87）我一个人扫得完/扫不完我们的教室。
（88）乜（这）碗饭我吃得完/吃不完。
（89）他做得完/做不完老师布置的作业。
（90）我比得过/比不过他。
（91）你斗得过他啦？你斗不过他的。
（92）我学得会/学不会英语的。
（93）要我坐一天我坐得住/坐不住。
（94）你打得赢就打，打不赢就开跑。
（95）他们谈得拢/谈不拢。

例（77）—例（89）里补语的语义指向受事，表示施事能否通过某种动作使受事达到某种结果。如例（78）的"殷（拧）得开"，指的是"我"通过"㨃（拧）"这种动作能使"水龙头"达到"开"这种结果，而"㨃（拧）不开"则指"我"通过"㨃（拧）"这种动作不能使"水龙头"达到"开"这种结果。其余各例相同。

例（90）—例（95）里补语的语义指向施事，表示施事能否通过某种动作使施事达到某种结果。如例（92）的"学得会"，指的是"我"通过"学"这种动作使"我"能达到"会"这一结果，而"学不会"则指"我"通过"学"这种动作使"我"不能达到"会"的结果。其余各例相同。

21.5.3 形容词充当可能补语

这一类"V得/不C"的语法意义是施事能否通过某种动作使施事或受事处于某种状态。大多数充当可能补语的形容词是单音节的，也有少数是双音节的。例如：

（96）他站得稳/站不稳。

（97）他的腰伸得直/伸不直。

（98）我吃得饱/吃不饱。

（99）乜（这）棵树长得高/长不高的。

（100）我想得通/想不通。

（101）乜（这）个事我到哪儿都说得清。

（102）我真是跳到黄河里也说不清啰！

（103）我分得清楚/分不清楚好拐（坏）。

（104）我说得清楚/说不清楚。

（105）皮鞋我擦得亮/擦不亮。

（106）他做的风筝飞得高/飞不高。

（107）门关得拢/关不拢。

（108）乜（这）个凼子填得平/填不平。

（109）魔芋煮得熟/煮不熟。

（110）看今朝（今天）的天道（天气），麦子晒得干/晒不干的。

（111）车子修得好/修不好。

（112）蹄髈炖得烂/炖不烂。

例（96）—例（104）里补语的语义指向施事，表示施事能否通过某种动作使自身处于某种状态。如例（96）的"站得稳"，指的是"我"通过"站"这种动作能使自身处于"稳"的状态，而"站不稳"则指"我"通过"站"这种动作不能使自身处于"稳"的状态。其余各例相同。

例（105）—例（112）里补语的语义指向受事，表示施事能否通过某种动作使受事处于某种状态。如例（105）的"擦得亮"，指的是"我"通过"擦"这种动作能使"皮鞋"处于"亮"的状态，而"擦不亮"则指"我"通过"擦"这种动作不能使"皮鞋"处于"亮"这种状态。其余各例相同。

第 22 章 存现句

存现句是表示某时或某处存在、出现或消失某人或某物的句子，是确认人或物的存在或消失，整个句子的语义中心不在动词所表示的动作，而在通过动作所产生的结果或状态来说明人或物的情况，所以"存在"是整个存现句的语义中心。其基本格式是：时间词/处所词＋存现动词＋名词语。格式里的时间词/处所词为存现句的前段，用"A"表示；存现动词为中段，常带动态助词"着""了"，用"B"表示；名词语是存现句的后段，用"C"表示。如"窗台上放着几盆花"。其中，"窗台上"为前段 A，是处所词；"放着"是中段 B，"放"为存现动词，其后带"着"；"几盆花"是后段 C，为名词性短语。学术界对存现句的研究和讨论集中在存现句的句法结构（范方莲 1963；宋玉柱 2007）、存现句的类别（聂文龙 1989；雷涛 1993）、存现句的句型（范晓 1998；王智杰 2004）、存现句的语用意义（彭兰玉、欧阳竹 2008）等。同时对存现句结构有分歧的是时间词语是否能充当存现句的主语，一派认为，时间词语不能充当存现句的主语，如宋玉柱（2007）、黄伯荣、廖序东（2011）、刘月华（2003）等，另一派认为时间词语跟处所词语一样具有充当存现句句首成分的功能，如范晓（1998）、储泽祥（1997）等。实际上，事物存在的位置既有空间位置，也有时间位置。所以时间词语是可以充当存现句主语的。下面结合安陆方言描写存现句的类型，分析存现句的特点。

22.1 存在句

存现句指的是某地存在某人或某物，整个句子具有存在的意义。安陆方言的存现句有如下几类。

22.1.1 某地 + V + 了 + O + 得

这一格式的存现句主语为处所词，与普通话不同的是，安陆方言的存现句里有一个必须出现的后置语法成分"得"，表示动作正在进行或状态正在持续，处在句子的末尾。紧跟在动词后的不是"着"，而是"了"，表示动作实现，也是一个不可缺少的成分，它和"得"共同构成安陆方言的存现句。格式中的"V"是动词，"O"是宾语。例如：

(1) 屋里住了人得。（屋里住着人。）
(2) 后头屋里喂了猪得。
(3) 道场里（场院里）堆了谷得。
(4) 塘里喂（养）了鱼得。
(5) 田里兴（种）了藕得。
(6) 门高头贴了对子（对联）得。
(7) 他的脑壳高头（头上）戴了个帽子得。
(8) 壁子高头贴了画子得。（墙上贴着画。）
(9) 墓碑高头刻了字得。
(10) 床上睡了一个人得。
(11) 他的身上□［mən44］了个□［mən44］子得。（他的身上罩着一件罩衣。）
(12) 我的身上带了钱得。

安陆方言存现句的主语都是处所词语，有"××里""××高头（上面）"和"××上"三类，表示某人或某物存在的位置。上例中动词的动作都已经实现并持续，呈现出一种状态。上例中的宾语要么指人，要么指物，一般是不定指的。如例（1），只说了住人，到底是男人还是女人，是老人还是孩子，都不得而知。而例（10）的宾语虽然说有具体的数量"一个"，但给人的信息仍然是不定指的。即便是指物的宾语，也是给人一个笼统的概念，并不是具体的"物"，如例（2）的"猪"，是大猪，还是小猪？不明确。因而存现句宾语通常表示不定指。如果宾语是定指，尤其是指人宾语是定指，则不用存在句表达，而用施事主语句表达。试比较下面的例子：

(13) 门口跍了一个伢得。

(14) 他的伢跍在门口得。

(15) 门口跍了他的伢得。（*）

(16) 台子高头坐了人得。

(17) 舅舅坐在台子高头得。

(18) 台子高头坐了舅舅得。（*）

例（13）和例（16）的宾语是不定指的，而例（14）的"他的伢"和例（17）的"舅舅"都是具体指向某人的，所以他们作句子的主语。为什么会这样呢？笔者以为这可能跟表达的焦点信息有关，当所指的人为特定的某人时，也就是定指时，表达者为了强调这个定指对象而把他或（她）提前作句子的主语，整个句子不再是存现句，而是施事主语句。

22.1.2　某地 + V + 了 + O

安陆方言这一格式的存现句与普通话一致。其中，动词"V"为持续性动词，后带动态助词"了"，表示完成。整个句子表示动作处于完成的状态。宋玉柱（2007）称这一类型的存在句为完成体存现句。例如：

(19) 食堂里排了□［xɛ^{51}］（很）长的队。

(20) 菜园里兴（种）了一园子菜，都吃不完。

(21) 学校操场里长满了草。

这种存现句往往有比较强的叙述性，叙述某地存在某人或某物的事实已经实现，即某地存在的人或物从无到有的过程。例（19）叙述"食堂里"的长队开始没有，后来排起来。例（20）叙述"菜园里"开始没有菜，经过"兴（种）"这一动作的实现，有了一园子的菜。例（21）叙述"学校操场里"开始没有草，经过一个暑假，结果长满了草。所以，这一类型的存现句动作的完成往往表现为一定结果的出现。

22.1.3　某地 + V + 了 + 的

这一格式的存现句也是安陆方言里比较特别的，是一种曾经的存在状态。其中的"了"和"的"在这一格式必不可少的成分。如果说这一格式中的动词表示一种动作的存现的话，那么，"了"和"的"则是共同表示这种动作曾经出现过，相当于普通话里的动态助词"过"。这一格式的动词是可持续的静态意义的动词。例如：

（22）这块田里兴（种）了西瓜的。
（23）窗子高头贴了窗花的。
（24）书皮高头写了名字的。
（25）台子高头摆了花盆的。

上例中的"兴（种）""贴""写""摆"在句子中都表示一种静止的状态，不同于"我在贴窗花"中"贴"的动态动作，而是表示这一动作过去曾经出现过。如上面的例子可以这么说：

（26）这块田里兴（种）了西瓜的，今年有兴（种）。
（27）窗子高头贴了窗花的，怎么不见了欸？
（28）书皮高头写了名字的，别个捡倒书会还回来的。
（29）台子高头摆了花盆的，印儿（印痕）还在喏儿（这儿）呗！

上述例子加了后续句后，"曾经存在"的意义已经非常明确地显示出来了。

22.1.4　某地 + 有 + O

这一格式的存现句与普通话相同，动词"有"表示一种静态的存在，宾语通常是由数量短语或量词修饰的偏正短语。例如：

（30）她的眉心有个痣。
（31）他的屋侧边有个窖屋儿（厕所）和一间牛栏屋儿。
（32）山上有个洞，洞里有个和尚。
（33）桌子高头有几本书。
（34）院子里有一口井。
（35）树高头有一个鸦雀（喜鹊）在叫。
（36）地下有几个蚂蚁在爬。

这些"有"字存现句都是对静态的人或物的存在进行叙述，动词"有"的后面一般不再带动态助词或别的补充成分。当"有"的后面带动态助词"了"的时候，句子表示变化完成的意义，不再是存现句，而变为隐现句了。

22.1.5 某地 + 是 + O

这一格式的存现句不同于"是"字判断句，而是表示"某地存在着什么"，存现句的主语和宾语之间的关系不是判断句的同一关系或从属关系。整个句子是叙述静态的人或物的存在。动词"是"的后面跟"有"一样，不需要带别的补充成分。例如：

(37) 菜园边儿上是秧田。
(38) 山边上是他的屋里的菜园。
(39) 南上（南边）冲里是他的屋里分的田。
(40) 乜（这）一条街两边全部是店铺。
(41) 首义园里是全国各地最著名的小吃。

22.2 隐现句

隐现句是表示人或物出现或消失的句子。

22.2.1 "某处 + V + 了 + O" 出现句

这一格式的隐现句表示某处出现了某人或某物，其谓语动词具有出现的动作义，因为趋向动词本身带有很强的动作性和变化义，所以能够直接充当谓语中心词，后面带动态助词"了"，表示动作的实现。宾语则是由数量短语修饰的偏正短语。例如：

(42) 他的屋里来了三个客。
(43) 今朝（今天）我们班上来了一个新同学。
(44) 湾里（村子里）来了一个卖打包糖（麦芽糖）的。

22.2.2 "某处 + V + 趋向动词 + O" 出现句

这一格式的隐现句也表示某处出现了某人或某物，与上一格式不同的是，它是由动作动词带趋向动词来表示某处出现了某人或某物的。例如：

(45) 你看啰，对面跑过来一个财喜儿（猫）。
(46) 天上飞过来一群大雁。

（47）巷子里一家伙狙（冲）出来一个狗子。

（48）山上跑下来一群羊子。

（49）北边天上涌出来一坨黑云头（一团黑云）。

（50）茶壶里冒出来一股白气。

上述隐现句都是趋向动词直接接在动词的后面，这些动词如"跑""飞""狙（冲）""涌""冒"等本身表示的是可持续的动作义，往往带有动作变化义或具有位移性。由于隐现句表达的是变化的信息，所以这些动词后要加上趋向动词，来表示这种变化义或完成义。另外，这一格式里的趋向动词的位置并不是固定的，趋向动词也可以出现在宾语的后边，也有的复合趋向动词分离，分别位于动作动词后面和宾语的后面。不过，趋向动词的位置变化后，句子里的谓语中心语和句末就要带"了"。例如：

（51）巷子里一家伙狙（冲）了一个狗子出来了。

（52）屋里跑了一条蛇进来了。

（53）天上已经现出日头花儿来了。

22.2.3 "某处+V+了+O"消失句

这一格式的隐现句表示某处消失了某人或某物。其中的动词为瞬间性动词，他们所表示的动作义不能持续，往往带有突变性，动作都是瞬间发生并立刻完成的。例如：

（54）他的屋里死了三只鸡子。

（55）塘里死了□［xε^{51}］多鱼。

（56）柜子高头掉了□［xε^{51}］多油漆。

（57）他的屋里少了两个人。

上述例子中的动作动词"死""掉""少"等都是瞬间发生并立刻完成的，不可能持续。

第 23 章　祈使句

祈使句是表示命令或请求的句子，是根据句子的语气划分出来的一种句子类型，在言语活动中指发话人对受话人的命令、请求、建议、号召、禁止、叮嘱、催促等，包括肯定性祈使句和否定性祈使句。（袁毓林 1993）肯定性祈使句是命令或请求受话人采取某种行动，保持某种状态。否定性祈使句建议、劝说受话人不采取某种行动，停止某种活动结束某种状态。从语气的角度来讲，安陆方言的祈使句跟普通话一样，主要表示请求、命令、建议、禁止、催促、号召、叮嘱，等等。这些意义的祈使句在安陆方言里使用广泛，有其常用的特定格式。为了使安陆方言祈使句的整体面貌得以呈现，下面拟对安陆方言的祈使句所表示的意义类别和特定格式进行具体的描写，这两个大的方面本身有交叉，在结构形式上有与普通话一致的，也有安陆方言特有的。对于前人说得多一些的意义类别和格式只是简单说明，而对安陆方言特有的格式及其特点则详细描写。

23.1　"把"字祈使句及相关格式

"把"字祈使句带有处置性的请求或命令的意思。具体有三个不同的小类，这三个不同的小类有不同的结构形式和语用意义。

23.1.1　把+NP+V+了+他

"NP"指"把"处置的对象，是名词、代词或名词性短语。"他"复指"把"的处置对象，不是代词的称代用法，而是已经虚化为一个复指性的后置语法成分。例如：

（1）你把鸡子杀了他。

（2）去把衣裳收了他。

这类格式的祈使句是说话人直截了当请求或建议受话人对某物进行处置，而且是未然的事。安陆方言里，"把"字处置句虽然表达的是未然的事，但格式里的"了"和"他"字是必须出现的，否则，句子很别扭，不完整。试比较：

（3）把猪杀了他。（祈使句） 把猪杀了。（陈述句）

（4）把钱还了他。（祈使句） 把钱还了。（陈述句）

（5）把猪杀他。（？）

（6）把猪杀了他吵，还留倒搞嘿，快要过年呗。

从上例可以看出，如果没有"他"，一般情况下句子是陈述句，陈述一个事实。如果在这样的语境中说"去，把猪杀了！"则句子是个祈使句，表示不容商量的命令语气。这样的情况有，但少见。这一类"把"字祈使句里的"他"是一个不可缺少的语法成分，就像李崇兴、胡颖（2006）所说的，"他"只有句法作用，一个纯粹的表示将然的语法标志。众所周知，处置句里面的动词不能是光杆动词，处置句里动词的前后必须有前加成分或后附成分才能站住。从韵律的角度来看，在"把"字句动词前头或后头添加适当的成分，可以矫正由于动词挂单所引起的韵律上的不和谐。解决韵律和谐的问题，最简便的办法是在动词后头加上一个助词。（冯胜利1996）另外，安陆方言"把"字祈使句还可以在句末加语气词"吵"，既有请求、建议的祈使语气，又有催促的语气。如例（6）。

有时候，在对话的语境中，在交际双方都明确处置对象的前提下，可以省略"把+NP"，构成"V+了+他"的句子格式，此时，"他"仍是复指性的后置语法成分。例如：

（7）排骨汤盛在喏儿得，吃了他。（排骨汤盛在那儿呢，把它吃了吧。）

安陆方言里，"把+NP+V+了+他"祈使句比"V+了+他"更常见，后者需上下文语境。而武汉话里，更常见的是"V+他"祈使句，李崇兴、胡颖（2006）指出，武汉话中，"把+NP+V+他"同"把+NP+V+了+他""V+他"和"V+了+他"基本上等值，所以带"了"不带"了"比较随意。这与安陆话里的"把+NP+V+了+他"祈使句或"V+了+他"祈使句中必出现"了"略有不同，但都带虚化的语法成分"他"则是一致的。

这类格式中动词"V"后还可以带结果补语，用"C"表示，结果补语"C"通常是单音节的动词或形容词"完、光、死、断"等，构成"把+NP+V+C+了+他"。例如：

（8）把饭吃光了他。

（9）把猪杀死了他。

（10）把绳子割断了他。

当要否定"把"字祈使句时，用"莫"字表示否定，即禁止受话人不做某事，"他"不出现。如上例的否定祈使句可以这么表达：

（11）莫把鸡子杀了。

（12）莫把猪杀了。

（13）莫把衣裳收了。

（14）莫把饭吃光了。

（15）莫把绳子割断了。

从这个角度来看，是否可以这么认为，安陆方言里，"他"是肯定性"把"字祈使句的语法成分，"莫"是否定性"把"字祈使句的语法成分。当然，"莫"不止否定"把"字句，这在后文里有描写分析。

23.1.2 把+NP+V+下

这一"把"字祈使句不出现助词"了"，动词可以是单音节，也可以是双音节，动词后出现表示短时量的"下"，读［·xa］。例如：

（16）把狗子喂下。

（17）把屋里清（整理）下。

（18）把伢抱下。

（19）把人数点下。

（20）把他屋里的情况介绍下。

（21）把麦子晒下。

（22）把伢的书包下。

格式里的"下"相当于北京话的"一下"，在句中作补语，表示短时量，是这类"把"字句中不可缺少的一个成分，和"把"共同构成"把"字祈使句的句式语义，没有它，句子不成立，同时，"下"可以使句子的口气显得缓和些，是汉语祈使句委婉地、有礼貌地表示建议或请求的重要手段，通常是委婉地、有礼貌地建议或请求受话人去做某事，暗含着"请你做某事"的意思。整句话相当于普通话里的祈使句"请你 + 把 + NP + V 一 V"或"请你 + 把 + NP + VV"。另外，"下"还表示确定的动量，有明确的终点意义，无论是持续进行的还是交替反复的，都可以在有效的时间内自行结束。（张谊生 1997）

23.1.3　把 + NP + V + C

这一个"把"字祈使句里同样不出现助词"了"，动词后面出现结果补语，用"C"表示。结果补语常常是动词或形容词。这一格式的祈使句与普通话相同。例如：

（23）把衣裳挂倒！

（24）把场子扫干净！

这一类"把"字祈使句命令语气坚决，说话人对受话人说话不客气。与"把 + NP + V + 下"的委婉、客气形成对照。当然，命令语气坚决的祈使句并不限于这一类"把"字祈使句，其他表示说话人对受话人说话不客气的祈使句也有，与普通话一致，可带第二人称主语，也可不带第二人称主语。例如

（25）你等倒！

（26）你给我拿远些！（你走开！）

（27）站倒！

23.2　"莫"字祈使句及相关格式

跟"莫"有关的祈使句都是表示否定的祈使句，有劝阻、禁止或警告等意思，语气相对于肯定祈使句来说要强硬得多。

23.2.1　"莫"字祈使句

"莫"相当于北京话的"别"，用于否定动作行为或性质状态，禁

止或警告受话人做某事或处于某种性质状态。

一是莫+VP。

格式中的"VP"可以是动词,也可以是动词性短语。例如:

(28) 莫吃烟!(别抽烟!)

(29) 莫吐痰!

(30) 莫听他的,他是个神经病。

(31) 下(都)莫说他,尽他自家想清楚。

(32) 莫在喏儿(那里)嚼(啰唆)啰,尽我安静下。

(33) 莫把伢烫得巧(烫着了)!

(34) 莫把粥煮得太稠了!

(35) 莫把菜炒咸了!

(36) 莫把饭煮冈(硬)了!

二是莫+AP。

格式里的"AP"为形容词或形容词短语,其中"A"可以是性质形容词"粗心""调皮"等,也可以是状态形容词A里AB等。用"莫"否定这些形容词,表示警告的意思。例如:

(37) 考试莫粗心哈,想清楚了再做。

(38) 今朝(今天)有客,千万莫调皮哈。

(39) 莫慌里慌张的,放沉稳些。

(40) 莫啰里啰唆的,别个听倒烦。

23.2.2 "少"字祈使句

"少"字祈使句的动词后常出现"下""些""点"等表示少量、短时的补语,构成"少+VP+下/些/点"格式,有缓和语气的作用,整个祈使句表示减量的意义,又表示劝阻的意义,带有一定程度的否定。例如:

(41) 你劝下他少说些!

(42) 少管些他们的闲事!

(43) 少吃点,免得又不舒服。

(44) 少戳点拐哟,他们本来就不恰,你一戳拐(挑拨离间),他们越色(更加)不好。

（45）少吹点牛。

（46）少说点怪话！

上面的例子通常都带有补语，如果"VP"是中性色彩的，则整个祈使句偏重于表示减量，即允许动作进行，但对动作的量或动作对象的量要有所限制。如例（41）—例（43）。也有不带补语的，如"少到托托的学校去，免得托托不高兴。"因为其中的"到托托的学校去"是中性的意义，因而这样的祈使句仍然表示减量。当句子中的"VP"表达的是贬义时，整个祈使句偏重于表示劝阻，即委婉含蓄地禁止动作的进行。如例（44）—例（46）。

23.2.3 "不"字祈使句

"不"字祈使句是带否定词"不"的祈使句，表示禁止受话人做某事或劝告受话人不做某事。在这一类具体的祈使句中，什么情况下表示禁止，什么情况下表示劝告，跟祈使句的主语有关，如果主语是第二人称或隐含第二人称，则祈使句表示告诫、禁止；如果主语是第一人称，则祈使句表示劝告，即劝告受话人不做某事，实际上是委婉地禁止。例如：

（47）<u>你</u>不准跟别个说屋里的事。

（48）老师说么事就听倒，不要抢嘴（插嘴）。

（49）我们下（都）不迤（理睬）他，看他怎么搞。

（50）我们不喊他，尽他睡个够。

例（47）主语是第二人称，例（48）隐含着第二人称主语。都是告诫对方不做某事，语气比较强烈，有毋庸置疑的意味。例（49）、例（50）的主语是第一人称复数，表面上看是包括说话人自己在内的否定，实际上是说话人委婉地劝告他人不要进行某种动作行为。

23.3 "吵"字祈使句及相关格式

与"吵"字祈使句相关的格式主要是带语气词"吵""吧"等构成的祈使句格式，它们所表达的意义有区别。

23.3.1 "吵"字祈使句

一是"吵"字祈使句往往表示请求、责备、催促等语气，并伴随着说话人的不满、厌烦等情绪。例如：

（51）你说吵，有么事欸？

（52）快走吵！火车要开了。

（53）莫打他吵！有么事不能好生儿（好好）地说啦？

（54）老师说你就听倒吵！

（55）电视看完了再走吵！慌么事欸？

（56）给我看下吵，莫乜结作（不要那么小气）。

例（51）、例（52）表示催促的语气。例（53）表示责备的语气。例（54）是毋庸置疑地劝告受话人怎么做。例（55）、例（56）请求受话人做某事。

二是"吵"字祈使句还表示警告、威胁的语气。例如：

（57）你再偷东西试下吵！

（58）你再强嘴交下吵！（你再还嘴试一试！）

（59）你再迟到试下吵！

这些祈使句都是警告、威胁受话人不再做某事，言外之意是"你再敢V，我就不客气了"，所以，说话人最终的目的就是阻止受话人再行动。整个句子隐含着这样的语义信息：如果受话人重复刚才的动作行为，说话人不会再忍耐，会对受话人不客气甚至采取报复行动。

23.3.2 "吧"字祈使句

"吧"字祈使句主要表示建议、协商、劝告等语气，与北京话一致。例如：

（60）我们跟他一路儿（一起）去吧。

（61）时间不早了，你们先回去吧。

（62）到我喏儿（那里）去吧。

（63）我们下（都）出去吧，她的伢在睡瞌睡。

这些祈使句都带有建议、协商、劝告等语气。语气词"吧"的核心语气意义是"不确定"（张小峰2009）。这种"不确定"主要是指说话人的心理态势，说话人主观上不能明确地支配别人的动作行为，因而用语气词"吧"表明一种模糊的态度，体现出协商姿态，给受话人留有余地，透露出说话人的礼貌，进而达到建议、劝告的目的。

"哨"字祈使句和"吧"字祈使句都是带语气词构成的，语气词对祈使句有很重要的作用，不同的语气词对祈使句也有不同的作用。比较：

（64）坐倒！

（65）坐倒哨！

（66）坐倒吧！

例（64）是不带语气词的祈使句，表示说话人毋庸置疑的命令口气。例（65）带语气词"哨"，表示说话人请求受话人坐下，同时含有说话人的不满情绪，就是希望受话人坐着，而不是站着或躺着。例（66）带语气词"吧"，表示说话人有礼貌地建议受话人坐着。这是语气词"哨"和"吧"显示的不同的祈使意义。即使二者表示相同的祈使意义，也有细微的差别。比较：

（67）把屋里捡（收拾）下哨。

（68）把屋里捡（收拾）下吧。

这两个祈使句都表示催促的祈使意义，差别就在语气词"哨"和"吧"上，"哨"除了表示催促外，还有说话人的主观情绪，对受话人的不满情绪，"吧"只表示催促。

23.4 "招呼"祈使句

"招呼"在安陆方言里是"小心"的意思，其后通常接一个动词性短语，构成"招呼+VP"结构，表达提醒、告诫或警告的意义。例如：

（69）招呼别个看得巧。（小心别人看到了。）

（70）把钱统好，招呼百抄子偷去走了。（把钱放好，小心小偷偷走了。）

（71）上课把老师讲的下（都）记倒，招呼（小心）忘记了。

(72) 爸爸正在气头上，莫作声，招呼挨霉（小心被批评）。

(73) 再瞎说招呼他攮你一顿。（再瞎说招小心他揍你一顿。）

(74) 乱瞎说招呼我打死你。

例（69）、例（70）、例（71）这三个祈使句表示提醒的意义。例（72）、例（73）、例（74）则表示警告的意义。"招呼"祈使句是表示提醒还是表示警告，与这类祈使句中共现的 VP 的语义特征有关。当祈使句中的 VP 具有［＋消极性］的语义特征时，则整个祈使句表示提醒；当祈使句中的 VP 具有［＋损毁性］和［＋夸张性］的语义特征时，则整个祈使句表示警告。

23.5 "着"字祈使句

安陆方言里，先行词"着"不光用于祈使句，还用于陈述句和疑问句，它的使用格式、语法意义和使用语境等问题在词法"体貌"这一部分里有详细的描写。（盛银花 2010）这里主要描写"着"用于祈使句的情况。带先行词"着"的祈使句表示规劝、命令、要求、违逆等语义。例如：

(75) 莫急忙急地走，好生儿地歇下着！（别匆匆忙忙地走，先好好儿地歇一下再说！）

(76) 先吃个苹果着！晚饭一下儿就好了。（先吃个苹果再说，晚饭一会儿就好了。）

(77) 先跟他说一声着！（先跟他说一声再说！）

(78) 你们先去街上转下着！（你们先去街上转悠一下再说！）

(79) 尽我想下着！（让我先想一下再说！）

这一类祈使句里的"着"作为先行体标记词，意为"先……再说"，同时表达说话人的主观要求或愿望，规劝受话人先做某事后再做其他的事。"着"字祈使句还可以表示先行、违逆的语气意义。例如：

(80) 东西放倒着！

(81) 我们先不说，等他来了着！

(82) 凳子高头下（都）是灰，你莫坐。——管它哩，先坐倒着！

（83）等下儿再吃西瓜吧?——管它哩，我先吃了着！

例（80）和例（81）的祈使句表示先行的语气，即说话者要先到了某一时间，然后才实行或考虑是否实行"VP"。例（82）和例（83）表示违逆的语气，即不顾对方的劝说或警告，执意要做"VP"。

第 24 章　感叹句

现代汉语感叹句具有丰富的表现形式和语用功能，充分体现了汉语重意合、灵活多变的特点。现代汉语教材或专著，对感叹句的定义有不同的表述，有的主张根据句子的语气（黄伯荣、廖序东 2011；胡裕树 1981），有的主张根据句子的用途或功能（吕叔湘 1999；朱德熙 2003）。这些表述其实并不矛盾，说语气，肯定会指出语气的用途或功能；说用途或功能，也一定会说明这跟句子的语气关系密切。所以，学术界对感叹句定义的认识基本上是一致的，感叹句是表达感叹语气抒发强烈感情的句子。感叹句要么表达说话人喜爱、赞同、赞美、惊叹、感慨、感触、愤怒、悲哀、快乐、意外等情感意义，要么表达说话人讽刺、嗔怪、鄙视、斥责等情感意义。感叹句的构成成分包括感叹语调、感叹词、感叹语气词、疑问代词和副词等（王光和 2002；李广明 1994；李莹 2008）。感叹句的作用是表达感情，但同时也报道信息（朱德熙 2003）。感叹句的语用功能是表情功能、期待功能、评判功能（徐枢 2005）。这些有关感叹句的研究往往以现代汉语书面语为例，对口语中的感叹句的研究关注不够。下面根据感叹句的特定标记手段，结合感叹句所表达的意义，对安陆方言的感叹句作分类描写，以期弥补汉语口语感叹句研究之不足，丰富现代汉语感叹句的研究。

24.1　"么 NP 吵" 感叹句

这一感叹句格式的"么"不表示疑问，而是表示抱怨、轻蔑等感情意义。整个句子是感叹句。格式里的"NP"往往是个名词，语气词"吵"为这一格式必不可少的构成要素。例如：

（1）是个么人吵！
（2）搞的么名堂吵！
（3）你是个么东西吵！

24.2 "几"字感叹句

"几"字感叹句表示赞叹。"几"用于感叹句时是一个表示程度很高，含有夸张语气和强烈感情色彩的副词，在句子中作状语，相当于普通话里的"多"或"多么"。普通话里的"多（么）"感叹句句末可以出现语气词，也可以不出现语气词。但安陆方言里，"几"字感叹句句末都要出现语气词。包括以下几个具体的格式：

24.2.1　几 + AP + 语气词！

格式里"AP"为形容词或形容词性短语。这一感叹句用来感叹形容词性状的程度。例如：

（4）他乜（这）个人几好哦！
（5）乜（这）个狗子几恶啰！
（6）他的伢几聪明啰！

对这一格式的否定通常不是字面上用否定词"不"，而是取"AP"的反义词。对上面的几个例子的否定可以这么说：

（7）他乜（这）个人几拐（坏）哟！
（8）乜（这）个狗子几熟分（温顺）啰！
（9）他的伢几蠢啰！

24.2.2　几 + VP + 语气词！

格式里的"VP"为动宾结构，其中的动词通常为心理活动动词或有无动词"有"。例如：

（10）他几好吃哟！
（11）乜个伢几好哭喔！
（12）乜个伢几喜欢玩电脑喔！
（13）他的爷妈（父母）几有素质哦！

(14) 乜个伢长得几有味儿喔！

(15) 他的屋里几有钱啰！

上面的例子都是肯定性的感叹。对这一格式的否定因动词的不同而不同，即如果感叹句里是有无动词"有"，则用否定动词"冇得"表示否定；如果感叹句里的动词是心理活动动词，则用否定副词"不"表示否定。例如

(16) 他几冇得德性啰！

(17) 你看我几冇得记性啰！眨个眼睛就忘记了。

(18) 乜个狗子几冇得德性啰，见人就咬。

(19) 我几不喜欢他啰！见人总是假模假式的（虚情假意）。

值得注意的是，安陆方言里有一种"几"字感叹句，字面上用了否定副词"不"，但实际表达的意思仍然是肯定的，带有一定的夸张性，那就是"几"的前面用"不晓得"修饰。例如：

(20) 他的妈不晓得几好哦，随哪个都欢喜她。

(21) 乜个场儿不晓得几好玩！

(22) 他们单位的效益不晓得几好！别个下（都）想去。

有意思的是，"几"的前面用"不晓得"和"晓得"修饰，整个句子感叹句都表示肯定性的夸张的意思。例如：

(23) 乜个伢晓得几逗人痛哦！（这个孩子真逗人喜欢啊！）

(24) 他的伢晓得几听话啰，读书完全不要人管闲儿。

"VP"为状中结构。例如：

(25) 他几会说啰！

(26) 他几肯做事哦！

这一格式往往是能愿动词作状语，可用"不"否定。例如：

(27) 她几不会做人啰！把别个下（都）得罪了。

(28) 他几不肯做事哦！

24.2.3　几+A+的+NP+语气词！

(29) 几好的屋哦！

(30) 几确（漂亮）的衣裳哦！

(31) 几恶的狗子哦！

（32）几好的天道（天气）喔！

这一格式的否定通常是用形容词的反义词，但少数像"好"这样的形容词可用其反义词表示否定，也可用"不"否定，如"几不好的天道喔！"

24.3　"真是"感叹句

"真是"感叹句是指以副词"真是"为标记的感叹句，"真是"即为"的确""实在"的意思。这一格式的感叹句主要是用来加强说话者的主观判断语气，抒发说话者的感情色彩，它所表达的程度在说话者心中是很高的。有三个小类：

24.3.1　真是+A+语气词！

（33）他的伢真是狠（厉害）啰！今年考到清华大学去了。

（34）他们喏儿（那里）过年真是热闹！放烟花啰，划船啰，玩龙灯啰，百么事都有。

24.3.2　真是+VP+语气词！

（35）他的堂客真是有得空儿哦！随么事话都往外头说。（他的老婆真是没心眼啊！不管什么话都往外面说。）

（36）乜个人真是有板眼（本事）哦！会修车子，还会修电脑。

（37）秦建均真是会说啰！死人都尽他说活了。

24.3.3　真是+个+NP+语气词！

"真是"位于数量名结构的前面，对整个数量名结构有修饰作用，"真是"与"NP"的语义关系密切，隐含着"NP好"意。数词"一"时有省略，量词大多为"个"。例如：

（38）他真是个苕哦！乜（这么）冷的天道（天气）都不加一件衣裳。

（39）你真是个半转儿（二百五）哦！连话都不晓得说。

24.4 "太"字感叹句

24.4.1 太 + 冇得 NP + 语气词！

（40）你太冇得家教了吵！随么话都说得出口。
（41）陈四太冇得板眼儿吵！把个堂客都罩不住。

24.4.2 太 AP + 语气词！

（42）乜（这）个伢简直冇得怕处儿喔，胆子太堆（大）了吵！
（43）他太下作了吵！把别个田里的水下（都）放了。
（44）你太客气了哦！尽（让）我们又吃又拿。
（45）她太茗了吵！不晓得说啦？

这一格式的感叹句常常要在形容词后面用"了"，句末再用一个语气词，通常语气词"吵"用在消极意义的 AP 后面，表达说话者的不满情绪，是对程度超出限度的不满；语气词"吵"用在积极意义的 AP 后面，则表达说话者的讽刺性言外之意。另外，如果"太"后的 AP 是积极意义的形容词，句末不用语气词"吵"，而用语气词"哦"，则表达说话者的慨叹。如例（44）即是这样。

24.5 "乜 + A + 法"感叹句

"法"在安陆方言里是一个后置语法成分，可构成"乜（这么/那么）+ A + 法"这样的固定结构，其中，"A"为形容词，"法"复指前面的"乜（这么/那么），表示达到让人不可思议的程度。例如：

（46）田里的秧长得乜□［ɕyŋ51］（茂盛）法！今年种田的人走火（运气好）啰！
（47）他的爸爸乜刚强法！随怎么都不叫一声苦。
（48）屋里乜闷法！怎么不晓得把门开倒欸？
（49）他乜个人怎么乜拐法！不尽（让）别个从他的门前过。
（50）把个饭煮得乜糊法！叫人怎么吃得下去哟？

（51）把个画子贴得乜（那）歪法！叫人看了几不舒服喔！

这一类感叹句是对形容词的程度的感叹，通常有后续句与"乜+A+法"相呼应。如果感叹句中的形容词是褒义的，则后续句为褒义，如例（46）、例（47）；如果感叹句中的形容词是贬义，则后续句为贬义，如例（48）—例（51）。

24.6 "好"字感叹句

"好"字感叹句与普通话一致，"好"是副词，可以修饰形容词或动词性短语，构成两种感叹句格式。

24.6.1 好+A+语气词！

（52）好干净嘞！
（53）好黑嘞！
（54）他好混账欸！
（55）好大嘞！
（56）好烦嘞！

与"好+A+语气词"相关的感叹句是"好+A+的+NP+语气词"，也可以说这两个格式可以互相转化，"好+A+语气词"感叹句中的感叹对象人或事物在一定的语境中省略了，如果还原，则感叹的对象人或事物处于主语的位置，整个感叹句从结构形式上看是主谓结构。如例（54）没有省略主语，例（55）还原主语则是"胆子好大呀！"再举几个"好+A+的+NP"感叹句：

（57）好大的胆子欸！
（58）好香的饭嘞！
（59）好恶的狗子欸！
（60）好确（漂亮）的衣裳欸！
（61）好大的雪嘞！

通常情况下，"好+A+语气词"感叹句和"好+A+的+NP+语气词"感叹句都会带上感叹语气词，使感叹表达得更为充分。"好"的语义直接指向后面的名词，是对人或事物的评价和赞美。

24.6.2 好 + VP + 语气词！

这一格式的感叹句里的 VP 多限于动词"有"构成的动宾短语，这个动宾短语具有描写的性质。例如：

（62）他的屋里好有钱嘞！

（63）他好有板眼（本事）欸！百么事会搞。

上例中的"有钱"或"有板眼"是说处于有钱或有板眼的状态中。

对"好 + VP + 语气词"这一感叹句格式的否定用否定词"冇得"。例如：

（64）乜个狗子好冇得德性嘞！

"几"字感叹句与"好 A"式感叹句有细微的差别，形式上，"几"字感叹句后用语气词"啰""哟"，而"好 A"式感叹句后用语气词"嘞"。

24.7 "好好 V"式感叹句

格式里的第一个"好"相当于普通话里的"多"或"多么"感叹句。安陆方言里，这一格式的感叹句也可用"真"或"真是"感叹句替换，只不过其后的语气词要换成"哟"或"啰"。

（65）今朝（今天）好好玩嘞！

（66）香蕉好好吃耶！

（67）今朝（今天）的电影好好看嘞！

这一格式用来表示说话人赞叹谈论的对象，在某方面特别使人满意，这个赞叹的对象通常作句子的主语，是受事，而且只能是有定的，不能是无定的，也不能是施事。如果句子的主语是施事，那么句子表达的是祈使义，而不是感叹义。如"你好好吃吧"就是一个祈使句。四川方言里也有这一格式的感叹句，祝清凯（2009）在描写四川方言里的这一格式的感叹句时注意到格式中的 V 一般是单音节的，通常是与五官联系的动词，如："看、听、打、唱、吹、抓、摸、担、踩、穿、关、盖。"一般不是双音节的或非动作动词。这一格式表肯定，没有否定形式。这些特点与安陆方言里的"好好 V"式感叹句的特点是一致的。

24.8 "日A"或"日母老A"式感叹句

安陆方言里的"日"或"日母老"相当于普通话里的"非常""很""特别"之类的程度副词，格式中的"A"为形容词，即这一格式是对性质形容词的程度进行感叹，感叹句末不用语气词。例如：

（68）他乜（这）个人日好！
（69）他乜（这）个人日母老好！
（70）解放鞋日经穿！（解放鞋特别耐穿！）
（71）他的媳婆儿日确！（他的老婆特别漂亮！）
（72）他的媳婆儿日丑！（他的老婆特别丑！）

24.9 "V/A 个 NP"式感叹句

"V/A 个 NP"式感叹句是无标记否定感叹句，即表达否定的感叹句。其中 V 是动词，A 是形容词，"NP"是一个特定的名词，多为具有贬义色彩的词，相对于格式中的动词或形容词而言，是一个封闭的类，常见的有"屁、鬼、鸡巴"等。例如：

（73）乜（这）个儿伢条件几好喔！——好个屁！屋屋冇得，钱钱冇得。
（74）你去睡吧。——睡个鬼哟！床都冇铺好。

这一类格式形式上并没有出现否定词，但整个句子的内容表达的是否定的意思，这类格式否定的表达是由"个 NP"来承担的，它的主要功能就是表示否定感叹。这一格式的感叹句用来抒发说话人强烈不满、愤怒等思想情感或轻蔑的态度。如果是改成标记否定句则为一般的陈述句，陈述句是客观地叙述，无法表现说话人的强烈的思想感情。"V/A 个 NP"最适宜表达消极的情感和情绪。从使用场合来看，说话人的那些消极的情感和情绪往往都是由他人的言行引发的，"V/A 个 NP"常常被用来否定他人的言行，因此，"V/A 个 NP"常出现在答句中，很少作为始发句使用。因而，这种格式也就常常体现出回声否定的特点，

"V/A"常常是说话人对对方已说话语中核心成分的重复。例如：

（75）他的屋里做屋，你去帮下忙唦。——帮个鸡巴的忙！我的屋里做屋的时候他齿（理睬）都不齿（理睬）。

从我们收集到的材料来看，这种用法占了绝大多数，因此，我们不妨把回声否定看成"V/A 个 NP"最基本的语用功能之一（杜道流2004）。

24.10 独词感叹句

由单个的词加上语调构成的感叹句叫独词感叹句。这类感叹句简短有力，意义丰富。一般是说话人在紧急的时候来不及发出一个完整的长句，先将最主要的部分脱口而出造成的，或是感情太复杂，一时说不清，只能发出一个感叹词来表明自己复杂的情感，让别人去细细体会。

24.10.1 警示性独词感叹句

由单个的名词构成的感叹句。一般是猛然看到或听到令自己吃惊的或盼望已久的东西，自然发出惊喜或恐惧的感叹，同时提醒别人注意。这种句子是在特定的语境下形成的。例如：

（76）蛇！

（77）火！

24.10.2 情感发泄性独词感叹句

通常用这样的独词句表达否定意思，发泄说话人心中的强烈的不满情绪，多为骂人的话，不雅俚语、俗语，一般表示消极的感情，如用于詈骂、不满的语气中。这些词用在感叹句中，能增强句子的感叹色彩，加强感叹的程度，使表达的感情更为丰富强烈。例如：

（78）鬼哟！

（79）屁耶！

（80）八嘞！

（81）瘪嘞！

（82）扯蛋！

24.10.3 讽刺性独词感叹句

（83）净是的！

24.10.4 赞美性独词感叹句

（84）好！
（85）好哦！

24.10.5 惊讶性独词感叹句

（86）妈嘞！
（87）天啦！
（88）舍了喔！（不得了啊！）
（89）戳了拐哟！（不得了啊！）

这些表示惊讶、震惊的感叹句句尾多用语气词，通常有后续句进一步说明惊讶的具体缘由。

24.10.6 慨叹性独词感叹句

通常指的是由感叹词独用构成的独词感叹句。感叹词一般都有特定的表情内容，如"哟嘞！哎哟！哦！"等，有的表示惊讶，有的表示应答，有的表示理解，有的表示不理解，有的表示不满，有的表示伤感。这种句子只是发出一种的慨叹，而这简短的感叹中体现出的说话人的情感是很复杂的。这种复杂的心态一时来不及细说或找不到恰当的言语来表达，或是心情太激动，一时无法把话说出来，于是改用这种简短的感叹句（朱晓亚 1994）。

总之，单个的名词、动词、形容词只有在特定的语境中才可能担负起传递说话人丰富的感情和心理活动等复杂信息的任务。

综上，安陆方言的感叹句与普通话比较有同有异。从形式上看，安陆方言感叹句格式丰富，有方言特色和口语特色的格式多于普通话。整个感叹句的形式特点是感叹句多用程度副词修饰感叹中心；句中用感叹词，句尾多用语气词；感叹句的语调复杂多样，随说话人情感的不同而不同；口语化强，句式简短。从感叹的内容来看，基本上与普通话一致，即感叹句感叹的内容往往是对某一事、物、人本身的感叹，对事、物、人的某一性质或特点的感叹，对事、物、人的处境或状态的感叹，对某种动作、行为的感叹。从感叹句所抒发的感情来看，有惊喜，有伤心，有痛苦，有哀叹，有愤恨，有不满，有厌恶，有赞叹，有感慨，等等。这些也与普通话一致。

第 25 章　双宾句

双宾句是一个动词带两个宾语的句子，其中一个是间接宾语，指人，用 O_1 表示，一个是直接宾语，指物，用 O_2 表示。直接宾语和间接宾语都可以单独和动词构成动宾结构。双宾句的格式为：$S + V + O_1 + O_2$。（这是指北京话的格式，安陆话就不完全是这样的。）安陆方言的双宾句有各种不同的句法格式，它是由动词的语义特征、双宾语的次序、连谓兼语双宾语混合句等因素决定的。下面主要按动词的语义特征给安陆方言的双宾句作一个分类描写。

25.1　"给予"义双宾句

"给予"义双宾句是安陆方言里比较典型的双宾句格式。有如下几种格式：

25.1.1　"$V + O_2 + O_1$"双宾句

安陆方言里，构成这一格式的动词有"把""找""还""送""借"等，"把"是"给"的意思。构成双宾句时，指物的直接宾语在前，指人的间接宾语在后。例如：

(1) 你把钱他他又不领你的人情。

(2) 你莫把钱他，看他还赌不赌博。

(3) 他是个白抄子哦！你有把钱他吵？（他是个骗子哦！你没给他钱吧？）

(4) 快抹点儿（快点）找钱他，免得他又在啫儿（那里）嚼（唠叨）。

（5）他来还书你。

（6）去送一点儿米他。

（7）借十块钱我，可不可得嘞？

25.1.2 "V+O_2+得+O_1"双宾句

这类格式的双宾句是指物宾语在前，指人宾语在后，而且双宾语中间有一个相当于普通话里"给"的"得"。构成这类格式的动词有"给予"义的"给""借""把"等，也有本身没有"给予"义的动词"拈"等。这些动词和"得"共同构成表达"给予"意义的双宾句。例如：

（8）给两个钱得他。

（9）你能不能借一千块钱得我嘞？

（10）你拈点儿菜得他，尽他在边儿上去吃。

（11）他把了一件衣裳得我巧。

双宾句的O_2前面使用"得"，这种情况不光是安陆方言中存在，南方的好些方言里也有这种情况，只是有的在形式上有所不同。以下这些方言的"到、得、分、拨"等相当于"给"。如属赣语的大冶方言（汪国胜2000）：

（12）派几个后生家了我，莫又搞几个不裸效个来派几个年壮的给我，别又弄几个不能干的来。

属江淮官话的黄冈方言（何洪峰1996）：

（13）你叫章儿把条扁担到你。

（14）药筒子我把到建国儿了。

赣语的泰和方言（李如龙等1997）：

（15）我要汇一笔钱得小时间教我作手艺个师傅。

（16）格件衣服送得渠禾。

客家话的长汀方言（饶长溶1997）：

（17）你交一封信得大哥，送几本书得老弟。

（18）女这几色果子拿得石水（尝），解那一斗米量得大伯（食）。

湘语的益阳方言（崔振华1998）：

（19）把杯茶得我。

（20）还一百块钱得他。

闽语的汕头方言（施其生，见李如龙等1997）：

（21）乡里批一块膦分伊起厝。

（22）伊无发电影票分我。

吴语的苏州方言（刘丹青，见李如龙等1997）：

（23）拨一条活鱼拨郑国葛子产。给一条活鱼给郑国的子产。

（24）俚拨仔交交关关衣裳拨乡下葛亲眷。他给了许许多多衣服给乡下的亲戚。

大冶方言的"了"，黄冈方言的"到"，泰和、长汀、益阳方言的"得"，汕头方言的"分"以及苏州方言的"拨"，都是跟安陆方言助词"得"相当的成分；而且黄冈、泰和、长汀等方言当 O_1 前置后，O_2 前面仍可用"到"或"得"。

25.1.3 "V + O_1 + O_2"双宾句

这一格式的双宾句分两个小类，一类是双宾句的两个宾语都指物，紧挨动词的指物宾语是有生命的名词，后一个指物宾语为无生命的名词。这跟普通话里的双宾句是一样的。例如：

（25）他喂了财喜儿（猫）两块鱼。

（26）他丢给财喜儿（猫）两块鱼。

另一类双宾句格式与普通话里的典型双宾句相同，指人宾语在前，指物宾语在后。构成这一格式的动词通常有"送""托知（托付）""开""批""奖""补""还""发""交""赔"等。例如：

（27）他的女婿第一埋儿（第一次）上门的时候送了他的姑娘□［xɛ⁵¹］多东西。

（28）托托的同学送了他一个"书呆子"的绰号。

（29）他托知（托付）我招呼（照顾）一下他的伢。

（30）我做了两个月，老板只开了我一个月的工钱。

（31）我只批了梅子两天假。

（32）单位里奖了他五千块钱。

（33）队里补了他三百块钱。

（34）章大海还了我们六斤绿豆。

(35) 学校发了我们十三个月的工资。

(36) 我已经交了他的屋里半年的房租。

(37) 交警大队赔了他的屋里三万块钱。

安陆方言里还有少数动词,本身没有"给予"义,但因后带"给",使得组合的"V给"具有了"给予"义,因而能构成双宾句。具体的有"丢给""买给"例如:

(38) 我买给他的伢一套玩具,他□[xɛ⁵¹](很)高兴。

(39) 老板丢给他们三百块钱,说是当饭钱。

25.2 "获取"义双宾句

"获取"义双宾句指双宾句里的动词具有"获取"的意义,通常指的是动词的主体发出者获取。"获取"义的双宾句有两个小类。

25.2.1 "V+O₁+O₂"双宾句

这类"获取"义的双宾句是指人宾语在前,指物宾语在后。与普通话里的"获取"义双宾句相同。常见的"获取"义动词有"偷""货(骗)""赢""要""该(欠)",等等。例如:

(40) 百抄子(小偷)偷了他三百块钱,他急得跳脚。

(41) 他货(骗)了我两百块钱跑了。

(42) 我赢了他两盘棋。

(43) 他的屋里要了人家□[xɛ⁵¹](很)多彩礼。

(44) 他的屋里该(欠)我们两万块钱。

25.2.2 "V+他+O₂"双宾句

这一格式的双宾句,也是指人宾语在前,指物宾语在后,只不过指人宾语限于"他",而且"他"是虚指,不指具体的某个人。这一格式跟普通话相同。例如:

(45) 我今年过年买了他十斤瓜子,十斤蚕豆,五斤开心果,尽伢们的吃个够。

(46) 我今朝(今天)割了他六斤肉。

（47）不管么样说，我买他三双鞋再说。

（48）每天赚他个二三十块钱，有么事不好呢。

（49）一年赚他个两万块钱不成问题。

25.3 "称说"义双宾句

"称说"义双宾句的动词具有称说的意义，常见的有"叫""夸"等。例如：

（50）大家都叫他半调子。

（51）我们应该叫他哥哥。

（52）我们应该叫他老者儿（太爷爷）。

（53）湾里人个个夸他好孩子。

25.4 告知类双宾句

这类双宾句中的动词通常是"告知"一类的意义，有"告诉""教""答应""问"，等等。也是指人宾语在前，指物宾语在后，只不过指物宾语多是一个短语。例如：

（54）你告诉我他们几点钟的火车。

（55）妈妈教我们打算盘的口诀。

（56）婆婆教了我□[xɛ^{51}]（很）多做月母子的事儿。

（57）他答应我们一定会回来的。

（58）他昨儿问我你的屋里几咱儿请客。

（59）徐老师问你今朝（今天）去不去学校。

（60）小王问我钱找得巧有？（小王问我钱找着了没有？）

25.5 "$V_1+O_2+O_1+V_2$"兼语双宾句

这类格式的双宾句实际上是双宾和兼语混合的句子，可称为兼语双宾句，它的前半部分是指物宾语在前，指人宾语在后的双宾句，指人宾语又作后一动作的主语，构成兼语形式。格式里第一个动词多是"给予"义的动词，有"把""喂"，等等。例如：

（61）把杯茶我喝下。

（62）把本书我看下。

（63）把点儿钱我用下。

（64）把点儿饼干我吃下。（普通话：给我一点儿饼干吃一吃。）（兼语双宾句）

（65）快抹点儿（快点儿）喂伢妈（奶）吃，看他的样子饿昏了。

另外，安陆方言里还有少数动词虽然不是典型的"给予"意义，但仍然构成双宾句，其实整个句子是双宾句和兼语句混合的句子。例如：

（66）我打了一碗鸡蛋他吃了。

（67）乜（这）几天加班太辛苦了，你煨点汤我喝下。

例（66）中的"打"和例（67）中的"煨"本身没有"给予"的意义，也没有"获取"义或"称说"义或"告知"义，但他们仍然能构成双宾句。如例（66）不能单独说前面的"我打了一碗鸡蛋他"，但有后一个动词"吃"构成双宾语兼语句，整个句子就能成立了。从某种程度说，兼语句促成了双宾句的形成。

第 26 章 动补句

动补句是动词或形容词后带有补语的句子，是汉语里一种特殊而重要的句子。汉语的动补句本身结构复杂多样，历来受到语法学界的关注。学术界对动补句的研究主要集中在补语和动补结构的定义（朱德熙 2003；邢福义 2002；李临定 1986；赵元任 1979；齐沪扬 2000；李子云 1991），补语和动补结构的分类（朱德熙 2003；李子云 1991；齐沪扬 2005；邢福义 1997），动补结构构成的句式功能（范晓 1995），动补结构的句法核心（赵元任 1979；李临定 1984；袁毓林 2000），动补结构的来源（梅祖麟 1991），动补结构的类型学考察（石毓智 2000；沈家煊 2003）等。安陆方言的动补句结构类型更加复杂多样，有其特定的表达功能和语用意义。下面对安陆方言的动补句从程度补语、趋向补语、数量补语、时地补语、结果补语等方面作较为详细的描写。可能补语见"可能句"部分，这里不再赘述。

26.1 程度补语句

现代汉语的程度补语大致有三种类型：第一类是程度副词作补语；第二类是形容词"出奇"作补语，而且要用"得"；第三类是"不得了、要死、要命、不行、不能再 X 了"等结构作补语（邢福义 1996）。安陆方言中，程度副词作补语和形容词"出奇"作补语都与普通话相同，其他程度补语的表达方式与普通话相比更丰富多彩，有一定的方言特色。

26.1.1 V 得了

这种格式里的"得"直接作黏合式补语，补充表示动作的程度深。

在安陆方言中,"得"是一个表示实在意义的动词,作补语时不读轻声,而是读它的本音[tɛ^{24}]。"了"是这一格式的常项,它必不可少,读轻声[·niau]。例如:

(1) 我简直气得了。(我简直生气极了。)

(2) 拿到大学的入学通知书,他的一屋人都喜得了。(他的一家人都高兴极了。)

(3) 看到一条蛇向她爬过来,她吓得了。(看到一条蛇向她爬过来,她害怕极了。)

"V得了"相当于普通话的程度补语"V得不得了"。如上面的例子可以这样表达:

(4) 我简直气得不得了。

(5) 拿到大学的入学通知书,他的一屋人都喜得不得了。

(6) 看到一条蛇向她爬过来,她吓得不得了。

在安陆方言中,也可以用"V得不得了"这一格式,大概是受普通话影响的缘故。当黏合式补语格式"V得了"变为组合式补语格式"V得不得了"时,第二个"得"是助动词,有"能够"的意思,"了"为动词,有"了结"的意思。"V得不得了"是普通话中的一个常见的程度补语格式,其中的第二个"得"也读本音,"了"也读本音(liau^{214}),有"了结"之意。

如何理解"V得了"这一格式中的"得"呢?笔者认为,安陆方言中"V得了"这一格式中的"得"念其本音,且读音重而长,而且"得"后面必须带"了",否则不成立。这一格式与普通话里的"看把他气得"是有区别的。赵日新(2001)认为程度补语的零形式"A得"是"A得补"的省略形式。这种省略出于两方面的原因:一是"形得补"结构都具有(深的)程度意义,这就使"形得补"结构信息量过剩,成为一种完形结构,这样即使补语不出现,"形得"同样能够表达"形得补"的意义。二是可能因为形容词所带的程度补语大都是"很""要命""死""会死""死绝"等不吉利的字眼,出于避讳人们不愿直接说出来,或者因为这种极端的程度难以描摹,因而无法说出来。易亚新(2005)也讨论了常德方言里的"V得"结构,认为这一结构是省略程度补语的结果,但与普通话有些差异。首先,普通话里省略程度补语，往往是事实在眼前，无须说出，大多表示一种嗔怪的语气。如"看把他美得、看这丫头疯得、瞧他神气得"。常德方言则无此限制，只要是强调程度深或者说话人一时无法用语言形容，常用这种形式表达，而且一般动词可带"得"。如"急得、瘦得、糊涂得、赶得、打得、喊得"。其次，"得"作为程度补语在普通话里念轻声，在常德方言里可以念轻声，但有的也要念重音，而且延长音程，语气夸张，表程度极深。如"把他气得"是一般说法，而"把他气得——"是强调说法。有时"得"念重音且延长音程后停顿，然后再把补语说出。如"他气得——脸上都白哒""我忙得——饭都吃不到嘴巴里"。而安陆方言里的"V得了"不是省略"得"后的补语，而是"得"直接作补语，表示程度深。

26.1.2 "A/V死了"与"A/V得要死"和"A/V得要命"

"A/V死了"中的"死"不是结果补语，而是程度补语。在安陆方言中，"A/V死了"是黏合式程度补语。这三种格式中的"死""要死""要命"都是虚化的，没有实在的意义，在格式中仅仅表示程度很高，并有强烈的夸张色彩。这一格式中的形容词，如马庆株（1992）指出，"带程度补语的形容词仅限于性质形容词。状态形容词和非谓形容词不能带程度补语。"状态形容词（如"笔直""绿油油""老老实实"等）因为本身大都具有程度意义，所以不能再带程度补语；非谓形容词因为不能受程度副词修饰，自然也就不能带程度补语。后文出现的带程度补语的形容词如没有特殊说明都指的是性质形容词。例如：

（7）他得到这个信儿以后，简直气死了。
（8）听说她找到了满意的工作，全家都喜死了。
（9）手上切了一刀，简直疼死我了。

这几个例子中的"死"都是程度补语，补语说明其前面动作的程度。此时，"死"的词汇意义已经虚化了。至于"死"的词汇意义如何虚化表示程度，许多学者已经讨论过，如梅祖麟先生（1991）。这里就不再赘述了。

在安陆方言中，与"A/V死了"这一格式的语义选择基本相同的是用"要死""要命"来补充说明动作、性质的程度。不过，"要死"

"要命"是组合式程度补语。例如：

（10）爷儿伙里（一家人）脾气都拐（坏）得要命。

（11）快要高考了，屋里的人都担心得要死。

"要死"和"要命"的句法分布是一样的，语义选择也基本相同。因此，在同一语境中，"要死"和"要命"常常可以互换。如：

（12）他这个人讨厌得要死。

（13）他这个人讨厌得要命。

（14）他说起话来啰唆得要死。

（15）他说起话来啰唆得要命。

但是，"要死"和"要命"在语用上有一些细微的差别。"要死"传递的是含否定性的主观评价，而"要命"则既可表示否定性的主观评价，也可以表示肯定性的主观评价。例如：

（16）他们两个关系好得要命。（肯定性）

（17）他们两个关系好得要死。（＊）

（18）她婆婆节作（吝啬）得要命。（否定性）

（19）她婆婆节作（吝啬）得要死。

"A/V 死了"与"A/V 得要死"或"A/V 得要命"都表示程度，但它们略有区别：从结构上来说，"A/V 死了"是黏合式补语，而"A/V 得要死"或"A/V 得要命"是组合式补语；从语义的角度来看，"A/V 死了"所表示的程度比"A/V 得要死"或"A/V 得要命"要深一些，同时，"A/V 死了"只用于表示否定性的主观评价或贬斥的语义色彩，不用于肯定性的主观评价。如上面的几例不完全能用"A/V 死了"来替换：

（20）他们两个关系好死了。（＊）

（21）她婆婆节作（吝啬）死了。

（22）他说起话来啰唆死了。

（23）他这个人讨厌死了。

后三例都能说，是因为它们都表示否定性的主观评价或带贬斥的语义色彩。第一例不能换，是因为它是表示肯定性的主观评价，带褒扬的语义色彩。可以说"他这个人坏死了。"

26.1.3　A 得点儿

这种格式往往用来补充说明性质形容词的程度不怎么深，而且只限于性质形容词，用的是组合式的补语形式。例如：

窄得点儿　宽得点儿　大得点儿　小得点儿　多得点儿　少得点儿

"点儿"表示程度不深，补充说明其前面形容词的程度超过了发话者的主观愿望，但超过的程度不深，只是稍微有点儿 A。因此，这种表达式往往都可以变换成如下格式：

稍微有点儿窄　稍微有点儿宽　稍微有点儿大

稍微有点儿小　稍微有点儿多　稍微有点儿少

在安陆方言中，如果要补充说明这些性质形容词的程度深，则和普通话相同，即用程度副词"很"直接放在"得"的后面构成组合式程度补语。例如：

窄得很　宽得很　大得很　小得很　多得很　少得很

如果要对这种程度补语进行否定，则直接在性质形容词的前面加否定词"不"：

不窄　不宽　不大　不小　不多　不少

安陆方言里，三种程度补语表达式"V 得了""A/V 得要死、A/V 得要命""A/V 得不得过"中都用了"得"，但它们的用法和语义是不同的，反映了"得"的虚化过程。

首先，"V 得了"中的"得"保留着比较实在的意义，它和普通话中的表示可能的补语不同。在普通话中，"V 得"和"V 不得"表示两种可能，例如：这个话说得。这话能说/这个话说不得。这话不能说。其中的"得"是一个半自由的动词，至少是一个后置的助动词，它的意义还是比较实在的。像安陆方言的第一种格式中的"V 得不得了"中的第二个"得"都只能认为是助动词。

其次，"得"由助动词再进一步虚化，成为补语的标志词。在安陆方言中，有"V 得不得了""A/V 得要死""A/V 得要命"中的第一个"得"以及"A 得点儿"中的"得"，都属于结构助词。可以这么说，安陆方言"得"的这几种用法，大体上反映了"得"的虚化过程："得"由动词虚化为助动词，再虚化为结构助词。

26.1.4　A/V+不过

在表达程度方面,"不过"作黏合式补语,构成"A 不过""V 不过"的格式。例如:

(24) 伢们都出去打工去了,很有点儿欠(想念)不过。

(25) 今天简直忙不过哟!

(26) 饭吃多了,肚子硬是胀不过。

在上述三例中,"不过"直接用在动词"欠(想念)"和形容词"忙""胀"的后面,有"不超过"的意义,作黏合式补语,表示程度深,它不再是现代汉语中通常意义的转折连词,而且,只有"不过"作黏合式补语时,才表示程度深的意义。

能够在"不过"之前充当中心语的动词、形容词往往受到限制,常见的有以下几个:

累不过、忙不过、饿不过、胀不过、冷不过、热不过、痒不过、臭不过、烫不过、恨不过、气不过、喜不过、急不过、欠(想念)不过、痛(①疼痛②喜爱)不过

上述短语中的动词或形容词具有三个共同的特征:

其一,都是单音节的动词或形容词。

其二,都表示人的自身感受。

其三,除了"喜不过"和"痛不过"之外,大部分都是贬义的或是消极意义的。

实际上,这三个特征成为构造"A 不过"或"V 不过"的必要条件,只要其中有一个条件得不到满足,组合就不成立。例如:

(27) 衣服赖呆(脏)不过。(*)

(28) 气味香不过。(*)

例(27)中的"赖呆(脏)"不表示人的自身感受,而是表示一种客观存在的状态,例(28)中的"香"是褒义词。由于句法或语义方面不符合构成"A 不过"或"V 不过"的两个条件,所以这两个例子都站不住。

在安陆方言里,像上面的动词、形容词若用组合的方式来表达程度补语的话,不是直接用"不过",而是用"不得过"。例如:

累得不得过、忙得不得过、饿得不得过、胀得不得过、冷得不得过、热得不得过、

痛得不得过、痒得不得过、烫得不得过、恨得不得过、气得不得过，喜得不得过。

这种"A得不得过"或"V得不得过"的格式，相当于普通话的"A得不得了"或"V得不得了"。安陆方言里，"A/V 不过"这一程度补语格式也可以用另外两种格式来表达，即肯定式"A/V 得了"和否定式"A/V 得不得过"，而普通话里只有"V 得不得了"这一种否定形式。

"A/V 不过"这种动补结构分布的范围很广，除了安陆所属的江淮官话外，还分布在湖北境内的西南官话区、赣方言区，甚至在湖南的一部分地区都有这种结构。常用的有：

V 不过：怕不过　想不过　疼不过　爱不过　喜不过　怄不过　喜欢不过　担心不过

A 不过：气不过　急不过　烦不过　累不过　困不过　忙不过　冷不过　热不过　辣不过　酸不过　冻不过　渴不过　胀不过　麻不过　咸不过　痒不过　淡不过　闷不过　拖沓不过　啰唆不过　利索不过

（29）顿顿儿咽（吃）酸萝卜，心里骚（很）寡不过。（引自刘海章 1992）

（30）穿个空筒毛线衣，里头也不衬点儿么事，几扎不过。（引自刘海章 1992）

（31）放牛娃冷不过，就拼命地推磨子。（引自王群生 1993）

从历时的角度看，"A/V 不过"这一动补结构很早就已产生。据赵新（2000）研究，"V 不过"的产生早于"A 不过"。"V 不过"可能产生于宋代，但用例不多，元代"V 不过"用例增多，并始出现"被 V 不过"。"A 不过"的产生最晚，大约是明代，明清是"不过"补语句的鼎盛时期，用法最丰富，既表可能，又表结果、程度和状态。而且，使用频率也很高，仅次于"V 不得"。"A/V 不过"程度补语分为两种：

一种是"不过"用于形容词之后，构成"A 不过"的格式，补充说明行为状态所达到的程度很高。"A 不过"在句中作谓语或定语。常见的有：

气不过　疼不过　闲不过　闷不过　穷不过　饿不过　热不过
痒不过　聪明不过　乖巧不过　俊俏不过　欢喜不过　苦恼不过
恼怒不过　寂寞不过　岑寂不过　奋发不过　狠毒不过
忠直不过　恩爱不过　小心不过　气愤不过　气恼不过
胆小不过　扫兴不过　暴躁不过　懊恨不过　俗气不过
疑惑不过　虚怯不过　肉麻不过　吃亏不过　聒絮不过
大轩敞不过

另一种是"不过"用于动词之后，构成"V不过"的格式，补充说明动作行为的频度很高。文献中用作程度补语的"V不过"用例不多。常见的有：

思想不过　感情不过　熬煎不过　央求不过　盘问不过

可见，"A/V不过"这一程度补语格式具有悠久的历史，安陆方言里的这一格式还非常活跃，常见的是单音节形容词和动词后带"不过"作程度补语，双音节的形容词、动词很少，这是对古汉语动补结构的保留。普通话中已不直接使用"A不过"，而必须在形容词前加上"再"或"最"，变成"再（最）A不过"的格式，表示达到的程度很高，形容词一般都可以进入这个格式（非谓语形容词除外），可作谓语，也可作定语。（赵新 2000）例如：

（32）这个故事不长，但肯定是最倒霉不过的。

（33）这是件再好不过的事了。

（34）坐这种车，再舒服不过了。

26.1.5　A+长音后补结构+了

这种格式的特点是作补语的词是形容词，而且作补语的形容词必须念得重而长，约相当于两个音节的时值（朱建颂 1992），表示程度极深，具有夸张的色彩和极强的描绘作用。而且还必须出现助词"了"，来补充说明已然的状态。例如：

（35）李子红□[$çin^{55}$]了。（李子的颜色红极了。）

（36）他简直能□[sai^{55}]了。（他简直得意极了。）

（37）霉豆腐臭烘了。（霉豆腐臭烘烘的。）

（38）这些豆子干迸了。（这些豆子干迸迸的。）

(39) 商店里冷清了。(商店里很冷冷清清的。)

(40) 盆里的水冷冰了。(盆里的水冷冰冰的。)

这种格式相当于普通话的副词"极"直接组合在形容词的后面或者是形容词的重叠式 AABB 或 ABB 所表示的程度深的附加意义。这种长音后补结构不仅补充说明形容词的程度极深，而且还可以补充说明名词或动词的程度深。例如：

(41) 雪地里白晃了。(雪地里白得耀眼。)

(42) 软饼煎得黄□［niaŋ⁴⁴］了。(软饼煎得黄灿灿的。)

(43) 麻油香喷了。(麻油香喷喷的。)

(44) 他屋里的鸡子肉陀了。(他家里的鸡肥嘟嘟的。)

(45) 教室里吵吼了。(教室里闹哄哄的。)

这些长音结构有的不能移到前边作状语，有的能移到前边作状语。当这些长音后补结构移到前边作状语的时候，它的读音不再延长，而且不需要助词"了"。例如：

(46) 这些霉豆腐臭烘了。→这些霉豆腐烘臭。

(47) 这些豆子干迸了。→这些豆子迸干。

(48) 盆里的水冷冰了。→盆里的水冰冷。

(49) 麻油香喷了。→麻油喷香。

(50) 她的脸红通了。→她的脸通红。

(51) 屋子里黑黢了。→屋子里黢黑。

(52) 菜简直淡瘪了。→菜简直瘪淡。

26.1.6　A 流了（的）

这种格式往往用"流了（的）"来补充说明状态形容词的程度，而且只限于状态形容词。相当于普通话中用程度副词"很"或"极"直接黏合在状态形容词的后面。例如：

(53) 他神气流了的。(他神气极了。)

(54) 他简直造孽流了。(他简直可怜极了。)

(55) 她打扮得清爽流了的。(她打扮得清爽极了。)

(56) 他们两个人简直亲热流了。(他们两个人简直亲热极了。)

(57) 他这个冬季快活流了。(他这个冬天快活极了。)

(58) 他身上赖呆流了。(他身上脏极了。)

"神气、清爽、亲热、快活、赖呆（脏）、造孽（可怜；辛苦）"跟"流"结合，表示这种状态的程度，有"很、极"的附加意义，相当于普通话形容词的重叠形式 AABB 式或 ABB 式。在普通话中，往往是用形容词的重叠形式来表示其程度，而且重叠以后要带"的"。上面的例子可以这样表达：

(59) 她打扮得清清爽爽的。

(60) 他们两个人亲亲热热的。

(61) 他这个冬天快快乐乐的。

(62) 他身上脏兮兮的。

(63) 他可怜兮兮的。

程度补语表示程度的时候总是有深浅之别的。在现代汉语中，形容程度深的语法意义，既可以用"状+形"这样的语法形式来表示，如"很好"，也可以用"形+得+补"这样的语法形式表示，如"好得很"；而形容程度浅的语法意义，则只能用"状+形"表示，如"挺好"，而不能用"形+得+补"表示。正如马庆株（1992）所说："程度补语表示程度和幅度，只表示程度高，不表示同样的程度和较低的程度；而程度状语可以表示各种程度。"表示程度高到极点以至无以复加，这正是"形容词+得+程度补语"这种结构的语法意义。而安陆方言的六种程度补语表达式虽然都表示程度，但有深浅之别："A 得点儿"程度轻，主要用来表示补充说明程度超过了发话者的主观愿望。"A+长音后补结构+了"和"A 流了的"所表示的状态的程度是着眼于普遍性，程度稍重。"A/V 不过"和"V 得了"所表示的程度较前重，即表示不超过某种程度。"A/V 死了"和"A/V 得要死或 A/V 得要命"所表示的程度最重。

26.2 趋向补语句

趋向补语是补语由趋向动词充当的。趋向动词有单音节趋向动词"上、下、来、去、进、出"，有复合趋向动词"上来、上去、下来、下去、进来、进去、出来、出去"等。补语后面有时带宾语，有时不带宾语。

26.2.1　V+趋向补语

安陆方言里，只带趋向动词作补语，后面不带宾语的动补句有与普通话一致的，也有不完全一致的。

一是 V 来 V 去。

这一格式是动词带单音节趋向动词作补语。安陆方言里，趋向动词作补语的多为双音节趋向动词。普通话里动词带"来"或"去"是自由的，但安陆方言里要么是带"过来"，要么是带"去"，后面还有其他成分，下面会详细描写。安陆方言里，单音节的趋向动词作补语往往是同一个动词带两个反义趋向动词。例如：

（64）想来想去还是来一趟好些。

（65）他半夜三更还在房里走来走去。

普通话里，动词后直接带单音节趋向动词"来"或"去"作补语的（毛宇2000），安陆方言里却要加别的成分构成动补结构，即"来"不直接放在动词后作补语，而是在动词和趋向补语之间有一个虚词"得"，构成"V+得+来+了"。例如：

（66）快抹点儿跑！他们已经从后头撑得来了。（快点儿跑！他们已经从后面追来了。）

（67）他把一床新被窝抱得来了。

（68）他把钱还得来了。

二是 V+双音节趋向动词补语。

动词带双音节趋向动词作补语的用法跟普通话一致。例如：

（69）一个癞毒包（癞蛤蟆）从门旮旯里蹦出来了。

（70）几条金鱼在塘里游过来游过去。

（71）他拿起锄头就冲进去了。

（72）乜（那么）大个沟，他一家（一下子）就跳过去了。

（73）伢们长大了，一个个的下（都）飞出去了。

（74）屋里发了火，老鼠下（都）跑出来了。

（75）把椅子搬进来，要落雨了。

26.2.2　V+趋向补语+O

这一格式里的趋向补语位于句子的动词之后，宾语之前，有双音节趋向动词"回来""出来"等，也有单音节趋向动词"回"或"来"。宾语"O"一般是名词性短语。例如：

（76）洞里跑出来了□［xɛ⁵¹］（很）大一条鳝鱼。

（77）松树林子里跑出来了一头野猪，吓了他们一跳。

（78）他们抬回了一箩筐新米。

（79）我拿回来了一挎包的东西，还不够分啦？

（80）他从武汉寄回了□［xɛ⁵¹］（很）多书。

（81）他今朝骑回了一辆新自行车。

（82）他从屋里抱来了一床新被窝。

例（76）、例（77）中，趋向补语前的动词有不及物动词"跑"，表示主体事物自身的位移动词，与趋向动词"出来"的结合频率很高，表示实指趋向，其中的宾语一般是施事宾语。例（78）的"抬"、例（79）的"拿"、例（80）的"寄"、例（81）的"骑"、例（82）的"抱"是表示具体动作的及物动词，而且是呈持续状态的及物动词，与单音节趋向动词"回"或"来"结合的频率很高，表示实指趋向，句子的宾语是受事宾语。

26.2.3　V+O+趋向补语

这一格式的趋向补语位于宾语后面，有双音节趋向动词补语，也有单音节趋向动词补语。与动词结合频率较高的趋向动词是"回来""回""来"等，表示实指趋向。宾语同样是受事宾语。例如：

（83）每年过年的时候，伢们都要寄些钱回来。

（84）他每埋ㄦ（每次）来的时候总要带□［xɛ⁵¹］（很）多东西来。

（85）他从城里拉了一板车大白菜回了。

（86）他挑了一担谷回了。

（87）他提了一篓子柿子回了。

（88）他从屋里抱了一床新被窝来了。

(89）他捧了一大把花来了。

安陆方言里，趋向动词作补语位于宾语之后时，如果是动作已经完成，除了在句中的谓语动词后出现"了"之外，还要在趋向动词补语后出现"了"。如例（85）—例（89）都是如此。而例（83）和例（84）的句末未出现"了"，是因为句子为一般现在时。

26.3　数量补语句

安陆方言里，数量补语由数量短语充当，其中量词是动量词。

26.3.1　V + 数量补语

句子里动词后面只带数量补语或量词补语，不带宾语。例如：

（90）他到城里去了三埋儿（三次）。
（91）我催了无数大八遍啰。
（92）他来了几回我都有碰倒。
（93）他到武汉去了一趟。
（94）乜（这）个筒子楼我们住了三年。
（95）乜（这）本书我硬是看了三天才看完。
（96）我们走了一晚行（晚上）才到场儿。
（97）他把乜个狗子□［tʂua²⁴］（踢）了一脚。
（98）他杀鸭子杀了三刀，鸭子才死。
（99）他走下停下，急死个人的。

上例中的数量补语都是动量词和数词构成短语，或者量词单独作补语。安陆方言的动量词有表示动作次数的专用动量词，如例（90）的"埋儿（次）"，例（91）的"遍"，例（92）的"回"，例（93）的"趟"。有表示动作时间的专用动量词，如例（94）的"年"，例（95）的"天"，例（96）的"晚行（晚上）"。还有借用动量词，如例（97）的"脚"，例（98）的"刀"等。另外，安陆方言里，专用动量词"下"可以单独位于句子的动词后面，作补语。如例（99），这是省略数词"一"的结果。

26.3.2　V+数量补语+O

普通话里数量补语一般在宾语后面，而安陆方言里通常是数量补语在宾语前面，而且常常省略数词，只有量词单独充当补语，常见的是专用动量词"下"，相当于普通话的"一下"。例如：

（100）我还说要帮下你嘞，哪晓得你一点儿都不领情。
（101）晶晶还小，你们一定要帮下他嘞。
（102）有空就在屋里练下毛笔字吵。
（103）你送下他吵。

上述例子如果不省略数词，则数量补语位于宾语的后面，与普通话的结构相同。

26.4　时地补语句

时地补语表示中心语行为所涉及的时间位置或方所位置，通常由介词结构充当，介词结构表示时间或方所意义。例如：

（104）他总是看书看到半夜三更。
（105）他一天做到黑都不歇气。
（106）我们一直走到半日中时（中午）才到屋。
（107）他吃了中饭以后就一直睡在床上得。
（108）他一家伙就倒在地上去了。
（109）我的书掉在屋里去了。
（110）建名差点儿掉在塘里汤（淹）死了。

上例中，表示时间的补语通常由介词"到"和时间名词构成的介宾短语充当。如例（104）—例（106）。表示方所的补语则常由介词"在"和方所词语构成的介宾短语充当。如例（107）—例（110）。这些特点都与普通话的时地补语一致。稍有区别的是，安陆方言里表示方所意义的补语后常常要加"去了"，这样，句子便成为连谓句，其中的一个连谓项是动补结构。也就是说，安陆方言表示方所的补语有时候不是单独位于句子的动词后面，经常还有一个连谓项。如例（108）的"在地上"和例（109）的"在屋里"后面都有"去了"，而普通话里只有"了",没有"去"。例(110)的补语"在塘里"后面出现的是连谓项"沕(淹)死了"。

26.5 结果补语句

结果补语是中心语行为性状所导致的状态。有带"得"的结果补语,也有不带"得"的结果补语。

26.5.1　V+结果补语

句子里动词后面只带结果补语,不带宾语。有两种情况:一种是带"得"的结果补语,通常"得"后的补语由状态形容词充当,不带"得"的补语由动词或短语充当。例如:

(111) 他眨个眼睛就跑得无远八远的。
(112) 他一家伙(一下子)跶(摔)得仰个四天。
(113) 乜(这)棵树长得弯倒鼓救的。
(114) 他们把乜(这)个楼板踩塌了。
(115) 他们两个人闹翻了。
(116) 托托看到一条蛇在路上,简直吓麻了爪子。
(117) 我硬是急得眼泪流。

例(111)—例(113)和例(117)是带"得"的结果补语。例(114)—例(116)是不带"得"的结果补语。

26.5.2　V+结果补语+O

这一格式的动补句跟普通话里的动补句结构一致。句子里动词后既带结果补语,又带宾语。结果补语直接出现在动词后面,通常由动词、形容词充当,动词包括趋向动词。例如:

(118) 他的伢读书□[xɛ⁵¹](很)潜心(努力、认真),做完了数学做物理,根本不要人说。
(119) 两个伢在屋里简直闹翻了天。(动补——动动)
(120) 把人都气昏了头。
(121) 衣裳尽(被)刺刮破了一道口子。

(122) 他天天打麻将，硬是打上了瘾。（动补——动趋）

(123) 他看小说看入了迷。

(124) 一天到黑睡瞌睡，把人都睡懒了骨头。

(125) 学好了本事做么事都不怕。

(126) 他真是个赌棍啰！已经输红了眼睛嘤。

(127) 你把话说清楚，我对你怎么不好吵？

这一格式的结果补语不带"得"。如果补充说明已然的动作行为，则表示完成的动态助词"了"出现在补语的后面，而不是紧跟着动词；如果补充说明未然的动作行为，则不出现动态助词"了"，如例 (125)，其他都是表示已然的动作行为，都在补语后面出现"了"。结果补语多为单音节的动词，如例 (118) 的"完"，例 (119) 的"翻"，例 (120) 的"昏"，例 (121) 的"破"。结果补语也可以是单音节的趋向动词，如上例 (122) 的"上"，例 (123) 的"入"。结果补语还可以由形容词充当，有单音节形容词，如例 (124) 的"懒"，例 (125) 的"好"，例 (126) 的"红"。也有双音节形容词，如例 (127) 的"清楚"。

26.5.3　V + 去 + V + 了（结果补语）

这一格式是安陆方言特有的结果补语句格式。第一个动词后面的"去"是必不可少的成分，用普通话来表达这一结构时，是"V + V + 了"，第二个动词作结果补语。句末的"了"也是这一格式必不可少的成分。整个格式可以看成趋向补语和结果补语的结合，也就是说，这种格式既有趋向补语，又有结果补语。不过，结果补语意义占得重一些。例如：

(128) 他拿倒棍子呼过去，把强徒（小偷）撵去跑了。

(129) 他把他的舅爷气去跑了。

(130) 菜园的大椒（辣椒）下（都）尽（被）强徒（小偷）摘去跑了。

(131) 他拿根篙子朝树上一呼，树上的雀子（鸟）下（都）飞去跑了。

(132) 他们把家具下（都）搬去走了。

并不是所有的动词都能作这一格式的结果补语,通常是跟趋向动词"去"有关,表示[+离开]意义的动词才能作这一格式的结果补语,如"跑""走"等。在普通话里,"跑""走"等动词直接位于动词后面作结果补语。上面的例子里动补结构为"撵跑了""气跑了""摘跑了""飞跑了""搬走了"。例(130)的"摘去跑了"普通话还可以说"摘去了"。其他几例不能说成"V+去+了"。

第 27 章 "随"字句

安陆方言的"随"字，在《湖北方言调查报告》（赵元任 1948）里有其读音记载，不过，安陆方言的读音记载不全面，相关的词义及其用法还未见研究。对于安陆方言的"随"字研究，涉及语音、词汇、语法三个方面，跟"随"字相关的句式描写，尤其是"随"字构成的复句关联标记及其表达的复句关系意义，都值得探讨。这些研究有助于对我们认识方言语法中的复句问题，也有助于我们进一步认识汉语的复句问题。

27.1 安陆方言的"随"字

"随"在安陆方言中文读 [sei^{31}]，白读 [ɕi^{31}]，属于声母和韵母都白读的音。"随"字的文读音反映了湖北方言韵母丢失介音 u 的普遍现象。在安陆方言里，这一类文白读对应有规律可循，且呈现出系统性，即精组蟹摄合口三等、止摄合口三等字和知照组梗摄开口二等字，今安陆方言文读声母是舌尖前音 ts、ts'、s，白读声母是舌面音 tɕ、tɕ'、ɕ。

例字	文读	白读
嘴	tsei^{51}（嘴脸）	tɕi^{51}（嘴唇）
醉	tsei^{35}（醉酒）	tɕi^{35}（喝醉了）
罪	tei^{55}（罪犯）	tɕi^{55}（有罪）
随	sei^{31}（随便）	ɕi^{31}（随你搞么事）
岁	sei^{35}（岁月）	ɕi^{35}（压岁钱）
虽	sei^{44}（虽然）	ɕi^{44}（虽然）

髓　　　sei³¹（骨髓）　　　çi³¹（脑髓）

现代安陆人白读字的使用频率逐渐降低，在日常生活中说话时碰到文白字时多倾向于选择文读。比如"很"和"口 [xɛ⁵¹]（很）"。近指代词读 [niɛ³⁵]，远指代词读 [niɛ⁵⁵]，现在一些人尤其在比较正式的场合都选择读 [tɕɛ³⁵] 和 [na⁵⁵]。再比如说睡了一觉，其中的"觉"一般读 [kau³⁵]，但是现在多读 [tɕiau³⁵]。"随"字念文读的也多是年轻人，年纪大的人多念白读。

"随"字的白读音 [çi³¹] 在湖北方言里分布比较广泛，据《湖北方言调查报告》（商务印书馆1948）记录，"随"念 [sei] 音的有属于西南官话的汉阳、汉川、天门、宜昌、鄖县、房县、保康、南漳、襄阳、枣阳、随州，有属于江淮官话的安陆、应城、广济，还有属于赣语的咸宁、阳新、监利、松滋、鹤峰。"随"字念 [çi] 音的主要分布在湖北江淮官话区的竹山、应山、云梦、孝感、黄陂、红安、黄冈、鄂州、麻城、罗田、英山、浠水、黄梅，也分布在属于赣语的崇阳、蒲圻、通城。远在鄂西北，被西南官话包围的竹山方言也读 çi，因为竹山也属于江淮官话（赵元任1948）。

27.2　与"随"字相关的句式

27.2.1　"随"字的词性及其用法

安陆方言里，"随"字有三种不同的词性，表达不同的含义，有不同的用法。

一是"随"字作动词。

安陆方言里，"随"字作动词，表示"跟随"的动作意义。例如：

（1）各人随喜。

（2）你莫去随大流，搂倒裤子跑。

"随"字还表示"任凭""由着"的动作意义。例如：

（3）你们哈莫迩他，随他去搞个么羹。（你们都别理他，随便他去搞什么名堂。）

二是"随"构成介词"随倒"，意即"随着"。例如：

（4）随倒国家政策改变，老百姓的日子越过越好了。

（5）莫总是随倒别个跑，要有自己的主见。

"随"字作介词用时，在句中构成介词结构，作句子的状语。

三是"随"字作连词，意思是"无论"或"不管"，构成复句，可以单用，也可以与副词"都"或"也"连用。例如：

（6）随他去怎么搞。

（7）随哪个来说，你都莫松口。

（8）随几好的身体，也禁不起乜样这样版彪折腾哕。

"随"字作连词，构成复句，可以和"都""也"等副词配套使用构成复句，也可以单独使用构成复句。

27.2.2 "随"字构成的相关句式

一是"随"字构成的单句。

"随"字构成单句主要是它的动词、介词用法构成的句子。

（9）随他去怎么搞。

（10）菜园的菜随你摘。

（11）乜个自助早餐5块钱随你吃

答话中的"随"是省略后的简单句式。例如：

（12）甲：我想把屋里的场清了再来。（我想把家里收拾后再来。）

乙：随你。

"随"字作动词用，在句中作谓语，整个句子是单句。

二是"随"字构成的复句。

"随"字作连词用时，和副词"都""也"配套构成条件复句。用P表示复句的前一分句，用Q表示复句的后一分句，那么"随"字条件复句格式有"随P，都Q"或"随P，也Q"。例如：

（13）随（不管）哪个劝他，他都不听。

（14）随（不管）你几好的关系，都冇得用。

（15）你们随（不管）怎么说他，他都不出言。

（16）随你有几多钱，也不能乜（这）样大手大脚地乱花钱哕。

27.3 "随"字复句

27.3.1 关联标记模式

作为复句的关联标记,"随"字的位置比较灵活。"随"字通常出现在偏句中,可以出现在偏句首,也可以出现在偏句中。如果联系偏句的主语来看,"随"字复句的关联标记模式有如下几种:

一是随 + S + VP,都 + VP。

格式中的"S"表示分句的主语,"VP"表示动词性短语。这一格式的复句是关联标记"随"位于主语之前。例如:

(17) 随几好的脾气,都禁不住他来磨。

(18) 随几拐(坏)的学生,到了他的班上,都得乖乖地听话。

(19) 随哪个来找他,都有讨倒便宜。

(20) 随哪个来求情,他都不松口。

(21) 随你怎么说他,他都不出言说话。

二是 S + 随 + VP,还是 + VP。

这一格式中和"随"配套的关联词是"还是""都"。特点是尽管偏句主语位于"随"前,但"随"还出现表示虚指的"他",偏句主语和"他"是总分复指关系,主语是总体,用"他"来虚指总体中的任何一个人。例如:

(22) 学生伢随他几调皮,到了考试的时候,还是要紧张下的。

(23) 村里的人随他几拐(坏),到了关系到自己好处的时候,还是蛮团结的。

(24) 学校的老师随他住得几远,都要按时到校上课。

(25) 下乡知青屋里的条件随他几好,到了生产队,都必须下地干活。

三是随 + VP,也 + VP。

这一格式的复句中,偏句省略主语,与"随"配套的关联词语是"也"。例如:

(26) 他脑壳高头的毛光了,随么样梳,也梳不出个花样来哟。

(27) 随么样搞，也搞不出个名堂来。

(28) 随有几好的身体，也禁不住乜样夹磨折磨啰。

当然，这类复句中的主语可以补出来，可以出现在"随"的前面，也可以出现在"随"的后面。上面的例子也可以这样说：

(29) 他脑壳高头的毛光了，随他么样梳，也梳不出个花样来哟。

(30) 他随么样搞，也搞不出个名堂来。

(31) 你随有几好的身体，也禁不住乜样夹磨折磨啰。

四是随+VP，S+VP。

这一格式的复句，前一分句主语可以省略，后一分句出现主语，可以不出现配套的关联词"都"或"也"。例如：

(32) 随么样儿说，我要等到他们人来了着。

(33) 随么样说，我总是你的长辈吵。你怎么乜（这）样对于对待我嘞？

(34) 考试答题的时候，随写几好的字，错了总是错了，不会得分。

27.3.2 复句关系

一是"无论"类"随"字条件复句。

"随"字作为关联词语表示无条件关系，构成条件复句，相当于普通话的"无论"复句，通常是前一分句提出对各种条件的总体性让步，后一分句表示不受前一分句任何影响的结果。通常情况下，安陆方言的"随"字条件的前一分句具有"任指性"的特点（邢福义2001），形式上用任指词"哪个、么事、怎么"等。例如：

(35) 随你有几好的条件，都不能吸引他过来。

(36) 随哪个喊你，都莫开门。

(37) 他随么事都要管，哪个都烦他。

(38) 随怎么说，我总是个你的长辈吵。

二是"任凭"类"随"字条件复句。

这类无条件复句中，"随"字引出已然的事实，表示容认性的让步，后一分句带有转折的性质。前一分句用"怎么"强调容认，后一分句用"还是"或"都"表达否定性的结论，前后分句间隐含着转折关系，这种复句常通过后一分句里的否定词来实现转折（吕叔湘1978）。例如：

（39）随我们怎么留他，他最后还是走了。

（40）她几狠的心啰，随她的伢怎么哭，她都不迩（理睬）她的伢，自己照样打自己的麻将。

（41）随我们怎么劝她，她都不张（理睬）我们。

（42）随你怎么说他，他都不齿（理睬）你。

安陆方言里，同样表达无条件关系，在偏句中出现的条件不具有任指性，而是具有选择性时，用"不管"表示。例如：

（43）不管落雪还是下棱（结冰），他从不迟到。

（44）不管几晏（晚），他都要回家。

（45）从火车站到我们住的喏儿（这儿），不管坐公汽还是打的，费用都不高。

（46）不管是好的还是拐（坏）的，下（都）拿回来再说。

这些"随"字复句表示无条件。前一分句表示排除一切条件，后一分句表示在任何条件下都会产生相同的结果。"随"可以位于主语前，也可以位于主语后。从意义方面来看，前一分句 P 表示一种让步，具有任指性，后一分句提出让步的结果，与前一分句隐含着转折关系。

与普通话无条件复句不同的是，安陆方言的"随"字无条件复句和"不管"复句共同表达无条件复句，或者说表达让步复句，二者从形式到内容都分工合作。也就是说，"随"字复句表达无条件中的"无论"类和"任凭"类，其前一分句表示任指性让步，而"不管"类的前一分句表达选择性让步。

安陆方言"随"字无条件复句的特点是：形式上，无条件复句偏句一定得用"随"，正句用"都"或"也""还是"相配合，也可以不用；另外，在偏句中"随"的位置可以在主语之前，也可以在主语之后。这显示出安陆方言"随"字句关联词语位置的灵活性。意义上，"随"字复句虽然表达无条件的让步，但范围比较窄，它只表示任指性的让步，与"不管"无条件的选择性让步共同构成无条件复句，也叫让步复句。

主要参考文献

中文著作：

［丹麦］叶斯帕森：《语言哲学》，语文出版社1988年版。

陈淑梅：《鄂东方言语法研究》，江苏教育出版社2001年版。

储泽祥：《现代汉语方所系统研究》，华中师范大学出版社1997年版。

崔振华：《益阳方言研究》，湖南教育出版社1998年版。

范晓：《汉语的句子类型》，书海出版社1998年版。

范晓：《句模、句型和句类》，《语法研究和探索（七）》，语文出版社1995年版。

方梅：《从"V着"看汉语不完全体的功能特征》，《语法研究和探索（九）》，商务印书馆2000年版。

胡裕树：《现代汉语（增订本）》，上海教育出版社1981年版。

黄伯荣：《汉语方言语法类编》，青岛出版社1996年版。

黄伯荣、廖序东：《现代汉语（下）》（增订五版），高等教育出版社2011年版。

李临定：《现代汉语句型》，商务印书馆1986年版。

李如龙：《汉语方言的比较研究》，商务印书馆2001年版。

李如龙：《汉语方言学》，高等教育出版社2001年版。

李如龙、张双庆：《动词谓语句》，暨南大学出版社1997年版。

李向农：《现代汉语时点时段研究》，华中师范大学出版社1997年版。

李小凡：《苏州方言语法研究》，北京大学出版社1998年版。

李小凡：《现代汉语词尾"了"的语法意义再探讨》，《语法研究和探索（十）》，商务印书馆2000年版。

李子云：《汉语句法规则》，安徽教育出版社1991年版。

刘海章：《荆楚方言研究》，华中师范大学出版社1992年版。

刘坚、江蓝生等：《近代汉语虚词研究》，语文出版社1992年版。

刘月华：《实用现代汉语语法》（增订本），商务印书馆2003年版。

吕叔湘：《现代汉语八百词》，商务印书馆1999年版。

吕叔湘：《中国文法要略》，商务印书馆1982年版。

马建忠：《马氏文通》，商务印书馆1983年版。

马庆株：《汉语动词和动词性结构》，北京语言学院出版社1992年版。

梅祖麟：《从汉代的"动、杀"、"动、死"来看动补结构的发展——兼论中古时期起次的施受关系的中立化》，《语言学论丛》（第16辑），商务印书馆1991年版。

齐沪扬：《对外汉语教学语法》，复旦大学出版社2005年版。

齐沪扬：《现代汉语短语》，华东师范大学出版社2000年版。

钱乃荣：《北部吴语研究》，上海大学出版社2002年版。

饶长溶：《长汀方言表"得到"和表"给予"的"得"》，《汉语层次分析录》，北京语言文化大学出版社1997年版。

邵敬敏：《现代汉语疑问句研究》，华东师范大学出版社1996年版。

宋玉柱：《现代汉语存在句》，语文出版社2007年版。

汪化云：《鄂东方言研究》，巴蜀书社2004年版。

王力：《中国现代语法》，商务印书馆1985年版。

香坂顺一：《白话语汇研究》，中华书局1997年版。

项梦冰：《连城客家话语法研究》，语文出版社1997年版。

邢福义：《汉语复句研究》，商务印书馆2001年版。

邢福义：《汉语语法学》，东北师范大学出版社1996年版。

邢欣：《现代汉语兼语式》，北京广播学院出版社2004年版。

徐通锵：《语言论———语义型语言的结构原理和研究方法》，东北师范大学出版社1997年版。

张一舟、张清源、邓英树：《成都方言语法研究》，巴蜀书社2001

年版。

赵元任：《中国话的文法》（丁邦新译，1980），《中国现代学术经典·赵元任卷》，河北教育出版社 1996 年版。

朱德熙：《语法讲义》，商务印书馆 2003 年版。

朱建颂：《武汉方言研究》，武汉出版社 1992 年版。

中文期刊：

闭思明：《广西横县平话的反复问句》，《广西师院学报》（哲学社会科学版）2002 年第 2 期。

曹志耘：《金华汤溪方言的"得"》，《语言研究》2001 年第 2 期。

车竞：《现代汉语比较句论略》，《湖北师范学院学报》2005 年第 3 期。

陈鸿迈：《〈楚辞〉里的三字语》，《中国语文》1988 年第 2 期。

陈立民：《汉语的时态和时态成分》，《语言研究》2002 年第 3 期。

陈妹金：《北京话疑问语气词的分布、功能及成因》，《中国语文》1995 第 1 期。

陈月明：《时间副词"在"与"着"》，《汉语学习》1999 年第 4 期。

陈泽平：《福州话的否定词与反复疑问句》，《方言》1998 年第 1 期。

陈忠：《"着"的语义特征对其句法分布规律的制约》，《云南师范大学学报》2003 年第 4 期。

戴耀晶：《现代汉语表示持续体的"着"的语义分析》，《语言教学与研究》1991 年第 2 期。

丁加勇：《汉语方言句末"着"的类型学考察》，《常德师范学院学报》（社会科学版）2003 年第 1 期。

杜道流：《与"多（么）、太、好"有关的感叹句》，《语言研究》2004 年第 3 期。

范方莲：《存在句》，《中国语文》1963 年第 5 期。

方梅：《北京话句中语气词的功能研究》，《中国语文》1994 年第 2 期。

冯胜利：《论汉语的韵律结构及其对句法构造的制约》，《语言研究》1996 年第 1 期。

郭锐：《汉语动词的过程结构》，《中国语文》1993 年第 6 期。

何洪峰：《黄冈方言的"把"字句》，《语言研究》1996 年第 2 期。

何洪峰：《黄冈方言的比较句》，《语言研究》2001 年第 4 期。

贺巍：《获嘉方言的疑问句——兼论反复问句两种句型的关系》，《中国语文》1991 年第 5 期。

胡明扬：《北京话的语气助词和叹词》（上），《中国语文》1981 年第 5 期。

胡明扬：《北京话的语气助词和叹词》（下），《中国语文》1981 年第 6 期。

胡明扬：《语气助词的语气意义》，《汉语学习》1988 年第 6 期。

黄国营：《句末语气词的层次地位》，《语言研究》1994 年第 1 期。

金立鑫：《词尾"了"的时体意义及其句法条件》，《世界汉语教学》2002 年第 1 期。

金立鑫：《试论"了"的时体特征》，《语言教学与研究》1998 年第 1 期。

竟成：《关于动态助词"了"的语法意义问题》，《语文研究》1993 年第 2 期。

孔令达：《关于动态助词"过1"和"过2"》，《中国语文》1986 年第 4 期。

雷涛：《存在句的范围、构成和分类》，《中国语文》1993 年第 4 期。

黎伟杰：《广州话与普通话名量词差异的成因》，《暨南学报》（哲学社会版）1993 年第 3 期。

李崇兴：《湖北宜都方言助词"在"的用法和来源》，《方言》1996 年第 1 期。

李崇兴、胡颖：《武汉方言中由 V＋他形成的祈使句》，《江汉大学学报》（人文社会科学版）2006 年第 6 期。

李广明：《感叹句及其分类》，《天水师专学报》（哲学社会科学版）1994 年第 1、2 期。

李一平：《"什么"表示否定和贬斥的用法》，《河南大学学报》（社会科学版）1996 年第 3 期。

李莹：《感叹句标记手段的跨语言比较》，《汉语学报》2008 年第 3 期。

林裕文：《谈疑问句》，《中国语文》1985 年第 2 期。

刘丹青：《苏州方言的发问词和可 VP 句》，《中国语文》1991 年第 1 期。

刘平：《宜春话的语气助词"着"》，《语言研究》2002 年特刊。

刘祥柏：《六安丁集话体貌助词"倒"》，《方言》2000 年第 2 期。

刘兴策：《试论"楚语"的归属》，《华中师范大学学报》1988 年第 4 期。

刘勋宁：《现代汉语词尾"了"的语法意义》，《中国语文》1988 年第 5 期。

刘勋宁：《现代汉语句尾"了"的语法意义及其与词尾"了"的联系》，《世界汉语教学》1990 年第 2 期。

刘月华：《动态助词"过2过1了1"用法比较》，《语文研究》1988 年第 1 期。

刘月华：《可能补语用法的研究》，《中国语文》1980 年第 4 期。

陆俭明：《关于现代汉语里的疑问语气词》，《中国语文》1984 年第 5 期。

陆俭明：《现代汉语时间词说略》，《语言教学与研究》1991 年第 1 期。

陆俭明：《由"非疑问形式＋呢"造成的疑问句》，《中国语文》1982 年第 6 期。

吕叔湘：《关于否定的否定》，《中国语文》1986 年第 1 期。

吕叔湘：《疑问、否定、肯定》，《中国语文》1985 年第 4 期。

吕晓军：《汉语趋向动词"起来"的多义性认知研究》，《中南民族大学学报》（人文社会科学版）2007 年第 3 期。

罗杰瑞：《建阳方言否定词探源》，《方言》1995 年第 1 期。

罗自群：《汉语方言读上声的持续标记"倒"》，《语言研究》2006 年第 1 期。

马学良，史有为：《说"哪儿上的"及其"的"》，《语言研究》1982年第1期。

毛宇：《对"动词+来/去"动补结构带宾句式及动词的考察》，《西南民族学院学报》（哲学社会科学版）2000年第7期。

聂文龙：《存在和存在句的分类》，《中国语文》1989年第2期。

彭兰玉、欧阳竹：《存现句的语用考察》，《湖南文理学院学报》（社会科学版）2008年第1期。

邱莉芹等：《浅谈"哪里"的否定用法》，《常熟高专学报》2000年第5期。

邵敬敏：《量词的语义分析及其与名词的双向选择》，《中国语文》1993年第3期。

邵敬敏、王鹏翔：《陕北方言的正反是非问句——一个类型学的过渡格式研究》，《方言》2003年第1期。

沈家煊：《现代汉语"动补结构"的类型学考察》，《世界汉语教学》2003年第3期。

盛银花：《安陆方言的句末助词"得"和"着"》，《语文教学与研究》2006年第9期。

施其生：《汕头方言的反复问句》，《中国语文》1990年第3期。

石毓智：《论现代汉语的体范畴》，《中国社会科学》1992年第2期。

石毓智：《现代汉语的动补结构：一个类型学的比较研究》，《现代中国语研究》2000年第1期。

史金生：《传信语气词"的""了""呢"的共现顺序》，《汉语学习》2000年第5期。

寿永明：《疑问代词的否定用法》，《上海师范大学学报》（社会科学版）2002年第2期。

宋玉柱：《关于时间助词"的"和"来着"》，《中国语文》1981年第4期。

孙利萍：《汉语可能补语的语法意义》，《江南大学学报》（人文社会科学版）2007年第1期。

汪国胜：《大冶方言的双宾句》，《语言研究》2000年第3期。

汪国胜：《大冶话里的状态形容词》，《湖北师范学院学报》（哲学社会科学版）1994年第2期。

汪国胜：《湖北大冶方言的比较句》，《方言》2000年第3期。

汪国胜：《湖北大冶话的语气词》，《方言》1995年第2期。

汪国胜：《湖北方言的"在"和"在里"》，《方言》1999年第2期。

王光和：《汉语感叹句形式特点浅析》，《贵州大学学报》（社会科学版）2002年第5期。

王光全：《过去完成体标记"的"在对话语体中的使用条件》，《语言研究》2003年第4期。

王还：《再谈现代汉语词尾"了"的语法意义》，《中国语文》1990年第3期。

王求是：《孝南话的人称代词和指示代词》，《孝感师专学报》（社会科学版）1999年第2期。

王群生：《荆沙方言中的"不过"补语句》，《中国语文》1993年第2期。

王世华：《扬州方言里两种反复问句共存》，《中国语文》1985年第6期。

王玉梅：《泗阳方言里正反问句的几种特殊形式》，《语文学刊》2004年第5期。

王智杰：《存现句的句型》，《广播电视大学学报》（哲学社会科学版）2004年第1期。

吴福祥：《从"VP–neg"式反复问句的分化谈语气词"麼"的产生》，《中国语文》1997年第1期。

吴福祥：《汉语能性述补结构"V得/不C"的语法化》，《中国语文》2002年第1期。

吴福祥：《南方方言里虚词"到［倒］"的用法及其来源》，《中国语文研究》2002年第2期。

鲜丽霞：《成都话的语气词"在"》，《四川师范大学学报》2002年第4期。

萧国政：《武汉方言"着"字与"着"字句》，《方言》2000年第

1 期。

邢福义:《"有没有 VP"疑问句式》,《华中师范大学学报》1990 年第 1 期。

邢福义:《否定形式和语境对否定度量的规约》,《世界汉语教学》1995 年第 3 期。

邢福义:《说"句管控"》,《方言》2001 年第 2 期。

邢福义:《现代汉语语法修辞专题》,高等教育出版社 2002 年版。

邢向东:《论现代汉语方言祈使语气词"着"的形成》,《方言》2004 年第 4 期。

徐杰:《疑问范畴与疑问句式》,《语言研究》1999 年第 2 期。

徐烈炯、邵敬敏:《"阿 V"及其相关疑问句式比较研究》,《中国语文》1999 年第 3 期。

徐时仪:《否定词"没""没有"的来源和语法化过程》,《湖州师范学院学报》2003 年第 1 期。

徐枢:《〈现代汉语感叹句研究〉序》,《淮北煤炭师范学院学报》(哲学社会科学版)2005 年第 5 期。

薛恭穆:《楚辞中形容词副词的后缀》,《中国语文》1980 年第 6 期。

杨荣祥:《近代汉语否定词及相关语法现象略论》,《语言研究》1999 年第 2 期。

杨鲜灵:《疑问焦点与否定焦点》,《运城高等专科学校学报》2002 年第 2 期。

杨永龙:《汉语方言先时助词"着"的来源》,《语言研究》2002 年第 2 期。

姚双云:《现代汉语时间词的两个核心要素及其理论价值》,《华中师范大学学报》(人文社会科学版)2010 年第 5 期。

易亚新:《常德方言表程度加深的形式和手段》,《湖南文理学院学报》(社科)2005 年第 2 期。

尹世超:《否定性答句否定的隐显与程度》,《汉语学习》2004 年第 3 期。

游汝杰:《现代汉语兼语句的句法和语义特征》,《汉语学习》2002

年第 6 期。

袁毓林：《论否定句的焦点、预设和辖域歧义》，《中国语文》2000年第 2 期。

袁毓林：《述结式的结构和意义的不平衡性》，《现代中国语研究》2000 年第 1 期。

袁毓林：《现代汉语祈使句研究》，北京大学出版社 1993 年版。

曾美勤：《洪江方言动态助词的考察》，《怀化师专学报》2002 年第 3 期。

曾毅平、杜宝莲：《略论反问的否定功能》，《暨南大学华文学院学报》2004 年第 2 期。

张林林：《九江话里的"着"》，《中国语文》1991 年第 5 期。

张邱林：《河南陕县话远指代词的面指和背指》，《华中师大研究生报》1989 年第 3 期。

赵日新：《形容词带程度补语结构的分析》，《语言教学与研究》2001 年第 6 期。

赵新：《"不过"补语句的历史考察》，《语言研究》2000 年第 2 期。

赵元任：《汉语口语语法》，商务印书馆 1979 年版。

赵元任、丁声树：《湖北方言调查报告》，商务印书馆 1948 年版。

甄尚灵：《遂宁方言里的"有"和"没有"》，《方言》1981 年第 3 期。

周小兵：《谈汉语时间词》，《语言教学与研究》1995 年第 3 期。

朱德熙：《"V – neg – VO"与"VO – neg – V"两种反复问句在汉语方言里的分布》，《中国语文》1991 年第 5 期。

朱德熙：《汉语方言里的两种反复问句》，《中国语文》1985 年第 1 期。

朱晓亚：《现代汉语感叹句初探》，《徐州师范学院学报》（哲学社会科学版）1994 年第 2 期。

祝清凯：《四川方言中的一种特殊感叹句探析》，《成都航空职业技术学院学报》2009 年第 3 期。

左林霞：《孝感方言的标记被动句》，《语言研究》2004 年第 2 期。

后　　记

  本书为教育部人文社会科学重点研究基地重大项目、中国语言文学一流学科建设项目、湖北高校人文社科重点研究基地湖北方言文化研究中心的研究成果。

  作为 20 多年研究安陆方言语法的总结，本书内容分为安陆方言词法和句法两部分，吸收了之前出版的《安陆方言语法研究》和《安陆方言研究》的部分内容，有的内容在《方言》《语言研究》《汉语学报》等刊物上发表过。《安陆方言语法研究》是在博士论文的基础上修改而成的，该书研究了体貌、语气、否定、疑问、指代、程度这六个语法范畴，对汉语方言研究的方法论作了一些思考和总结。《安陆方言研究》是"湖北方言研究丛书"中的一个方言点的研究，其中的语法部分按照"湖北方言研究丛书"的体例要求进行研究，比较系统地研究了安陆方言的词法和句法。本次出版，对有的内容进行了修订，对有的内容进行了增补，使本书内容更趋完善。

  《安陆方言语法研究》（增订本）作为"汉语方言语法研究丛书"出版，衷心感谢华中师范大学语言与语言教育研究中心的大力支持，感谢湖北第二师范学院湖北方言文化研究中心的支持。学术研究的发表出版离不开项目的经费支持，更离不开前辈、大家的指导。我忘不了硕士生导师刘兴策教授、博士生导师汪国胜教授在我读书期间的倾力培养，也忘不了张振兴先生审阅我的书稿时的细心指导。本书付梓之际，衷心感谢所有帮助和关心我的老师、朋友！

  本书出版之际，还要感谢中国社会科学出版社的张林主任和出版社的责任编辑！他们认真地校对本书，多次往返核对，让我领略了出版人的严谨。

盛银花

2022 年 1 月 12 日

《汉语方言语法研究丛书》书目

安陆方言语法研究
安阳方言语法研究
长阳方言语法研究
崇阳方言语法研究
大冶方言语法研究
丹江方言语法研究
高安方言语法研究
河洛方言语法研究
衡阳方言语法研究
辉县方言语法研究
吉安方言语法研究
浚县方言语法研究
罗田方言语法研究
宁波方言语法研究
武汉方言语法研究
宿松方言语法研究
汉语方言持续体比较研究
汉语方言完成体比较研究
汉语方言差比句比较研究
汉语方言物量词比较研究
汉语方言被动范畴比较研究
汉语方言处置范畴比较研究
汉语方言否定范畴比较研究
汉语方言可能范畴比较研究
汉语方言小称范畴比较研究
汉语方言疑问范畴比较研究